Das
Invalidenversicherungsgesetz

vom 13. Juli 1899.

Handausgabe
mit Anmerkungen

von

Dr. jur. Richard Freund,

Vorsitzendem der Invaliditäts- und Altersversicherungsanstalt
Berlin.

Berlin 1899
J. J. Heines Verlag.

Vorbemerkung.

Die vorliegende Handausgabe des Invalidenversicherungsgesetzes soll dem Praktiker als Hilfsmittel bei Anwendung des Gesetzes dienen. Es kam vor Allem darauf an, die umfangreichen Abänderungen, welche das bisherige Gesetz erfahren hat, zu erläutern und auf dieselben hinzuweisen; deswegen sind auch im Text des Gesetzes die Abänderungen durch fetten Druck hervorgehoben. Im Uebrigen sind die Materialien des Gesetzes in ausgedehntem Maße zur Erläuterung herangezogen worden. Als Einleitung ist eine kurze zusammenfassende Darstellung des Gesetzes vorangeschickt.*)

Eine umfassende Kommentirung des Gesetzes, wie sie bereits für das bisherige Gesetz von mir in demselben Verlage erschienen ist, bleibt vorbehalten.

Berlin im September 1899.

Dr. Freund.

*) Diese Darstellung ist in erweiterter Form als besonderes Büchlein unter dem Titel „Wegweiser durch das Invalidenversicherungsgesetz" in demselben Verlage erschienen.

Inhalt.

III. Verfahren.

IV. Schluß-, Straf- und Uebergangsbestimmungen.

Einleitung.*)

Erster Abschnitt.

Welche Personen müssen versichert werden und welche können sich freiwillig versichern?

Nach dem Gesetz kommen folgende Arten der Versicherung in Betracht:

1. Versicherungspflicht und zwar:
   a) auf Grund ausdrücklicher gesetzlicher Bestimmung,
   b) auf Grund von Beschlüssen des Bundesraths;
2. Selbstversicherung;
3. Weiterversicherung.

I. Versicherungspflicht auf Grund ausdrücklicher gesetzlicher Bestimmung.

Die Versicherungspflicht tritt nur für diejenigen Personen ein, **welche** das 16. Lebensjahr vollendet haben und deren Beschäftigung gegen Gehalt oder Lohn (Naturalbezüge, Tantiemen) erfolgt. **Wird** für die Beschäftigung nur freier Unterhalt **gewährt,** wie z. B. öfter bei Lehrlingen, so ist **Versicherungspflicht** nicht **vorhanden.** Auch sind **nicht** versicherungspflichtig bereits invalide Personen.

Es sind versicherungspflichtig:

a) **ohne Beschränkung** auf eine bestimmte **Lohnhöhe,** also auch bei **Lohnsätzen, welche** jährlich 2000 Mk. übersteigen:

1. Arbeiter, Gehülfen, Gesellen und Lehrlinge.

   Ausgenommen von der Versicherungspflicht sind Personen des Soldatenstandes, welche dienstlich als Arbeiter beschäftigt werden.

2. Dienstboten (über die sog. höheren Hilfskräfte des Haushalts vergl. unten b 3).

3. Personen der Schiffsbesatzung deutscher Seefahrzeuge und von Fahrzeugen der Binnenschifffahrt (über die Schiffsführer vergl. unten b 5).

---

*) Die fettgedruckten Worte im Texte bezeichnen die durch das neue Gesetz erfolgten Abänderungen.

b) mit Beschränkung auf eine bestimmte Lohnhöhe, d. h. nur dann, wenn der Jahresarbeitsverdienst 2000 Mk. nicht übersteigt:
   1. Betriebsbeamte, **Werkmeister und Techniker.**
   2. Handlungsgehülfen und Lehrlinge (ausschließlich der in Apotheken beschäftigten Gehülfen und Lehrlinge).
   3. **Sonstige Angestellte, deren dienstliche Beschäftigung ihren Hauptberuf bildet.**

      Ausgenommen sind unter bestimmter Voraussetzung Beamte des Reichs, der Bundesstaaten, der Kommunalverbände, der auf Grund dieses Gesetzes errichteten Versicherungsanstalten und zugelassenen Kasseneinrichtungen.
   4. **Lehrer und Erzieher** (beiderlei Geschlechts).

      Ausgenommen von der Versicherungspflicht sind Lehrer und Erzieher an öffentlichen Schulen oder Anstalten, solange sie lediglich zur Ausbildung für ihren zukünftigen Beruf beschäftigt werden oder sofern ihnen eine Anwartschaft auf Pension im Mindestbetrage der Invalidenrente nach den Sätzen der ersten Lohnklasse gewährleistet ist; desgleichen Personen, welche Unterricht gegen Entgelt ertheilen, sofern dies während ihrer wissenschaftlichen Ausbildung für ihren zukünftigen Lebensberuf geschieht. Ueber Befreiung von der Versicherungspflicht auf Antrag vergl. unten.
   5. **Schiffsführer.**

Auch vorübergehende Beschäftigung macht versicherungspflichtig; doch bestimmt der Bundesrath die Ausnahmen hiervon. Auch ist der Bundesrath befugt zu bestimmen, **daß Ausländer, welchen der Aufenthalt im Inlande nur für eine bestimmte Dauer behördlich gestattet ist und die nach Ablauf dieser Zeit in das Ausland zurückkehren müssen, der Versicherungspflicht nicht unterliegen.**

Auf ihren Antrag sind von der Versicherungspflicht zu befreien:

1. Personen, welchen vom Reiche, von einem Bundesstaat, einem Kommunalverband, einer **Versicherungsanstalt oder zugelassenen Kasseneinrichtung** Pensionen, Wartegelder oder **ähnliche Bezüge** im Mindestbetrage der Invalidenrente nach dem Satze der ersten Lohnklasse **bewilligt** sind.
2. Personen, welchen auf Grund ihrer **früheren Beschäftigung als Lehrer oder Erzieher an öffentlichen Schulen oder Anstalten** Pensionen u. s. w. (wie zu 1) bewilligt sind.
3. Personen, welchen auf Grund der reichsgesetzlichen Bestimmungen über die Unfallversicherung der Bezug einer jährlichen Rente von mindestens demselben Betrage wie zu 1 zusteht.

4. **Personen, welche das 70. Lebensjahr vollendet haben.**
5. Personen, **welche Lohnarbeit nur in bestimmten Jahreszeiten für nicht mehr als 12 Wochen oder überhaupt für nicht mehr als 50 Tage im Jahr übernehmen, im Uebrigen aber ihren Lebensunterhalt als Betriebsunternehmer oder anderweit selbständig erwerben, oder ohne Lohn oder Gehalt thätig sind, so lange für dieselben nicht bereits 100 Wochen lang Beiträge entrichtet sind.**

Der Antrag auf Befreiung von der Versicherungspflicht kann **zurückgenommen** werden, **alsdann tritt die Versicherungspflicht wieder in Kraft.**

II. Versicherungspflicht auf Grund eines Beschlusses des Bundesraths.

Durch Beschluß des Bundesraths kann die Versicherungspflicht für bestimmte Berufszweige **allgemein oder mit Beschränkung auf gewisse Bezirke** erstreckt werden:

1. auf Gewerbetreibende und sonstige Betriebsunternehmer, welche nicht regelmäßig wenigstens einen Lohnarbeiter beschäftigen,
2. auf Hausgewerbetreibende ohne Rücksicht auf die Zahl der von ihnen beschäftigten Lohnarbeiter.

III. Selbstversicherung.

Folgende Personen sind befugt, freiwillig in die Versicherung einzutreten, solange sie das 40. Lebensjahr noch nicht vollendet haben:

1. **Die unter I b genannten Personen, sofern ihr Jahresarbeitsverdienst mehr als 2000 Mk. aber nicht über 3000 Mark beträgt.**
2. **Gewerbetreibende und sonstige Betriebsunternehmer, welche nicht regelmäßig mehr als zwei versicherungspflichtige Lohnarbeiter beschäftigen, sowie Hausgewerbetreibende.**
3. **Personen, welche der Versicherungspflicht nicht unterliegen,**
   a) **weil sie nur gegen freien Unterhalt beschäftigt werden.**
   b) **weil ihre vorübergehende Beschäftigung durch Beschluß des Bundesraths für nicht versicherungspflichtig erklärt worden ist.**

IV. Weiterversicherung.

Personen, welche aus einem die Versicherungspflicht (vergl. I und II) oder die Selbstversicherung (vergl. unter III) begründenden Verhältnisse ausscheiden, sind befugt, die Versicherung fortzusetzen. **Begeben sich Versicherte ins Ausland, so sind sie berechtigt, die Versicherung dort fortzusetzen.**

Zweiter Abschnitt.

Wo hat die Versicherung zu erfolgen? Die Versicherungsanstalten und ihre Organisation.

Die Versicherung erfolgt bei den Versicherungsanstalten, welche vom Staate für größere Bezirke errichtet worden sind. Es sind im Ganzen 31 solcher Anstalten errichtet, in Preußen zumeist für jede Provinz eine Anstalt, so für die Provinzen Ostpreußen, Westpreußen, Brandenburg, Pommern, Posen, Schlesien, Westfalen und den Stadtkreis Berlin je eine Anstalt. Andere Provinzen sind mit benachbarten Bundesstaaten zu einer gemeinsamen Anstalt vereinigt.

Es sind folgende Anstalten errichtet worden: (Die eingeklammerten Namen bezeichnen den Sitz der Anstalt.)

1. für die Provinz Ostpreußen. (Königsberg.)
2. „ „ Provinz Westpreußen. (Danzig.)
3. „ „ Provinz Brandenburg. (Berlin.)
4. „ „ Provinz Pommern. (Stettin.)
5. „ „ Provinz Posen. (Posen.)
6. „ „ Provinz Schlesien. (Breslau.)
7. „ „ Provinz Westfalen. (Münster.)
8. „ den Stadtkreis Berlin. (Berlin.)
9. „ die Provinz Schleswig-Holstein und das Fürstenthum Lübeck. (Kiel.)
10. „ „ Rheinprovinz, die Hohenzollernschen Lande und das Fürstenthum Birkenfeld. (Düsseldorf.)
11. „ „ Provinz Sachsen und das Herzogthum Anhalt. (Merseburg.)
12. „ „ Provinz Hannover und die Fürstenthümer Pyrmont, Schaumburg-Lippe und Lippe. (Hannover.)
13. „ „ Provinz Hessen-Nassau und das Fürstenthum Waldeck. (Kassel.)
14. „ den Regierungs-Bezirk Oberbayern. (München.)
15. „ „ Reg.-Bez. Niederbayern. (Passau.)
16. „ „ „ „ Pfalz. (Speyer.)
17. „ „ „ „ Oberfranken. (Bayreuth.)
18. „ „ „ „ Oberpfalz und Regensburg. (Regensburg.)
19. „ „ „ „ Mittelfranken. (Ansbach.)
20. „ „ „ „ Unterfranken und Aschaffenburg. (Würzburg.)
21. „ „ „ „ Schwaben und Neuburg. (Augsburg.)
22. „ das Königreich Sachsen. (Dresden.)
23. „ „ Königreich Württemberg. (Stuttgart.)
24. „ „ Großherzogthum Baden. (Karlsruhe.)
25. „ „ Großherzogthum Hessen. (Darmstadt.)
26. „ „ Großherzogthum Mecklenburg-Schwerin und Mecklenburg-Strelitz. (Schwerin.)
27. „ „ Großherzogthum Sachsen-Weimar-Eisenach, die Herzogthümer Sachsen-Meiningen, Sachsen-Coburg-Gotha, sowie die Fürstenthümer Schwarzburg-Sondershausen, Schwarzburg-Rudolstadt, Reuß ä. L., Reuß j. L. (Weimar.)

28. für das Herzogthum Oldenburg. (Oldenburg.)
29. „ „ Herzogthum Braunschweig. (Braunschweig.)
30. „ die Freien und Hansastädte Lübeck, Bremen und Hamburg. (Lübeck.)
31. „ „ Reichslande Elsaß-Lothringen. (Straßburg.)

Eine Zusammenlegung, Theilung oder Aufhebung bestehender Versicherungsanstalten bedarf der Zustimmung des Reichstages.

Die Versicherung erfolgt **bei derjenigen Versicherungsanstalt, in deren Bezirk die betr. Person beschäftigt wird.** Ein anderer als der jeweilige Beschäftigungsort hat als Ort der Versicherung zu gelten: 1. bei Gewerbebetrieben, deren Natur es mit sich bringt, daß einzelne Arbeiten an wechselnden Orten außerhalb der Betriebsstätte ausgeführt werden, wie etwa bei dem Gewerbebetrieb eines Zimmermeisters oder eines Schornsteinfegers; hier soll immer der Sitz des Gewerbebetriebs als Beschäftigungsort gelten; 2. bei Betriebsverwaltungen, in denen einzelne Arbeiten an wechselnden, in verschiedenen Gemeindebezirken gelegenen Orten auszuführen sind, z. B. öffentliche Wasser- oder Wegebauten, Telegraphenverwaltungen, sowie Privatbetrieben ähnlicher Art, wie Privatbahnen; hier soll vorbehaltlich besonderer Regelung durch die höhere Verwaltungsbehörde derjenige Ort als Beschäftigungsort gelten, an welchem die mit der unmittelbaren Betriebsleitung betraute Stelle ihren Sitz hat; 3. bei land- und forstwirthschaftlichen, über mehrere Gemeindebezirke sich erstreckenden Betrieben. Hier gilt bei Arbeitern, welche für den Gesammtbetrieb ohne Beschränkung auf dessen einzelne örtliche Theile angenommen sind, als Beschäftigungsort der Sitz des Betriebs gemäß § 44 des Unfallversicherungsgesetzes für Land- und Forstwirthschaft. Die vorstehenden Bestimmungen gelten auch dann, wenn die verschiedenen Beschäftigungsorte nicht innerhalb des Bezirks der gleichen Versicherungsanstalt liegen. Abgesehen hiervon ist, soweit die Beschäftigung in einem Betriebe stattfindet, dessen Sitz in dem Bezirk einer anderen Versicherungsanstalt belegen ist, die Versichernng des gesammten Betriebs bei der Versicherungsanstalt des Betriebssitzes **nur mit Zustimmung der betheiligten Versicherungsanstalten zulässig.** Eine billige Rücksichtnahme auf begründete Wünsche der betheiligten Unternehmer ist hierbei zu erwarten. Ein **Recht, die Durchführung der gesammten Versicherung am Sitze seines Betriebs zu beanspruchen,** ist aber dem Unternehmer für den Fall vorbehalten worden, daß die von ihm an verschiedenen Orten beschäftigten Personen Mitglieder einer für seinen Betrieb errichteten Betriebs-(Fabrik-)Krankenkasse sind.

Findet aus einem inländischen Betriebe eine vorübergehende Beschäftigung im Auslande statt, so erfolgt die Versicherung bei der Versicherungsanstalt des Betriebsbesitzes.

Neben den Versicherungsanstalten kann der Bundesrath unter bestimmten Voraussetzungen besondere Kasseneinrichtungen insbesondere für Betriebe des Reichs, des Staats und der Kommunalverbände zulassen, bei welchen alsdann die Versicherung unter Befreiung von der Versicherungspflicht bei der Versicherungsanstalt erfolgen kann. (Zugelassene Kasseneinrichtungen.)

Die Organisation der Versicherungsanstalten ist folgendermaßen geordnet: An der Spitze der Versicherungsanstalt steht ein aus Beamten (Staats- bezw. Kommunalbeamten) gebildeter Vorstand. Neben den Beamten **müssen dem Vorstande Vertreter der Arbeitgeber und der Versicherten angehören.** Für jede Versicherungsanstalt wird ferner ein aus Vertretern der Arbeitgeber und Versicherten bestehender Ausschuß gebildet. Die Mitglieder des Ausschusses werden gewählt **von den Beisitzern der unteren Verwaltungsbehörden und der Rentenstellen** (vergl. unten). Zu den Obliegenheiten des Ausschusses gehört insbesondere die **Feststellung des Voranschlages für die Versicherungsanstalt** und die Wahl der dem Vorstande angehörigen Vertreter der Arbeitgeber und Versicherten.

Die gesammte Verwaltung der Versicherungsanstalt, insbesondere die Entscheidung über Rentenansprüche (vergl. jedoch unten), und die Vertretung der Anstalt nach außen liegt dem Vorstande ob.

Die bislang mögliche Bildung eines **Aufsichtsraths ist in Fortfall gekommen.** Desgleichen ist die **Einrichtung der Vertrauensmänner weggefallen**; an deren Stelle treten die **vollkommener ausgestalteten unteren Verwaltnngsbehörden bezw. die Rentenstellen.** Der unteren Verwaltungsbehörde werden **Vertreter der Arbeitgeber und Versicherten beigegeben,** welche von den Krankenkassen-Vorständen gewählt werden. Die Hauptfunktion der unteren Verwaltungsbehörde ist die Entgegennahme von Renten-Anträgen und die Begutachtung derselben, sodann der Anträge auf Entziehung von Renten, die Benachrichtigung des Vorstandes der Versicherungsanstalt über geeignete Fälle für die Einleitung der Krankenfürsorge (vergl. unten S. 14) und die Auskunftsertheilung über alle die Invalidenversicherung betreffenden Angelegenheiten.

An Stelle dieser unteren Verwaltungsbehörden **können** nun zur Wahrnehmung der denselben obliegenden Geschäfte besondere **Rentenstellen** errichtet werden. Die Rentenstelle besteht aus einem ständigen Vorsitzenden und Vertretern der Arbeitgeber und Versicherten als Beisitzer; sie ist ein Organ der Versicherungsanstalt und hat die Eigenschaft einer öffentlichen Behörde. Der Vorsitzende wird von dem Kommunalverbande bezw. der Landeszentralbehörde bestellt, die Beisitzer werden von den Krankenkassen-Vorständen gewählt. Der Rentenstelle kann von der

Landesregierung statt der bloßen Begutachtung der Rentenanträge die Entscheidung über dieselben in erster Instanz an Stelle des Vorstandes der Versicherungsanstalt übertragen werden.

Die Aufsicht über die Versicherungsanstalten führt das Reichsversicherungsamt bezw. das betr. Landesversicherungsamt. **Die Einrichtung des Staatskommissars bei den Versicherungsanstalten ist in Wegfall gekommen.**

Jede Versicherungsanstalt verwaltet ihre Einnahmen und ihr Vermögen selbstständig. **Die durch die Bewilligung der Renten** (vergl. Vierter Abschnitt) **entstehende Belastung wird zum großen Theile von allen Versicherungsanstalten gemeinschaftlich getragen** (Gemeinlast). Um diese Gemeinlast zu decken, **werden vom 1. Januar 1900 ab von jeder Versicherungsanstalt 40 Prozent der eingehenden Beiträge buchmäßig ausgeschieden.**

Dritter Abschnitt.

In welcher Weise erfolgt die Versicherung bezw. die Beitragsleistung?

Die Quittungskarte. Die Marken.

Mit dem Eintritt einer Person in eine versicherungspflichtige Beschäftigung (siehe oben unter I und II) beginnt die Pflicht zur Beitragsleistung. Die Beitragsleistung erfolgt durch Einkleben von Marken in eine Quittungskarte.

Die Quittungskarte enthält für das Einkleben der Marken 56 Felder, sie wird von den durch die Landesregierung bestimmten Behörden (Ausgabestelle), z. B. in Berlin von den Polizei-Revieren, ausgestellt. Die Eintragung eines Urtheils über die Führung oder die Leistungen des Inhabers, sowie sonstige Vermerke sind unzulässig; auch ist die Einbehaltung der Quittungskarte nach Einkleben der Marken wider den Willen des Inhabers untersagt. Ist die Quittungskarte vollgeklebt, so ist sie bei der Ausgabestelle zum Umtausch einzureichen; über den Inhalt der eingereichten Karte (Zahl der Marken in den einzelnen Lohnklassen u. s. w.) erhält der Inhaber von der Ausgabestelle eine Bescheinigung. Verlorene, unbrauchbar gewordene oder gestohlene Quittungskarten werden durch neue ersetzt, in welche dann die nachweisbar in der alten Karte geleisteten Beiträge übertragen werden. Eine Quittungskarte verliert ihre Gültigkeit, wenn sie nicht **innerhalb zweier Jahre** nach dem auf der Karte verzeichneten Ausstellungstage zum Umtausch eingereicht wird.

Die Marken sind bei allen Postanstalten und sonstigen von der Versicherungsanstalt eingerichteten Verkaufsstellen käuflich. Jede Versicherungsanstalt giebt ihre besonderen Marken aus und es müssen

Marken derjenigen Versicherungsanstalt verwendet werden, welche für die Versicherung der betr. Person zuständig ist (vergl. Zweiter Abschnitt). Bei freiwilliger Versicherung haben die betr. Personen Marken derjenigen Versicherungsanstalt zu verwenden, in deren Bezirk sie beschäftigt sind oder, sofern eine Beschäftigung nicht stattfindet, sich aufhalten. Versicherte, die im Ausland die Versicherung fortsetzen, haben Marken derjenigen Versicherungsanstalt zu verwenden, in deren Bezirk sie zuletzt beschäftigt waren oder sich aufgehalten haben. Bis jetzt wurden nur Wochenmarken ausgegeben, d. h. Marken, welche den Beitrag für eine Woche darstellten. In Zukunft **bestimmt das Reichsversicherungsamt die Zeitabschnitte, für welche Marken ausgegeben werden sollen,** so daß z. B. auch Vierwochen-Marken ausgegeben werden können. Die Marken sind nicht alle gleichwerthig. Die sämmtlichen Versicherten werden nämlich in **fünf** Lohnklassen eingetheilt und für jede Lohnklasse werden besondere Marken ausgegeben. Es werden nach der Höhe des Jahresarbeitsverdienstes folgende Lohnklassen gebildet:

Klasse I	bis zu 350 Mk. einschließlich	
„ II	von mehr als 350 Mk.	bis 550 Mk.,
„ III	„ „ „ 550 „	„ 850 „
„ IV	„ „ „ 850 „	„ 1150 „
„ **V**	„ „ „ **1150** „	

Es ist aber zu beachten, daß für die Zugehörigkeit der Versicherten zu den einzelnen Lohnklassen nicht der thatsächliche Jahresarbeitsverdienst maßgebend ist, sondern ein Durchschnittsbetrag, welcher insbesondere nach folgenden Bestimmungen berechnet wird:

a) für diejenigen Versicherten, welche Mitglieder einer Ortskrankenkasse, Betriebskrankenkasse, Bau- oder Fabrikkrankenkasse sind, gilt als Jahresarbeitsverdienst der 300fache Betrag des für ihre Krankenkassenbeiträge maßgebenden durchschnittlichen Tagelohns.

b) Für solche Versicherte, welche nicht einer unter a genannten Krankenkasse angehören, gilt als Jahresarbeitsverdienst der 300fache Betrag des für den Beschäftigungsort maßgebenden ortsüblichen Tagelohns gewöhnlicher Tagearbeiter. **Doch kann von der höheren Verwaltungsbehörde für einzelne Berufszweige ein anderer Jahresarbeitsverdienst festgesetzt werden.**

Lehrer und Erzieher gehören zur IV. Lohnklasse, sofern nicht ein Jahresarbeitsverdienst von mehr als 1150 Mk. nachgewiesen ist.

Der Arbeitgeber wird nach diesen Bestimmungen zu berechnen

haben, in welche Lohnklasse seine Arbeiter, Gehülfen und Dienstboten gehören und alsdann die für diese Lohnklassen ausgegebenen Marken zu beschaffen haben. Es können jedoch Arbeitgeber und Versicherte vereinbaren, daß die Versicherung in einer höheren Lohnklasse erfolgen soll, als sich nach den obigen Bestimmungen ergeben würde. **Der Versicherte kann aber auch verlangen, daß die Versicherung in einer höheren Lohnklasse erfolgt**; in diesem letzteren Falle ist jedoch der auf den Arbeitgeber entfallende Theil des Beitrages nicht nach der höheren, sondern nach der maßgebenden Lohnklasse zu berechnen. Freiwillig Versicherten **steht die Wahl der Lohnklasse frei, die Zusatzmarke kommt in Wegfall.**

Der Einheitssatz für den Beitrag ist der Wochenbeitrag; die Beiträge werden nicht für Tage, sondern nur für Wochen geleistet. Der Wochenbeitrag beträgt in

Lohnklasse	I . . .	14 Pfg.
"	II . . .	20 "
"	III . . .	24 "
"	IV . .	30 "
"	V . . .	36 "

Zur Leistung der Beiträge sowie zum Einkleben der Marken ist der Arbeitgeber verpflichtet. **Der Versicherte ist verpflichtet, für die Ausstellung der Quittungskarte Sorge zu tragen** und dieselbe behufs Einklebens der Marken vorzulegen. Ist der Versicherte mit einer Karte nicht versehen oder lehnt er die Vorlegung der Karte ab, so ist der Arbeitgeber berechtigt, für Rechnung des Versicherten eine solche anzuschaffen. Die Entrichtung der Beiträge erfolgt nun in der Weise, daß der Arbeitgeber bei der Lohnzahlung für die Dauer der Beschäftigung die entsprechende Anzahl Marken einklebt. **Doch kann auch die Versicherungsanstalt bestimmen, daß die Marken zu andern als den Lohnzahlungs-Terminen beizubringen sind, z. B. erst bei Beendigung des Arbeitsverhältnisses.**

Zeiten der mit Erwerbsunfähigkeit verbundenen Krankheit oder militärischer Dienstleistung werden, ohne daß Beiträge entrichtet zu werden brauchen, mit folgenden Maßgaben in Anrechnung gebracht:

a) Vor den in Rede stehenden Zeiten muß die betr. Person eine die Versicherungspflicht begründende Beschäftigung nicht lediglich vorübergehend aufgenommen haben.

b) Es kommen nur **volle** Wochen zur Anrechnung.

c) Die Anrechnung der Krankheitszeit geschieht nur bis zur Dauer eines Jahres.

d) Die an eine Krankheit anschließende **Genesungszeit wird der**

Krankheit gleich geachtet; ebenso das **Wochenbett** für höchstens 6 Wochen von der Entbindung an gerechnet.

Das Einkleben der Marken erfolgt der Reihe nach in die Felder der Quittungskarte. **Marken für einen zwei Wochen übersteigenden Zeitraum müssen entwerthet werden,** also z. B. jede 4 Wochen=Marke.

Findet die Beschäftigung nicht während der ganzen Woche bei demselben Arbeitgeber statt, so ist von demjenigen Arbeitgeber, welcher den Versicherten zuerst beschäftigt, der volle Wochenbeitrag zu entrichten. Hat dieser Arbeitgeber seinen Verpflichtungen nicht genügt, oder hat der Versicherte nicht etwa selbst die Marke eingeklebt (vergl. unten), **so hat derjenige Arbeitgeber, welcher den Versicherten in derselben Woche weiterhin beschäftigt, den Beitrag zu entrichten, doch steht ihm gegen den ersten Arbeitgeber ein Ersatzanspruch zu.**

Wenn auch der Arbeitgeber zunächst zur Leistung der vollen Beiträge verpflichtet ist, so ist der Versicherte verpflichtet, sich die Hälfte der Beiträge bei den Lohnzahlungen einbehalten zu lassen. Die Arbeitgeber dürfen nur auf diesem Wege des Lohnabzugs den auf die Versicherten entfallenden Betrag wieder einziehen. Sind Abzüge bei einer Lohnzahlungsperiode unterblieben, so dürfen sie nur noch bei der nächsten Lohnzahlung nachgeholt werden.

Versicherungspflichtige Personen sind auch befugt, an Stelle der Arbeitgeber die Beiträge selbst zu entrichten; in diesem Falle steht ihnen gegen den Arbeitgeber Anspruch auf Erstattung der Hälfte der geleisteten Beiträge zu, **die Marken müssen aber entwerthet sein.** Der Anspruch auf Erstattung ist bei der Lohnzahlung geltend zu machen; ist das bei einer Lohnzahlung unterblieben, so kann der Anspruch nur bei der nächstfolgenden Lohnzahlung nachgeholt werden.

Wenn Personen, welche der Versicherungspflicht nicht unterliegen, weil sie nur gegen freien Unterhalt oder vorübergehend beschäftigt sind sich während der Beschäftigung freiwillig versichern, **so steht ihnen gegen den Arbeitgeber, welcher zur Beitragsleistung verpflichtet wäre, Anspruch auf Erstattung der Hälfte der Beiträge zu.**

Die nachträgliche Entrichtung von Beiträgen für eine versicherungspflichtige Beschäftigung ist nach Ablauf von zwei Jahren seit der Fälligkeit unzulässig.

Durch Nichtleistung der Beiträge tritt ein Erlöschen der Anwartschaft auf Rente u. s. w. (vergl. unter Abschnitt IV) ein, und zwar

a) bei versicherungspflichtigen Personen dann, wenn während **zweier** Jahre nach dem auf der Quittungskarte verzeichneten Ausstellungstage nicht wenigstens 20 Beitragswochen auf

Grund einer versicherungspflichtigen Beschäftigung oder der Weiterversicherung geleistet sind,

b) bei selbstversicherten Personen dann, wenn während der genannten Frist nicht wenigstens 40 Beiträge entrichtet worden sind.

Vierter Abschnitt.

Welche Ansprüche erwachsen dem Versicherten aus der Versicherung? Invalidenrente. Altersrente. Rückerstattung von Beiträgen. Krankenfürsorge. Sonstige Leistungen.

I. Invalidenrente.

Anspruch auf Invalidenrente hat derjenige Versicherte,

a) dessen Erwerbsfähigkeit dauernd auf **weniger als ein Drittel** herabgesetzt ist,

b) welcher **während 26 Wochen** ununterbrochen erwerbsunfähig gewesen ist, für die weitere Dauer der Erwerbsunfähigkeit.

Ist die Erwerbsunfähigkeit durch einen Unfall herbeigeführt, so besteht ein Anspruch auf Invalidenrente nur insoweit, als die zu gewährende Invalidenrente die Unfallrente übersteigt.

Ein Anspruch auf Invalidenrente steht dem Versicherten nicht zu, wenn er die Erwerbsunfähigkeit vorsätzlich herbeigeführt hat. **Es kann** ferner die Gewährung der Invalidenrente ganz oder theilweise versagt werden, wenn der Versicherte sich die Erwerbsunfähigkeit bei Begehung eines durch strafgerichtliches Urtheil festgestellten Verbrechens oder vorsätzlichen Vergehens zugezogen hat.

An Stelle der Rente kann dem Rentenempfänger auf seinen Antrag Aufnahme in ein Invalidenhaus gewährt werden.

Ist der Rentenberechtigte ein Ausländer, so kann er, falls er seinen Wohnsitz im Deutschen Reiche aufgiebt, mit dem dreifachen Betrage der Jahresrente abgefunden werden.

Voraussetzung für jeden Anspruch auf Invalidenrente ist, daß der Versicherte bereits eine Zeit lang Beiträge geleistet hat (Wartezeit, Karenzzeit). Die Wartezeit beträgt

a) **200 Beitragswochen, wenn mindestens 100 Beiträge auf Grund der Versicherungspflicht geleistet sind,**

b) **500 Beitragswochen in allen anderen Fällen.**

Als Beitragswochen gelten auch die Krankheits- und Militärdienstzeiten (vergl. S. 9).

Die Höhe der Invalidenrente wird in folgender Weise berechnet:

Zum Grundbetrage wird für jede verwendete Marke ein bestimmter Betrag (Steigerungssatz) zugerechnet. Der Grundbetrag beläuft sich

für die Lohnklasse	**I**	**auf**	**60 Mk.**
„ „ „	II	„	70
„ „ „	III	„	80 „
„ „ „	IV	„	90 „
„ „ „	V	„	100 „

Der Steigerungssatz beträgt

für jede Woche der Lohnklasse	**I**	**3 Pf.**
„ „ „ „ „	II	6 „
„ „ „ „ „	III	8 „
„ „ „ „ „	IV	10 „
„ „ „ „ „	V	12 „

Für Krankheits- und Militärdienstzeiten (vergl. S. 9) wird der Steigerungssatz der Lohnklasse II berechnet.

Zu dem Grundbetrage und dem Steigerungssatze tritt ein fester Zuschuß des Reichs für jede Rente in Höhe von 50 Mk. (Reichszuschuß).

Die Invalidenrente beginnt mit dem Tage, an welchem der Verlust der Erwerbsfähigkeit eingetreten ist. **Für Zeiten die länger als ein Jahr vom Eingange des Rentenantrages an zurückliegen, wird jedoch Rente nicht gewährt.**

Die Rente kann dem Empfänger wieder entzogen werden, wenn er nicht mehr als erwerbsunfähig anzusehen ist. Außerdem ruht das Recht auf Bezug der Rente in gewissem Umfange und unter bestimmten Voraussetzungen für Personen, welche Unfallrente, Pensionen oder Wartegelder beziehen, für Persouen, welche eine Freiheitsstrafe von längerer Dauer als 1 Monat verbüßen, für Personen, welche nicht im Inlande ihren gewöhnlichen Aufenthalt haben.

Den Gemeinden oder Armenverbänden, welche den Rentenempfänger während der Zeit unterstützt haben, für welche demselben ein Anspruch auf Rente zustand, ist durch Ueberweisung von Rentenbeträgen Ersatz zu leisten.

Die Uebertragung von Rentenansprüchen auf Dritte, sowie deren Verpfändung oder Pfändung kann nur in beschränktem Maße und unter ganz bestimmten Voraussetzungen rechtswirksam erfolgen.

II. Altersrente.

Anspruch auf Altersrente hat derjenige Versicherte, welcher das 70. Lebensjahr vollendet hat, ohne Rücksicht auf das Vorhandensein von Erwerbsunfähigkeit. Für die Altersrente ist gleichfalls eine Wartezeit vorgeschrieben, sie beträgt 1200 Beitragswochen. Auf diese Wartezeit werden jedoch unter bestimmten Voraussetzungen Versicherten, welche zur Zeit, als die Versicherungspflicht für sie in Kraft trat, das 40. Lebebensjahr vollendet haben, für jedes volle Jahr, um welches ihr Lebensalter zu diesem Zeitpunkte das vollendete 40. Jahr überstiegen hat, 40 Wochen in Anrechnung gebracht.

Die Altersrente setzt sich zusammen aus dem festen Reichszuschuß von 50 Mk. und einem Betrage. welcher sich beläuft

in der Lohnklasse	I	auf	60 Mk.
" " "	II	"	90 "
" " "	III	"	120 "
" " "	IV	"	150 "
" " "	V	"	180 "

Hat ein Versicherter während der Dauer seiner Versicherung in verschiedenen Lohnklassen Beiträge geleistet, so wird der Durchschnitt der diesen Beiträgen entsprechenden Altersrente gewährt.

Die Altersrente beginnt frühestens mit dem ersten Tage des 71. Lebensjahres; auch hier wird für länger als 1 Jahr zurückliegende Zeiten Rente nicht gewährt.

Bezüglich der Unterbringung in ein Invalidenhaus, des Ruhens der Rente, des Ersatzes an Armenverbände und der Uebertragung von Rentenansprüchen, gelten dieselben Bestimmungen wie bei der Invalidenrente (siehe S. 11 und 12).

III. Rückerstattung von Beiträgen.

a) Weiblichen Personen, welche eine Ehe eingehen, steht ein Anspruch auf Erstattung der Hälfte der für sie geleisteten Beiträge zu, wenn **mindestens für 200 Wochen** Beiträge geleistet sind.

b) Versicherten, **welche durch einen Unfall dauernd erwerbsunfähig werden,** denen in Folge dessen (siehe S. 11) ein Anspruch auf Invalidenrente nicht zusteht, ist auf ihren Antrag die Hälfte der für sie geleisteten Beiträge zu erstatten.

c) Wenn ein männlicher Versicherter, für welchen mindestens **für 200 Wochen** Beiträge entrichtet sind, verstirbt, so steht der Wittwe bezw. den ehelichen Kindern unter 15 Jahren Anspruch auf Erstattung der Hälfte der für den Verstorbenen geleisteten Beiträge zu.

d) Wenn eine weibliche Versicherte, für welche mindestens für 200 **Wochen** Beiträge entrichtet worden sind, verstirbt, so steht den hinterlassenen vaterlosen*) Kindern unter 15 Jahren ein Anspruch auf Erstattung der Hälfte der für die **Verstorbene** entrichteten Beiträge zu.**)

Die Bestimmungen zu c und d finden keine Anwendung, wenn den Hinterbliebenen aus Anlaß des Todes des Versicherten Unfallrenten gewährt werden, wenn ferner eine die Invaliden- oder Altersrente **bewilligende Entscheidung dem Verstorbenen bei seinen Lebzeiten bereits zugestellt war.**

IV. Krankenfürsorge.

Die Versicherungsanstalt ist befugt, für einen erkrankten Versicherten zur Verhütung der einen Rentenanspruch begründenden Erwerbsunfähigkeit das Heilverfahren eintreten zu lassen. Die Unterbringung des Erkrankten in einem Krankenhause oder in einer Rekonvaleszenten-Anstalt ist zulässig; ist aber der Erkrankte verheirathet oder hat er eine eigene Haushaltung, oder ist er Mitglied der Haushaltung seiner Familie, **so bedarf es hierzu seiner Zustimmung.** Die Krankenkasse hat der Versicherungsanstalt aus dem dem Versicherten etwa zustehenden Krankengelde Ersatz zu leisten. Während des Heilverfahrens ist an die Angehörigen des Versicherten, deren Unterhalt er bisher aus seinem Arbeitsverdienste bestritten hat, eine Unterstützung zu zahlen. Entzieht sich der Versicherte dem Heilverfahren, so kann ihm später die Rente auf Zeit ganz oder theilweise versagt werden, falls nachgewiesen wird, daß die Invalidität durch sein Verhalten veranlaßt ist.

Die Versicherungsanstalt kann auch das Heilverfahren für eine Person einleiten, welche bereits Invalidenrente bezieht, falls nämlich begründete Annahme vorhanden ist, daß der Rentenempfänger bei Durchführung des Heilverfahrens die Erwerbsfähigkeit wieder erlangen werde. Entzieht sich der Rentenempfänger dem Heilverfahren, so kann ihm die Rente mit den obigen Maßgaben entzogen werden.

V. Sonstige Leistungen.

Die Versicherungsanstalt kann Ueberschüsse ihres Vermögens zu andern als den unter I—IV genannten Leistungen im wirthschaftlichen Interesse der der Versicherungsanstalt angehörenden Rentenempfänger, Versicherten, sowie **ihrer Angehörigen, verwenden.** Hierzu bedarf es aber eines übereinstimmenden Beschlusses von Vorstand und Ausschuß der Versicherungsanstalt, sowie der Genehmigung des Bundesraths.

---

*) Ebenso, wenn der Ehemann sich von der häuslichen Gemeinschaft ferngehalten und sich der Pflicht der Unterhaltung der Kinder entzogen hat.

**) War die weibliche Person wegen Erwerbsunfähigkeit des Ehe-

Fünfter Abschnitt.

In welcher Weise werden die Ansprüche geltend gemacht?

I. Rentenansprüche.

Der Antrag auf Bewilligung einer Rente ist bei der für den **Wohnort oder Beschäftigungsort** des Versicherten zuständigen unteren Verwaltungsbehörde oder Rentenstelle (falls eine solche entrichtet ist vergl. S. 6) anzumelden. Der Anmeldung sind die zur Begründung des Anspruchs nothwendigen Beweisstücke beizufügen, so insbesondere die letzte Quittungskarte nebst Aufrechnungsbescheinigungen, Geburtsurkunde (für die Altersrente), ärztliches Attest (für die Invalidenrente). Die untere Verwaltungsbehörde bezw. Rentenstelle hat die zur Klarstellung des Sachverhalts erforderlichen Ermittelungen vorzunehmen und demnächst den Rentenantrag mit ihrer gutachtlichen Aeußerung an den Vorstand der Versicherungsanstalt zur Entscheidung zu übersenden. Ist sie der Ansicht, daß die gutachtliche Aeußerung gegen die Gewährung der Rente abzugeben ist, so hat sie vor Abgabe des Gutachtens **den Rentenantrag in einer mündlichen Verhandlung unter Zuziehung je eines Vertreters der Arbeitgeber und der Versicherten zu erörtern.** Der Rentenbewerber ist in jedem Falle von dem Termin zur mündlichen Verhandlung zu benachrichtigen.

Die mündliche Verhandlung unter Zuziehung der Beisitzer unterbleibt, wenn das Gutachten für die Bewilligung der Rente lautet; wenn aber in diesem Falle der Vorstand der Versicherungsanstalt diesem befürwortendem Gutachten nicht entsprechen zu können glaubt, so ist der Rentenantrag vom Vorstand nochmals an die untere Verwaltungsbehörde bezw. Rentenstelle zwecks Anhörung der Beisitzer zurückzugeben.

Wird der Rentenanspruch vom Vorstand der Versicherungsanstalt anerkannt, so ist die Höhe und der Beginn der Rente sofort festzustellen und dem Rentenbewerber hierüber ein schriftlicher Bescheid zu ertheilen, aus welchem die Berechnung der Rente hervorgeht. Wird der Rentenanspruch nicht anerkannt, so ist ein schriftlicher mit Gründen versehener Bescheid dem Rentenbewerber zuzustellen. Der Rentenbewerber kann den ablehnenden Bescheid sowie die Feststellung der Höhe oder des Beginns der Rente durch Berufung an das Schiedsgericht anfechten. Die Berufung muß binnen einem Monat nach Zustellung des Bescheides bei dem Schiedsgerichte eingelegt werden.

Gegen die Entscheidung des Schiedsgerichts steht dem Renten-

---

mannes Ernährer der Familie, so steht ein gleicher Erstattungsanspruch dem hinterlassenen Wittwer zu.

bewerber und dem Vorstand der Versicherungsanstalt das Rechtsmittel der Revision zu. Die Revision ist beim Reichsversicherungsamt binnen einem Monat nach Zustellung der schiedsgerichtlichen Entscheidung einzulegen.

Eine rechtskräftige Entscheidung über einen Rentenanspruch kann nur nach Maßgabe der Vorschriften der Civilprozeßordnung über die Wiederaufnahme des Verfahrens angefochten werden.

Der Rentenstelle, (nicht der unteren Verwaltungsbehörde) kann auch von der Landesregierung statt der bloßen Begutachtung die **Entscheidung über die Rentenanträge übertragen werden.** Wird von der Landesregierung eine diesbezügliche Bestimmung getroffen, so wird der Rentenantrag nicht an den Vorstand der Versicherungsanstalt abgegeben, sondern die Rentenstelle entscheidet selbst in erster Instanz. Das Verfahren gestaltet sich dann folgendermaßen: Die Versagung der beantragten Rente oder die Gewährung eines geringeren Rentenbetrages kann nur durch die Rentenstelle in der Besetzung von 3 Mitgliedern (Vorsitzender und je ein Vertreter der Arbeitgeber und Versicherten) erfolgen. Wird der Rentenanspruch ganz oder zum Theil anerkannt, so hat der Vorsitzende der Rentenstelle nach Ertheilung des Bescheides die Akten dem Vorstande der Versicherungsanstalt zu übersenden, welcher gegen den Bescheid Berufung beim Schiedsgericht einlegen kann.

Die Auszahlung der Rente geschieht durch diejenige Postanstalt, in deren Bezirk der Empfangsberechtigte seinen Wohnsitz hat. Verlegt der Empfangsberechtigte seinen Wohnsitz, so hat auf seinen Antrag der Vorstand der Versicherungsanstalt die Rente der Postanstalt des neuen Wohnsitzes zur Auszahlung zu überweisen.

II. Erstattung von Beiträgen.

Der Anspruch auf Erstattung von Beiträgen ist bei der unteren Verwaltungsbehörde bezw. Rentenstelle (falls eine solche errichtet ist, vergl. S. 6) **des Wohnorts oder des letzten Beschäftigungsorts** anzumelden. Dem Antrage sind die zur Begründung desselben erforderlichen Beweisstücke beizufügen, so insbes. die letzte Quittungskarte, die Aufrechnungsbescheinigungen, Heirathsurkunde, Geburtsurkunden der Kinder, Sterbeurkunde des Versicherten.

Die untere Verwaltungsbehörde bezw. Rentenstelle sendet die Verhandlungen dem Vorstande der Versicherungsanstalt, welcher über den Anspruch einen schriftlichen Bescheid zu ertheilen hat. Gegen diesen Bescheid steht dem Erstattungsberechtigten **die Beschwerde an das Reichsversicherungsamt** binnen einem Monat nach der Zustellung des Bescheides zu.

Auch die Entscheidung über die Erstattung von Beiträgen in

erster Instanz kann durch die Landesregierung den Rentenstellen übertragen werden. Eine Mitwirkung von Beisitzern findet hier nicht statt. Gegen den Bescheid der Rentenstelle, wodurch der Anspruch auf Beitragserstattung ganz oder zum Theil anerkannt wird, steht dem Vorstande der Versicherungsanstalt die Beschwerde an das Reichsversicherungsamt zu.

III. Krankenfürsorge.

Der Antrag auf Uebernahme der Krankenfürsorge für einen Versicherten ist bei dem Vorstand der Versicherungsanstalt zu stellen; doch kann auch der Antrag an die untere Verwaltungsbehörde bezw. Rentenstelle gerichtet werden. Dem Antrage sind beizufügen die letzte Quittungskarte, die Aufrechnungsbescheinigungen sowie ein ärztliches Attest, in welchem bescheinigt wird, daß als Folge der Krankheit der Eintritt der Invalidität zu besorgen ist, und daß durch ein geeignetes Heilverfahren diese Folge verhütet werden kann. Eine Beschwerde gegen die Ablehnung des Antrags findet nicht statt.

Invalidenversicherungsgesetz.

Vom 13. Juli 1899.

Wir **Wilhelm**, von Gottes Gnaden Deutscher Kaiser, König von Preußen ꝛc. verordnen im Namen des Reichs, nach erfolgter Zustimmung des Bundesraths und des Reichstags, was folgt:

An die Stelle des Gesetzes, betreffend die Invaliditäts- und Altersversicherung, vom 22. Juni 1889 (Reichs-Gesetzbl. S. 97) und des Gesetzes, betreffend die Abänderung des § 157 des Invaliditäts- und Altersversicherungsgesetzes, vom 8. Juni 1891 (Reichs-Gesetzbl. S. 337) treten die nachstehenden Bestimmungen.

I. Umfang und Gegenstand der Versicherung.

§ 1. Versicherungspflicht.

Nach Maßgabe der Bestimmungen dieses Gesetzes werden vom vollendeten sechzehnten Lebensjahr ab versichert:

1. Personen, welche als Arbeiter, Gehülfen, Gesellen, Lehrlinge oder Dienstboten gegen Lohn oder Gehalt beschäftigt werden;
2. Betriebsbeamte, **Werkmeister und Techniker**, Handlungsgehülfen und -Lehrlinge (ausschließlich der in Apotheken beschäftigten Gehülfen und Lehrlinge), **sonstige Angestellte**,

deren dienstliche Beschäftigung ihren Hauptberuf bildet, sowie Lehrer und Erzieher, sämmtlich sofern sie Lohn oder Gehalt beziehen, ihr regelmäßiger Jahresarbeitsverdienst aber zweitausend Mark nicht übersteigt, sowie

3. die gegen Lohn oder Gehalt beschäftigten Personen der Schiffsbesatzung deutscher Seefahrzeuge (§ 2 des Gesetzes vom 13. Juli 1887, Reichs-Gesetzbl. S. 329) und von Fahrzeugen der Binnenschiffahrt, **Schiffsführer jedoch nur dann, wenn ihr regelmäßiger Jahresarbeitsverdienst an Lohn oder Gehalt zweitausend Mark nicht übersteigt.** Die Führung der Reichsflagge auf Grund der gemäß Artikel II § 7 Abs. 1 des Gesetzes vom 15. März 1888 (Reichs-Gesetzbl. S. 71) ertheilten Ermächtigung macht das Schiff nicht zu einem deutschen Seefahrzeug im Sinne dieses Gesetzes.

1. Werkmeister und Techniker sind nach dem neuen Gesetz nur dann versicherungspflichtig, wenn ihr Jahresarbeitsverdienst 2000 Mark nicht übersteigt; sie sind nach dem Vorgange der Gewerbeordnung und des Krankenversicherungsgesetzes den Betriebsbeamten gleichgestellt worden.

2. Sonstige Angestellte, deren dienstliche Beschäftigung ihren Hauptberuf bildet; hierunter fallen alle diejenigen Personen, deren Thätigkeit in wirthschaftlicher und sozialer Beziehung diejenige des Arbeiters übersteigt und derjenigen des Betriebsbeamten gleich oder nahe steht, die aber bisher der Versicherung nicht unterlagen, weil ihre Beschäftigung nicht in einem „Betriebe“ erfolgte, so z. B. die höheren Hilfskräfte des Haushalts wie Hausdamen, Privatsekretäre, ferner städtische Beamte ohne Pensionswartschaft, die in einem Zweige der regiminellen Thätigkeit der Stadtverwaltung beschäftigt werden. Alle diese Personen sind jetzt versicherungspflichtig, sofern ihr Jahresarbeitsverdienst 2000 Mark nicht übersteigt. Eine fernere Voraussetzung ist, daß die dienstliche Beschäftigung den Hauptberuf bildet. Ausgenommen sind z. B. städtische Fleischbeschauer oder Gemeindeschreiber, welche das kommunale Amt nur nebenher gegen geringfügiges Entgeld betreiben, deren wirthschaftliche Existenz im Uebrigen in einer anderen, nicht versicherungspflichtigen selbstständigen Thätigkeit begründet ist; ebenso Privatsekretäre, welche dies Amt nur für einige Stunden am Tage gegen geringfügiges Entgeld nebenher betreiben, deren Hauptberuf eine andere Thätigkeit bildet. (vgl. Motive 239).

3. Neueinbezogen in die Versicherungspflicht sind Lehrer und Erzieher und zwar sowohl männliche wie weibliche Personen. Es handelt sich hier nur um Lehrer und Erzieher an Privatanstalten oder in Privathäusern, denn Lehrer und Erzieher an öffentlichen Schulen unterliegen der Versicherungspflicht nicht, sobald bestimmte Voraussetzungen vorhanden sind (vgl. § 5 Absatz 1). Privatlehrer, welchen auf Grund ihrer früheren Thätigkeit an öffentlichen Schulen Pensionen oder ähnliche Bezüge bewilligt sind, können auf Antrag

von der Versicherungspflicht befreit werden (vgl. § 6 Absatz 1). Der Versicherungspflicht unterliegen nicht Personen, welche während ihrer wissenschaftlichen Ausbildung für ihren zukünftigen Lebensberuf Unterricht gegen Entgeld ertheilen, also z. B. Studenten oder Candidaten. Für die Versicherungspflicht ist es unwesentlich, ob der Lehrer die Stunden in einer Privatanstalt, in einem Privathause oder in seiner eigenen Behausung giebt. Bei Lehrern, welche aus der Ertheilung von Unterricht in verschiedenen Häusern ein Gewerbe machen, ist zur Leistung der Beiträge derjenige Arbeitgeber (Haushaltungsvorstand) verpflichtet, bei welchem die Beschäftigung zuerst in der Woche erfolgte (vgl. § 140 Absatz 2).

Die Versicherungspflicht tritt nur dann ein, wenn die Lehrthätigkeit gegen Lohn oder Gehalt erfolgt und wenn der Jahresarbeitsverdienst 2000 Mark nicht übersteigt. Mitglieder geistlicher Genossenschaften, welche sich der Lehrthätigkeit widmen, unterliegen der Versicherungspflicht nicht, wenn ihre Lehrthätigkeit nicht gegen Entgelt erfolgt.

Für Lehrer und Erzieher ist ausdrücklich bestimmt, daß ihre Versicherung mindestens in der Lohnklasse IV. zu erfolgen hat. Wird ein höherer Jahresarbeitsverdienst als 1150 Mark nachgewiesen, so erfolgt die Versicherung in der Lohnklasse V (vgl. § 34 Absatz 3).

4. Schiffsführer unterliegen gleichwie die Betriebsbeamten der Versicherungspflicht nur dann, wenn ihr Jahresarbeitsverdienst 2000 Mk. nicht übersteigt.

§ 2.

Durch Beschluß des Bundesraths kann die Vorschrift des § 1 für bestimmte Berufszweige **allgemein oder mit Beschränkung auf gewisse Bezirke** auch

1. auf **Gewerbetreibende und sonstige** Betriebsunternehmer, welche nicht regelmäßig wenigstens einen Lohnarbeiter beschäftigen, sowie
2. ohne Rücksicht auf die Zahl der von ihnen beschäftigten Lohnarbeiter auf solche selbständige Gewerbetreibende, welche in eigenen Betriebsstätten im Auftrag und für Rechnung anderer Gewerbetreibenden mit der Herstellung oder Bearbeitung gewerblicher Erzeugnisse beschäftigt werden (Hausgewerbetreibende),

erstreckt werden, und zwar auf letztere auch dann, wenn sie die Roh- und Hülfsstoffe selbst beschaffen, und auch für die Zeit, während welcher sie vorübergehend für eigene Rechnung arbeiten.

Durch Beschluß des Bundesraths kann bestimmt werden,

1. daß und inwieweit Gewerbetreibende, in deren Auftrag und für deren Rechnung von Hausgewerbetreibenden (Abs. 1 Ziffer 2) gearbeitet wird, gehalten sein sollen, rücksichtlich der Hausgewerbetreibenden und ihrer Gehülfen, Gesellen und Lehrlinge die in diesem Gesetze den Arbeitgebern auferlegten Verpflichtungen zu erfüllen,

2. **daß und inwieweit Gewerbetreibende, in deren Auftrage Zwischenpersonen (Ausgeber, Faktoren, Zwischenmeister ꝛc.) gewerbliche Erzeugnisse herstellen oder bearbeiten lassen, gehalten sein sollen, rücksichtlich der von den Zwischenpersonen hierbei beschäftigten Hausgewerbetreibenden (Abs. 1 Ziff. 2) und deren Gehülfen, Gesellen und Lehrlinge die in diesem Gesetze den Arbeitgebern auferlegten Verpflichtungen zu erfüllen.**

1. Allgemein oder mit Beschränkung auf gewisse Bezirke: hiernach braucht die Erstreckung der Versicherungspflicht durch den Bundesrath nicht nothwendig das ganze Reichsgebiet zu umfassen, sondern es kann mit Rücksicht auf die örtliche Verschiedenheit in den Betriebsbedingungen desselben Berufszweiges eine Beschränkung auf einzelne Bezirke erfolgen.

2. In vielen Zweigen der Hausindustrie wird der Geschäftsverkehr zwischen den Fabrikanten und den Hausgewerbetreibenden durch Zwischenpersonen (Ausgeber, Faktoren, Zwischenmeister ꝛc.) vermittelt. Häufig sind diese Geschäftsvermittler nur Angestellte oder Beauftragte des Fabrikanten und bewirken für letzteren die Abrechnung mit den Hausindustriellen. In diesen Fällen versehen die Zwischenpersonen als Stellvertreter oder bevollmächtigte Betriebsleiter des Fabrikanten dessen Obliegenheiten auch hinsichtlich des Arbeitgeberbeitrags. Ist aber die Stellung der Zwischenpersonen eine solche, daß sie aus der Arbeitsvermittelung ein selbständiges Gewerbe machen, indem sie zwar im Auftrag anderer Gewerbetreibender, aber für eigene Rechnung gewerbliche Erzeugnisse herstellen oder bearbeiten lassen und diese dann in mehr oder weniger fertigem Zustand an den Fabrikanten (Konfektionär u. s. w.) abliefern, dann sind sie selbst diejenigen Gewerbetreibenden, für deren Rechnung und in deren Auftrage von den von ihnen beschäftigten Hausgewerbetreibenden gearbeitet wird, und dann können nach dem bisher geltenden Gesetze nur sie zur Zahlung der Arbeitgeberbeiträge für ihre Hausgewerbetreibenden verpflichtet werden, nicht aber die Fabrikanten selbst, welche doch die Arbeit für ihren Geschäftsbetrieb in Bestellung gegeben haben.

Dem Bundesrathe ist nun die Möglichkeit gegeben, in solchen Fällen die Fabrikanten selbst, in deren Auftrage die Zwischenpersonen arbeiten lassen, zu den Verpflichtungen der Arbeitgeber, insbesondere den Arbeitgeberbeiträgen für die hierbei beschäftigten Hausgewerbetreibenden heranzuziehen. Der Fabrikant wird dadurch in erwünschter Weise in ein näheres Verhältniß zu den für ihn, wenn auch nur indirekt durch Vermittelung von Zwischenpersonen, arbeitenden Hausgewerbetreibenden gebracht. Es erscheint nur billig, daß Fabrikanten (Konfektionäre ꝛc.) auch dann, wenn sie durch Geschäftseinrichtungen der bezeichneten Art eine direkte Beschäftigung zahlreicher Versicherter, deren Arbeit sie für ihren Geschäftsbetrieb gleichwohl bedürfen, vermeiden, wenigstens zu deren Versicherung beitragen, so daß die Lasten der Arbeitgeber nicht den in der Regel in einer weniger günstigen Lage sich befindenden Zwischenpersonen aufgebürdet zu werden brauchen. (Mot. S. 243.)

3. In Gemäßheit des Abs. 1 Ziffer 2 hat der Bundesrath bisher die Versicherungspflicht erstreckt
   a) auf die Hausgewerbetreibenden in der Tabakfabrikation durch Bekanntmachung vom 16. Dezember 1896,
   b) auf einen großen Theil der Hausgewerbetreibenden in der Textil-Industrie durch die Bekanntmachungen vom 1. März 1894 und 9. November 1895.

Die Bekanntmachungen des Bundesraths sind in der Anlage abgedruckt.

§ 3.

Als Lohn oder Gehalt gelten auch Tantiemen und Naturalbezüge. Für dieselben wird der Durchschnittswerth in Ansatz gebracht; dieser Werth wird von der unteren Verwaltungsbehörde festgesetzt.

Eine Beschäftigung, für welche als Entgelt nur freier Unterhalt gewährt wird, gilt im Sinne dieses Gesetzes nicht als eine die Versicherungspflicht begründende Beschäftigung.

§ 4.

Durch Beschluß des Bundesraths wird bestimmt, inwieweit vorübergehende Dienstleistungen als versicherungspflichtige Beschäftigung im Sinne dieses Gesetzes nicht anzusehen sind.

Der Bundesrath ist befugt, zu bestimmen, daß Ausländer, welchen der Aufenthalt im Inlande nur für eine bestimmte Dauer behördlich gestattet ist und die nach Ablauf dieser Zeit in das Ausland zurückkehren müssen, der Versicherungspflicht nicht unterliegen. Sofern eine solche Bestimmung getroffen wird, haben Arbeitgeber, welche solche Ausländer beschäftigen, nach näherer Bestimmung des Reichs-Versicherungsamts denjenigen Betrag an die Versicherungsanstalt zu zahlen, den sie für die Versicherung der Ausländer aus eigenen Mitteln würden entrichten müssen (§ 27 Abs. 3), wenn deren Versicherungspflicht bestände.

1. Von der Befugniß, vorübergehende Beschäftigung als nicht versicherungspflichtig zu erklären, hat der Bundesrath bereits Gebrauch gemacht. Vgl. die in der Anlage abgedruckten Bekanntmachungen vom 24. Dezember 1891, 24. Januar 1893 und 31. Dezember 1894.

2. Für die in Deutschland beschäftigten ausländischen Arbeiter, welchen der Aufenthalt in Deutschland nur für eine bestimmte Zeit gestattet ist, liegt eine gewisse Härte darin, daß sie zu den Lasten der Versicherung beitragen müssen, wiewohl sie aller Wahrscheinlichkeit nach in den meisten Fällen einen Anspruch an die Versicherungsanstalt nicht geltend machen werden. Um diese Härte zu mildern, ist dem Bundesrath die Befugniß ertheilt, zu bestimmen, daß solche Ausländer der Versicherungspflicht nicht unterliegen. Um aber die Arbeitgeber solcher ausländischen Arbeiter nicht vor den Arbeitgebern inländischer Arbeiter

zu bevorzugen oder um die Beschäftigung ausländischer Arbeiter nicht zu begünstigen, ist gleichzeitig bestimmt, daß die betreffenden Arbeitgeber den Theil der Beiträge, welcher bei der Versicherung der ausländischen Arbeiter auf sie entfallen würde, an die Versicherungsanstalt zu zahlen haben.

Ausländische Arbeiter können übrigens nach dem neuen Gesetz die Versicherung im Auslande freiwillig fortsetzen (vgl. § 145 Absatz 1).

§ 5.

Beamte des Reichs, der Bundesstaaten und der Kommunalverbände **sowie Lehrer und Erzieher an öffentlichen Schulen oder Anstalten** unterliegen der Versicherungspflicht nicht, **solange sie lediglich zur Ausbildung für ihren zukünftigen Beruf beschäftigt werden oder sofern ihnen eine Anwartschaft** auf **Pension im Mindestbetrage der Invalidenrente nach den Sätzen der ersten Lohnklasse gewährleistet ist.**

Beamte der Versicherungsanstalten und zugelassenen besonderen Kasseneinrichtungen unterliegen der Versicherungspflicht nicht, sofern ihnen eine Anwartschaft auf Pension in der im Abs. 1 bezeichneten Höhe gewährleistet ist.

Der Versicherungspflicht unterliegen ferner nicht Personen, **welche Unterricht gegen Entgelt ertheilen, sofern dies während ihrer wissenschaftlichen Ausbildung für ihren zukünftigen Lebensberuf geschieht**, Personen des Soldatenstandes, welche dienstlich als Arbeiter beschäftigt werden, sowie Personen, welchen auf Grund der **reichsgesetzlichen Bestimmungen** eine Invalidenrente **bewilligt** ist.

Der Versicherungspflicht unterliegen endlich nicht diejenigen Personen, **deren Erwerbsfähigkeit in Folge von Alter, Krankheit oder anderen Gebrechen dauernd auf weniger als ein Drittel herabgesetzt ist. Dies ist dann anzunehmen, wenn sie nicht mehr im Stande sind, durch eine ihren Kräften und Fähigkeiten entsprechende Thätigkeit, die ihnen unter billiger Berücksichtigung ihrer Ausbildung und ihres bisherigen Berufs zugemuthet werden kann, ein Drittel desjenigen zu erwerben, was körperlich und geistig gesunde Personen derselben Art mit ähnlicher Ausbildung in derselben Gegend durch Arbeit zu verdienen pflegen.**

1. Anwartschaft auf Pension; der Pensionsanspruch braucht also noch nicht erworben zu sein, es genügt die Anwartschaft auf Erwerbung des Pensionsanspruchs. Hiernach sind Kommunalbeamte, welche erst nach Vollendung einer gewissen Dienstzeit den Pensionsanspruch erwerben, schon von Antritt ihres Amts an von der Versicherung befreit.

2. Im Mindestbetrage der Invalidenrente nach den Sätzen der ersten Lohnklasse; die Fassung ist ungenau, da die

Höhe der Invalidenrente in den einzelnen Lohnklassen von der Anzahl der Steigerungssätze abhängt, so sollte es wohl heißen: **Pension in Höhe des** Mindestbetrages u. s. w. Dieser Mindestbetrag ist 50+60+200×3 = 116 Mark.

3. **Gewährleistet** ist; der Pensionsanspruch der Kommunalbeamten braucht also nicht nothwendig gegen die Anstellungs-Gemeinde zu bestehen, sondern es genügt z. B. ein Anspruch gegen eine Kasse, welcher die Beamten beizutreten verpflichtet sind, und deren Sicherheit nicht in Frage gestellt ist.

4. **Die Beamten der Versicherungsanstalt und der zugelassenen Kasseneinrichtungen** sind den Kommunalbeamten gleichgestellt; es ist aber zu beachten, daß bei diesen Beamten die Befreiung von der Versicherungspflicht während der Ausbildungszeit nicht stattfindet.

5. Das neue Gesetz beseitigt die bisher bestandene Verschiedenheit in der Bestimmung desjenigen Maßes von Erwerbsunfähigkeit, welches die Versicherungspflicht ausschließen und desjenigen, welches den Anspruch auf Invalidenrente begründen soll (vgl. § 15 Absatz 2). Die bisherige komplicirte Berechnung des Mindestverdienstes ist in Wegfall gekommen. Das Gesetz setzt den Versicherten, dessen Erwerbsunfähigkeit festzustellen ist, in Verhältniß zu einem körperlich und geistig gesunden Lohnarbeiter derselben Art. Es wird nicht von einem abstrakten „Normalarbeiter" ausgegangen, sondern von Personen gleicher Art mit ähnlicher Ausbildung, also von einem Versicherten, der im Wesentlichen die gleichen Kenntnisse und Fähigkeiten besitzt, welche der Rentenbewerber nach menschlicher Voraussicht haben würde, wenn er sich im Vollbesitze seiner geistigen und körperlichen Gesundheit befände. Es ist dabei das bisherige Arbeitsfeld des Rentenbewerbers nicht allein maßgebend, vielmehr kommt es darauf an, was ihm, allerdings unter billiger Berücksichtigung seiner Ausbildung und bisherigen Berufsthätigkeit, an Lohnarbeit auf dem gesammten wirthschaftlichen Erwerbsgebiet füglich noch zugemuthet werden kann. Auch die Bedenken der Aerzte gegen eine ziffernmäßige Berechnung der Invalidität sind durch die neue Bestimmung beseitigt (vgl. Mot. 247).

§ 6.

Auf ihren Antrag sind von der Versicherungspflicht zu befreien Personen, welche vom Reiche, von einem Bundesstaat, einem Kommunalverband, **einer Versicherungsanstalt oder zugelassenen besonderen Kasseneinrichtung, oder welchen auf Grund früherer Beschäftigung als Lehrer oder Erzieher an öffentlichen Schulen oder Anstalten** Pensionen, Wartegelder oder **ähnliche Bezüge** im Mindestbetrage der Invalidenrente **nach den Sätzen der ersten Lohnklasse bewilligt sind,** oder welchen auf Grund der reichsgesetzlichen Bestimmungen über Unfallversicherung der Bezug einer jährlichen Rente von mindestens demselben Betrage zusteht. **Dasselbe gilt von solchen Personen, welche das siebenzigste Lebensjahr vollendet haben.** Ueber den Antrag entscheidet die untere Verwaltungsbehörde des Beschäftigungsorts. Gegen den Bescheid derselben ist die Beschwerde an die zunächst vorgesetzte Behörde zulässig, welche endgültig entscheidet. **Bei Zurücknahme des Antrags tritt die Versicherungspflicht wieder in Kraft.**

In der gleichen Weise sind auf ihren Antrag von der Versicherungspflicht zu befreien Personen, welche Lohnarbeit im Laufe eines Kalenderjahrs nur in bestimmten Jahreszeiten für nicht mehr als zwölf Wochen oder überhaupt für nicht mehr als fünfzig Tage übernehmen, im Uebrigen aber ihren Lebensunterhalt als Betriebsunternehmer oder anderweit selbständig erwerben, oder ohne Lohn oder Gehalt thätig sind, solange für dieselben nicht bereits einhundert Wochen lang Beiträge entrichtet worden sind. Der Bundesrath ist befugt, hierüber nähere Bestimmungen zu erlassen.

1. Im Mindestbetrage der Invalidenrente; vgl. Anm. 2 zu § 5.

2. ähnliche Bezüge; die Praxis des Reichsversicherungsamts hat nur solche Bezüge den Pensionen und Wartegeldern gleich behandelt, welche in allen Beziehungen die gleiche Gewähr an Sicherheit bieten, wie die nach diesem Gesetz zu bewilligenden Renten, also in erster Linie auf einem Rechtsanspruche beruhen. Diese Beschränkung ist nicht überall erforderlich; es können pensionsähnliche Bezüge, auch ohne auf einem Rechtsanspruch zu beruhen, thatsächlich in ihrer Fortdauer so weit gesichert sein, daß dem Empfänger ohne Gefährdung seiner Interessen die Befugniß gegeben werden kann, aus der Versicherungspflicht auszuscheiden (Mot. 249). Um dies zum Ausdruck zu bringen, sind die Worte „ähnliche Bezüge" eingeschaltet.

3. bewilligt; es genügt die Bewilligung der Pension u. s. w., wenn dieselbe auch aus besonderen Gründen nicht „bezogen" wird.

4. Bisher unterlagen Personen, welche Altersrente bezogen, der Versicherungspflicht, wenn sie eine versicherungspflichtige Beschäftigung ausübten; die sich hieraus ergebende Beitragspflicht blieb den Betheiligten vielfach unverständlich, entsprach auch in vielen Fällen nicht der Billigkeit. Eine obligatorische Befreiung dieser Personen von der Versicherungspflicht empfahl sich deswegen nicht, weil dieselben oft das Interesse und den Wunsch haben können, durch weitere Beitragszahlung die höhere Invalidenrente demnächst zu erwerben und deshalb die Beitragszahlung unter Beihilfe der Arbeitgeber fortzusetzen. Es ist ihnen deshalb nur die Möglichkeit gegeben, sich von der Versicherungspflicht zu befreien. Diese Möglichkeit sollen aber alle Personen haben, welche das 70. Lebensjahr vollendet haben, ohne Rücksicht darauf, ob sie schon Altersrente beziehen (vgl. Mot. 249).

5. Das neue Gesetz hebt zur Beseitigung von Zweifeln ausdrücklich hervor, daß die Zurücknahme des Befreiungs-Antrages zulässig ist und daß alsdann die Versicherungspflicht wieder in Kraft tritt.

Die von der Verwaltungsbehörde des Beschäftigungsorts ausgesprochene Befreiung von der Versicherungspflicht wirkt auch beim Wechsel des Beschäftigungsorts fort.

6. Im Absatz 3 handelt es sich um ganze Kategorien selbständiger Personen, welche, ohne dadurch Berufsarbeiter zu werden, für mehrere aufeinander folgende Wochen in ein Lohnarbeitsverhältniß treten, um nach Beendigung dieser vorübergehenden Arbeit für den großen Rest des Jahres wieder zu ihrer bisherigen selbständigen Beschäftigung zurückzukehren. Es handelt sich dabei regelmäßig um eine unter bestimmten örtlichen Verhältnissen zu bestimmten Jahreszeiten sich wiederholende Arbeitsgelegenheit oder Arbeitshäufung, während welcher die bezeichneten Personen die Gelegenheit zu einem Verdienst „mitzunehmen" pflegen. Dies trifft z. B. zu beim Holzschlag in großen Forstbezirken im Winter, bei der Ernte im Sommer und Herbst, während der Badesaison in einzelnen Badeorten (Mot. 244). Sind aber für diese Personen bereits mindestens 100 Wochen lang Beiträge entrichtet — sei es in einer früheren anderen oder in der jetzigen Thätigkeit — so kann eine Befreiung auf Antrag nicht mehr eintreten. Diese Einschränkung ist in der zweiten Berathung des Gesetzes durch den Reichstag beschlossen worden.

§ 7.

Durch Beschluß des Bundesraths kann auf Antrag bestimmt werden, daß und inwieweit die Bestimmungen des § 5 Abs. 1 **bis 3 und des § 6 Abs. 1** auf Beamte, welche von anderen öffentlichen Verbänden oder von Körperschaften angestellt sind, **sowie auf Lehrer und Erzieher an nicht öffentlichen Schulen oder Anstalten, sofern diesen Personen eine Anwartschaft auf Pension im Mindestbetrage der Invalidenrente nach den Sätzen der ersten Lohnklasse gewährleistet ist,** und **auf Personen** Anwendung finden sollen, **welchen auf Grund früherer Anstellung bei solchen Verbänden oder Körperschaften, Schulen oder Anstalten Pensionen, Wartegelder oder ähnliche Bezüge in dem genannten Mindestbetrage der Invalidenrente bewilligt sind.**

§ 8. Besondere Kasseneinrichtungen.

Versicherungspflichtige Personen, welche in Betrieben des Reichs, eines Bundesstaats oder eines Kommunalverbandes beschäftigt werden, genügen der gesetzlichen Versicherungspflicht durch Betheiligung an einer für den betreffenden Betrieb bestehenden oder zu errichtenden besonderen Kasseneinrichtung, durch welche ihnen eine den reichsgesetzlich vorgesehenen Leistungen gleichwerthige Fürsorge gesichert ist, sofern bei der betreffenden Kasseneinrichtung folgende Voraussetzungen zutreffen:

1. Die Beiträge der Versicherten dürfen, soweit sie für die **Invalidenversicherung** in Höhe des reichsgesetzlichen Anspruchs entrichtet werden, die Hälfte des für den letzteren nach § 32 zu erhebenden Beitrags nicht übersteigen. Diese Bestimmung findet keine Anwendung, sofern in der

betreffenden Kasseneinrichtung die Beiträge nach einem von der Berechnungsweise der §§ 32, 33 abweichenden Verfahren aufgebracht und in Folge dessen höhere Beiträge erforderlich werden, um die der Kasseneinrichtung aus Invaliden- und Altersrenten in Höhe des reichsgesetzlichen Anspruchs obliegenden Leistungen zu decken. Sofern hiernach höhere Beiträge zu erheben sind, dürfen die Beiträge der Versicherten diejenigen der Arbeitgeber nicht übersteigen.

2. **Bei der Verwaltung der Kassen müssen die Versicherten mindestens nach Maßgabe des Verhältnisses ihrer Beiträge zu den Beiträgen der Arbeitgeber durch in geheimer Wahl gewählte Vertreter betheiligt sein.**

3. Bei Berechnung der Wartezeit und der Rente ist den bei solchen Kasseneinrichtungen betheiligten Personen, soweit es sich um das Maß des reichsgesetzlichen Anspruchs handelt, unbeschadet der Bestimmung des § 46 die bei Versicherungsanstalten (§ 65) zurückgelegte Beitragszeit in Anrechnung zu bringen.

4. Ueber den Anspruch der einzelnen Betheiligten auf Gewährung von Invaliden- und Altersrente muß ein schiedsgerichtliches Verfahren unter Mitwirkung von Vertretern der Versicherten zugelassen sein.

5. **Wenn für die Gewährung der reichsgesetzlichen Leistungen besondere Beiträge von den Versicherten erhoben werden oder eine Erhöhung der Beiträge derselben eingetreten ist oder eintritt, so dürfen die reichsgesetzlichen Renten auf die sonstigen Kassenleistungen nur insoweit angerechnet werden, daß der zur Auszahlung gelangende Theil der letzteren für die einzelnen Mitgliederklassen im Durchschnitte mindestens den Reichszuschuß erreicht.**

Der Bundesrath bestimmt auf Antrag der zuständigen Reichs-, Staats- oder Kommunalbehörde, welche Kasseneinrichtungen (Pensions-, Alters-, Invalidenkassen) den vorstehenden Anforderungen entsprechen. Den vom Bundesrath anerkannten Kasseneinrichtungen dieser Art wird zu den von ihnen zu leistenden Invaliden- und Altersrenten der Reichszuschuß (§ 35) gewährt, sofern ein Anspruch auf solche Renten auch nach den **reichsgesetzlichen Bestimmungen** bestehen würde.

1. Ueber freiwillige Versicherung bei den Kasseneinrichtungen vgl. § 14.

2. Nach Maßgabe des Verhältnisses ihrer Beiträge zu den Beiträgen der Arbeitgeber; es handelt sich hier nicht nur um die Beitragsleistung für die Renten nach dem Invalidenversicherungsgesetz, sondern um die sämmtlichen Beiträge zu der Kasseneinrichtung (vgl. St. B. 2202).

§ 9.

Vom 1. Januar 1891 ab wird die Betheiligung bei solchen vom Bundesrathe zugelassenen Kasseneinrichtungen der Versicherung in einer Versicherungsanstalt gleich geachtet.

Wenn bei einer solchen Kasseneinrichtung die Beiträge nicht in der nach §§ 130 ff. vorgeschriebenen Form erhoben werden, hat der Vorstand der Kasseneinrichtung den aus der letzteren ausscheidenden Personen die Dauer ihrer Betheiligung und für diesen Zeitraum die Höhe des bezogenen Lohnes, die Zugehörigkeit zu einer Krankenkasse sowie die Dauer etwaiger Krankheiten (§ 30) zu bescheinigen. Der Bundesrath ist befugt, über Form und Inhalt der Bescheinigung Vorschriften zu erlassen.

Die Vorschriften der §§ 6 und 7 finden auch auf die besonderen Kasseneinrichtungen Anwendung (vgl. Mot. 251).

§ 10.

Durch Beschluß des Bundesraths kann auf Antrag bestimmt werden, daß die Bestimmungen der §§ 8, 9 auf Mitglieder anderer Kasseneinrichtungen, welche die Fürsorge für den Fall der Invalidität **und** des Alters zum Gegenstande haben, Anwendung finden sollen.

Die frühere Fassung „oder des Alters“ beruhte auf einem Redaktionsversehen (vgl. Mot. 251).

§ 11.

Durch Beschluß des Bundesraths kann der auf Grund des Gesetzes vom 13. Juli 1887 (Reichs-Gesetzbl. S. 329) errichteten See-Berufsgenossenschaft gestattet werden, unter ihrer Haftung eine besondere Einrichtung zu dem Zwecke zu begründen, die Invalidenversicherung nach Maßgabe dieses Gesetzes für diejenigen Personen zu übernehmen, welche in den zur Genossenschaft gehörenden Betrieben oder einzelnen Arten dieser Betriebe beschäftigt werden, sowie für diejenigen Unternehmer, welche gleichzeitig der Unfallversicherung und der Invalidenversicherung unterliegen. Eine solche Einrichtung darf jedoch nur gestattet werden, wenn für die Hinterbliebenen der darin versicherten Personen von der Genossenschaft zugleich eine Wittwen- und Waisenversorgung

begründet wird. Werden solche Einrichtungen getroffen, so sind in denselben diejenigen Personen, für welche sie bestimmt sind, kraft Gesetzes versichert.

Werden die Versicherten zu Beiträgen herangezogen, so sind dieselben in gleicher Weise wie die Arbeitgeber bei der Verwaltung zu betheiligen.

Der Theil der Beiträge, welcher auf die Arbeitgeber entfällt, darf im Durchschnitte nicht niedriger sein als die Hälfte der Beiträge, welche auf Grund dieses Gesetzes (§ 32) zu zahlen sind. Die Beiträge der Versicherten dürfen nicht höher sein als die der Arbeitgeber.

Werden die Beiträge der Versicherten abgestuft, so sind auch die Renten für die Hinterbliebenen im gleichen Verhältniß abzustufen.

Die Wartezeit darf weder für die Invalidenversicherung noch für die Wittwen- und Waisenversorgung höher bemessen werden, als im § 29 vorgesehen ist.

Den Versicherten muß, wenn sie zeitweilig auf ausländischen Schiffen Beschäftigung nehmen, ihre Familien aber in Deutschland verbleiben, oder wenn sie aus anderen Gründen aus der versicherungspflichtigen Beschäftigung ausscheiden, die Weiterversicherung gemäß den Bestimmungen dieses Gesetzes nicht nur hinsichtlich der Invalidenversicherung, sondern auch in Bezug auf die Wittwen- und Waisenversorgung gestattet sein.

Der § 11 ist durch die Kommission in das Gesetz hineingebracht worden (vgl. Kommissionsbericht S. 27 ff.).

Hierfür war die Erwägung maßgebend, daß die Seeleute von der Invalidenversicherung nicht den Nutzen haben, wie die anderen Arbeiter; es habe sich ergeben, daß die Invalidität in diesen Kreisen eine geringere sei im Vergleich mit den Todesfällen, von denen die Seeleute in ihrem Beruf betroffen würden. Die Hinterbliebenen derjenigen Seeleute gingen leer aus, welche zwar ihr Leben im Beruf aber nicht in Folge eines Unfalls, sondern in Folge von Krankheit eingebüßt hätten; deswegen sei eine Wittwen- und Waisenversicherung für den Beruf der Seeleute viel wichtiger und wirkungsvoller.

Demgemäß knüpft auch der § 11 an die Uebertragung der Invalidenversicherung auf die See-Berufsgenossenschaft die Bedingung, daß gleichzeitig für die Hinterbliebenen der Versicherten eine Wittwen- und Waisenversorgung begründet wird.

§ 12.

Auf die im § 11 bezeichneten Einrichtungen finden die Bestimmungen der §§ 8, 9 entsprechende Anwendung; sie unterliegen der Beaufsichtigung durch das Reichs-Versiche-

rungsamt nach Maßgabe der §§ 108 bis 110 dieses Gesetzes.

Die für die Unfallversicherung errichteten Schiedsgerichte sind auch für die von der See-Berufsgenossenschaft übernommene Invalidenversicherung sowie für die von ihr eingerichtete Wittwen- und Waisenversorgung zuständig.

§ 13.

Beschlüsse der Genossenschaft, durch welche die im § 11 bezeichneten Einrichtungen getroffen werden, die hierfür erlassenen Statuten und deren Abänderungen bedürfen der Genehmigung des Bundesraths. Der Bundesrath beschließt, nachdem zuvor die im § 91 des Gesetzes vom 13. Juli 1887 bezeichneten, für die Versicherten berufenen Beisitzer der Schiedsgerichte gehört worden sind.

Der Bundesrath bestimmt den Zeitpunkt, mit welchem die Einrichtung in Wirksamkeit tritt.

§ 14. Freiwillige Versicherung

Folgende Personen sind befugt, freiwillig in die Versicherung einzutreten, solange sie das vierzigste Lebensjahr nicht vollendet haben (Selbstversicherung):

1. Betriebsbeamte, Werkmeister, Techniker, Handlungsgehülfen und sonstige Angestellte, deren dienstliche Beschäftigung ihren Hauptberuf bildet, ferner Lehrer und Erzieher sowie Schiffsführer, sämmtlich sofern ihr regelmäßiger Jahresarbeitsverdienst an Lohn oder Gehalt mehr als zweitausend Mark, aber nicht über dreitausend Mark beträgt;
2. Gewerbetreibende und sonstige Betriebsunternehmer, welche nicht regelmäßig mehr als zwei versicherungspflichtige Lohnarbeiter beschäftigen, sowie Hausgewerbetreibende, sämmtlich soweit nicht durch Beschluß des Bundesraths (§ 2 Abs. 1) die Versicherungspflicht auf sie erstreckt worden ist;
3. Personen, welche auf Grund des § 3 Abs. 2 und § 4 Abs. 1 der Versicherungspflicht nicht unterliegen.

Diese Personen sind ferner berechtigt, beim Ausscheiden aus dem die Berechtigung zur Selbstversicherung begründenden Verhältnisse die Selbstversicherung fortzusetzen und nach den Bestimmungen des § 46 zu erneuern.

Personen, welche aus einem die Versicherungspflicht begründenden Verhältniß ausscheiden, sind befugt, die Ver-

sicherung freiwillig fortzusetzen oder zu erneuern (Weiterversicherung).

Die in Betrieben, für welche eine besondere Kasseneinrichtung (§§ 8, 10, 11) errichtet ist, beschäftigten Personen der im Abs. 1 Ziffer 1 bis 3 bezeichneten Art sind berechtigt, sich bei der Kasseneinrichtung freiwillig zu versichern (Abs. 1). Die in solchen Betrieben beschäftigten versicherungspflichtigen Personen sind ferner beim Ausscheiden aus dem die Versicherungspflicht begründenden Arbeits- oder Dienstverhältnisse befugt, sich bei der besonderen Kasseneinrichtung weiter zu versichern (Abs. 2), solange sie nicht durch ein neues Arbeits- oder Dienstverhältniß bei einer anderen besonderen Kasseneinrichtung oder bei einer Versicherungsanstalt versicherungspflichtig werden. Solange die Voraussetzungen für die freiwillige Versicherung bei einer besonderen Kasseneinrichtung gegeben sind, findet die freiwillige Versicherung bei einer Versicherungsanstalt nicht statt.

1. Die freiwillige Versicherung besteht entweder in dem freiwilligen Eintritt in ein Versicherungsverhältniß (Selbstversicherung) oder in der freiwilligen Fortsetzung nach dem Austritt aus einem die Versicherungspflicht als die Selbstversicherung begründenden Verhältniß (Weiterversicherung). Die freiwillige Versicherung ist nach dem neuen Gesetz erheblich erweitert worden.

2. Nur der freiwillige Beginn der Selbstversicherung soll ausgeschlossen sein, sobald das 40. Lebensjahr vollendet ist; hat aber die Selbstversicherung vor der Vollendung des 40. Lebensjahres begonnen, so ist die weitere Fortsetzung der Selbstversicherung nach Vollendung des 40. Lebensjahres zulässig. Die Weiterversicherung ist von dem Lebensalter gänzlich unabhängig.

3. Zur Selbstversicherung sind berechtigt:

a) diejenigen Personen, deren Versicherungspflicht gemäß § 1 Ziffer 2 und 3 davon abhängig ist, daß ihr Jahresarbeitsverdienst 2000 Mark nicht übersteigt, sobald ihr Jahresarbeitsverdienst mehr als 2000 aber nicht über 3000 Mark beträgt.

b) Gewerbetreibende und sonstige Betriebsunternehmer, welche nicht regelmäßig mehr als zwei versicherungspflichtige Lohnarbeiter beschäftigen sowie Hausgewerbetreibende, sämmtlich, soweit nicht durch Beschluß des Bundesraths gemäß § 2 Absatz 1 die Versicherungspflicht auf sie erstreckt ist.

c) Personen, welche der Versicherungspflicht nicht unterliegen, weil sie nur gegen freien Unterhalt beschäftigt werden oder weil ihre vorübergehende Beschäftigung durch Beschluß des Bundesraths für nicht versicherungspflichtig erklärt worden ist. Den vom Bundesrath für nicht versicherungspflichtig erklärten vorübergehend beschäftigten Ausländern steht dagegen die Selbstversicherung nicht zu.

4. Den freiwillig Versicherten steht die Wahl der Lohnklasse frei. Die frühere Zusatzmarke kommt in Wegfall.

Gegenüber der weiteren Ausdehnung der freiwilligen Versicherung sind Cautelen geschaffen durch Verlängerung der Wartezeit (vgl. § 29) und durch Bestimmungen über das Erlöschen der Anwartschaft (vgl. § 46).

§ 15. Gegenstand der Versicherung.

Gegenstand der Versicherung ist der Anspruch auf Gewährung einer Rente **für den Fall der Erwerbsunfähigkeit oder des Alters.**

Invalidenrente erhält ohne Rücksicht auf das Lebensalter derjenige Versicherte, welcher **im Sinne des § 5 Abs. 4** dauernd erwerbsunfähig ist. Eine durch einen Unfall herbeigeführte Erwerbsunfähigkeit begründet unbeschadet der Vorschriften des § 113 den Anspruch auf Invalidenrente nur insoweit, **als die zu gewährende Invalidenrente die gewährte Unfallrente übersteigt.**

Altersrente erhält **ohne Rücksicht auf das Vorhandensein** von Erwerbsunfähigkeit derjenige Versicherte, welcher das siebenzigste Lebensjahr vollendet hat.

1. Ueber den Begriff der Erwerbsunfähigkeit vgl. die Anm. zu § 5.

2. Es ist jetzt, im Gegensatze zu der früheren Fassung, klargestellt, daß dem Unfallrentenempfänger, welcher in Folge eines Unfalls Invalide geworden ist, ein Anspruch auf denjenigen Betrag zusteht, um welchen die Invalidenrente die Unfallrente übersteigt. Uebersteigt die Invalidenrente die Unfallrente nicht, so ist dem Versicherten auf Antrag die Hälfte der Beitrage zu erstatten (vgl. § 43).

3. Es ist zu beachten, daß der Anspruch aus § 15 Absatz 2 auch dem Unfallrentner zusteht, welcher mehr als 26 Wochen ununterbrochen erwerbsunfähig ist (vgl. den folgenden § 16).

§ 16.

Invalidenrente erhält auch derjenige **nicht dauernd erwerbsunfähige** Versicherte, welcher während **sechsundzwanzig Wochen** ununterbrochen erwerbsunfähig gewesen ist, für die weitere Dauer seiner Erwerbsunfähigkeit.

Die Dauer der Erwerbsunfähigkeit, welche zum Bezuge von Invalidenrente berechtigen soll, ist von 1 Jahr auf 26 Wochen herabgesetzt worden. Dadurch wird, wenn auch nicht vollständig, so doch in erhöhtem Maße ein Anschluß an die Leistungen der Krankenversicherung erreicht. Es ist zu beachten, daß durch die Gewährung der Invalidenrente die Verpflichtung der Krankenkasse zur Gewährung ihrer Leistungen — falls dieselben statutarisch eine längere Dauer als 26 Wochen haben — nicht berührt wird. Auch hat die Invaliditätsversicherung keinen Ersatzanspruch gegen die Krankenversicherung. Vielmehr bestehen beide Leistungen neben einander, der Versicherte hat auf beide Leistungen Anspruch.

§ 17.

Dem Versicherten steht ein Anspruch auf Invalidenrente nicht zu, wenn er die Erwerbsunfähigkeit vorsätzlich herbeigeführt hat. **Die Gewährung der Rente kann ganz oder theilweise versagt werden, wenn der Versicherte die Erwerbsunfähigkeit bei Begehung eines durch strafgerichtliches Urtheil festgestellten Verbrechens oder vorsätzlichen Vergehens sich zugezogen hat. In Fällen der letzteren Art kann die Rente, sofern der Versicherte eine im Inlande wohnende Familie besitzt, deren Unterhalt er bisher aus seinem Arbeitsverdienste bestritten hat, ganz oder theilweise der Familie überwiesen werden.**

1. Nach den neuen Bestimmungen muß die Rente nur in dem Falle versagt werden, daß der Versicherte die Erwerbsunfähigkeit vorsätzlich herbeigeführt hat. In dem anderen Falle des § 17 kann die Rente versagt werden — also ganz nach Ermessen derjenigen Stelle, welche die Rente festsetzt — und zwar ganz oder theilweise. Es kann also eine beliebige Kürzung der Rente eintreten; in diesem Falle ist der Reichszuschuß wie der bei unverkürztem Betrage der Rente auf die Gemein- und Sonderlast entfallende Antheil im Verhältnisse der ganzen Rente zu dem bewilligten Theilbetrage zu kürzen.

2. In Fällen der letzen Art, d. h. in Fällen in welchen die Rente versagt werden kann; selbstverständlich erlischt mit dem Tode des Versicherten auch die Ueberweisung der Rente an die Familie.

§ 18.

Ist ein Versicherter dergestalt erkrankt, daß als Folge der Krankheit Erwerbsunfähigkeit zu besorgen ist, welche einen Anspruch auf reichsgesetzliche Invalidenrente begründet, so ist die Versicherungsanstalt befugt, **zur Abwendung dieses Nachtheils ein Heilverfahren in dem ihr geeignet erscheinenden Umfang eintreten zu lassen.**

Die Versicherungsanstalt kann das Heilverfahren durch Unterbringung des Erkrankten in einem Krankenhaus oder in einer Anstalt für Genesende gewähren. Ist der Erkrankte verheirathet oder hat er eine eigene Haushaltung oder ist er Mitglied der Haushaltung seiner Familie, so bedarf es hierzu seiner Zustimmung.

Läßt die Versicherungsanstalt ein Heilverfahren eintreten, so gehen bei Versicherten, welche der reichs- oder landesgesetzlichen Krankenfürsorge unterliegen, vom Beginne dieses Heilverfahrens an bis zu dessen Beendigung die Verpflichtungen der Krankenkasse gegen den Versicherten auf die Versicherungsanstalt über. Dieser hat die Krankenkasse

Ersatz zu leisten in Höhe desjenigen Krankengeldes, welches der Versicherte von der Krankenkasse für sich beanspruchen konnte.

Während des Heilverfahrens ist für solche Angehörigen des Versicherten, deren Unterhaltung dieser bisher aus seinem Arbeitsverdienste bestritten hat, eine Unterstützung auch dann zu zahlen, wenn der Versicherte der reichs- oder landesgesetzlichen Krankenversorgung nicht unterliegt. Diese Angehörigenunterstützung beträgt, sofern der Versicherte der reichs- oder landesgesetzlichen Krankenfürsorge bis zum Eingreifen der Versicherungsanstalt unterlag, die Hälfte des für ihn während der gesetzlichen Dauer der Krankenunterstützung maßgebend gewesenen Krankengeldes, im Uebrigen ein Viertel des für den Ort seiner letzten Beschäftigung oder seines letzten Aufenthalts maßgebenden ortsüblichen Tagelohns gewöhnlicher Tagearbeiter. Wenn der Versicherte Invalidenrente erhält, kann dieselbe auf die Angehörigenunterstützung angerechnet werden.

1. Ist ein Versicherter dergestalt erkrankt; die Krankenfürsorge der Versicherungsanstalt kann also für alle Versicherte eintreten, insbesondere auch für solche, welche der reichsgesetzlichen Krankenfürsorge unterliegen (vergl. Anm. 4).

Ueber Krankenfürsorge für Personen, welche bereits eine Invalidenrente beziehen, vgl. § 47 Absatz 2.

2. In dem ihr geeignet erscheinenden Umfang; also ohne Beschränkung in Bezug auf Maß und Dauer, insbesondere auch durch Gewährung eines Badeaufenthaltes oder irgend einer Spezial-Kur oder beliebiger Heilmittel (ohne Beschränkung auf die Leistungen des § 6 Absatz 1 Ziffer 1 des Krankenversicherungsgesetzes).

3. Der Versicherungsanstalt ist ausdrücklich das Recht gegeben, den Erkrankten in einem Krankenhaus oder in einer Anstalt für Genesende unterzubringen. In den im Absatz 2 genannten Fällen bedarf es hierzu der Zustimmung des Erkrankten; sonst kann die Unterbringung auch gegen seinen Willen verfügt werden mit der Maßgabe, daß im Falle der Weigerung die Bestimmung des § 22 in Betracht kommt.

4. Um die Unzuträglichkeiten einer Theilung der Fürsorge zwischen Versicherungsanstalt und Krankenkasse zu vermeiden, bestimmt der Absatz 3, daß bei Uebernahme des Heilverfahrens für einen der reichsgesetzlichen Krankenfürsorge unterliegenden Versicherten, sämmtliche der Krankenkasse obliegenden Leistungen (Arzt, Arznei, Krankengeld, Familienunterstützung), auch die statutarisch weitergehenden, von der Versicherungsanstalt zu gewähren sind, welcher die betreffende Krankenkasse Ersatz zu leisten hat aber lediglich in Höhe des Krankengeldes, welches der Versicherte von der Krankenkasse beanspruchen konnte. Hat daher die Versicherungsanstalt für einen nicht erwerbsunfähigen Erkrankten die Krankenfürsorge eingeleitet, — wie es z. B. öfter bei Tuberkulösen vorkommt

— so hat die Krankenkasse keinen Ersatz zu leisten, da ein Anspruch des Erkrankten auf Krankengeld gegen die Kasse nicht besteht.

Im Allgemeinen ist festzuhalten, daß Versicherte, welche der reichsgesetzlichen Krankenfürsorge unterliegen, während des von der Versicherungsanstalt durchgeführten Heilverfahrens alle diejenigen Leistungen erhalten, welche sie von ihrer Krankenkasse zu beanspruchen gehabt hätten.

Mit dem Tage, wo nach dem Statut der Krankenkasse ihre Verpflichtung aufhört, wo also der Versicherte der reichsgesetzlichen Krankenfürsorge nicht mehr unterliegt, kommen die Bestimmungen des Absatz 4 zur Anwendung (vgl. die folgende Anm. 5).

5. Der Absatz 4 trifft Bestimmungen für diejenigen Versicherten, welche der reichsgesetzlichen Krankenfürsorge nicht (z. B. Dienstboten, landwirthschaftliche Arbeiter) oder nicht mehr (vgl. Anm. 4) unterliegen. In diesen Fällen soll während der ganzen Dauer des von der Versicherungsanstalt durchgeführten Heilverfahrens — also nicht lediglich im Falle der Krankenhauspflege — eine Angehörigen-Unterstützung geleistet werden.

Die Angehörigen-Unterstützung beträgt

a) für Versicherte, welche der reichsgesetzlichen Krankenfürsorge nicht mehr unterliegen, (gleichgültig, ob die Versicherungsanstalt schon vorher — vgl. Anm. 4 — das Heilverfahren eingeleitet hatte oder nicht) die Hälfte des während der gesetzlichen Dauer der Krankenunterstützung maßgebend gewesenen Krankengeldes. Hat also die Krankenunterstützung über die gesetzliche Dauer hinaus auf Grund statutarischer Bestimmungen noch länger angedauert und hat der Erkrankte während dieser letzten Zeit — wie dies nach manchen Statuten der Fall ist — ein geringeres Krankengeld bezogen, so erhält er gleichwohl die Hälfte des höheren Krankengeldes, welches er während der gesetzlichen Dauer (13 Wochen) der Krankenunterstützung bezogen hat.

b) Für Versicherte, welche der reichsgesetzlichen Krankenfürsorge nicht unterliegen (Dienstboten, landwirthschaftliche Arbeiter) ein Viertel des ortsüblichen Tagelohns.

Eine generelle Erhöhung der Angehörigen-Unterstützung ist gemäß § 45 zulässig.

6. Die Invalidenrente kann auf die Angehörigen-Unterstützung angerechnet werden.

Nachdem die Dauer der Erwerbsunfähigkeit, welche zum Bezuge einer Invalidenrente berechtigt, auf 26 Wochen herabgesetzt ist (vgl. § 16) werden die Fälle, in denen während des Heilverfahrens Invalidenrente bewilligt werden muß, häufiger werden. Alsdann kann die Invalidenrente auf die Angehörigen-Unterstützung angerechnet werden und zwar ganz oder theilweise; auch kann die Anrechnung dann stattfinden, wenn die Invalidenrente erst nachträglich bewilligt worden ist.

Eine Anrechnung der Invalidenrente im Falle des Absatzes 3 (bei Versicherten, welche der reichsgesetzlichen Krankenfürsorge unterliegen), findet nicht statt. Vgl. auch Anm. zu § 16.

§ 19.

Die Versicherungsanstalt, **welche ein Heilverfahren eintreten läßt,** ist befugt, die Fürsorge für den **Erkrankten** der Krankenkasse, welcher er angehört oder zuletzt angehört hat, in demjenigen Umfange **zu übertragen,** welchen die Versicherungsanstalt für geboten erachtet. **Werden dadurch der Kasse Leistungen auferlegt, welche über den Umfang der von ihr gesetzlich oder statutarisch zu leistenden Fürsorge hinausgehen, so hat die Versicherungsanstalt die entstehenden Mehrkosten zu ersetzen. Bestand eine Fürsorgepflicht der Krankenkasse nicht mehr, so ist ihr von der Versicherungsanstalt bei Gewährung der im § 6 Abs. 1 Ziffer 1 des Krankenversicherungsgesetzes bezeichneten Leistungen das halbe, bei Unterbringung des Versicherten in ein Krankenhaus oder in eine Anstalt für Genesende das einundeinhalbfache Krankengeld zu ersetzen,** sofern nicht höhere Aufwendungen nachgewiesen werden.

Die Versicherungsanstalt kann sich der Krankenfürsorge der Krankenkassen anschließen und höhere Aufwendungen für den Erkrankten, als sie gesetzlich oder statutarisch vorgesehen sind, verlangen. Die Versicherungsanstalt kann auch nach Beendigung der Fürsorgepflicht der Kasse dieser das weitere Heilverfahren übertragen. Zur Vermeidung von Streitigkeiten sind für beide Fälle Pauschalsätze für den Erstattungsanspruch der Kasse festgesetzt, sofern die Kasse nicht nachweisen kann, daß sie höhere Aufwendungen gemacht hat.

§ 20.

Als Krankenkassen im Sinne der Bestimmungen in den §§ 18, 19 gelten auch diejenigen Hülfskassen, welche die im § 75a des Krankenversicherungsgesetzes vorgesehene amtliche Bescheinigung besitzen.

§ 21.

Ist die Krankheit, wegen deren das Heilverfahren eingeleitet wurde, auf einen nach den Reichsgesetzen über Unfallversicherung zu entschädigenden Unfall zurückzuführen, und ist durch das Heilverfahren der Eintritt der Erwerbsunfähigkeit (§§ 15, 16) verhindert und zugleich eine Entlastung des entschädigungspflichtigen Trägers der Unfallversicherung herbeigeführt worden, indem die Unfallentschädigung ganz oder zum Theil nicht zu bewilligen war oder in Wegfall gekommen ist, so hat die Versicherungsanstalt gegen diesen Träger Anspruch auf Ersatz der Kosten des Heilverfahrens in dem im § 19 Satz 3 vorgesehenen Umfange. Ein Ersatz für Kosten des Heilverfahrens, welche vor dem Beginne

der vierzehnten Woche nach dem Unfall entstanden sind, kann nicht beansprucht werden.

Für die Ansprüche des Versicherten an den Träger der Unfallversicherung ist die Uebernahme des Heilverfahrens durch die Versicherungsanstalt der Uebernahme durch den Träger der Unfallversicherung gleich zu achten.

Die Bestimmung beruht auf Beschlüssen der Kommission (vgl. K. B. S. 48 f.), nach Analogie des § 113.

§ 22.

Wird der Versicherte in Folge der Krankheit erwerbsunfähig, **so kann ihm,** falls er sich den **gemäß §§ 18, 19 von der Versicherungsanstalt getroffenen Maßnahmen ohne gesetzlichen oder sonst triftigen Grund** entzogen hat, die Invalidenrente **auf Zeit ganz oder theilweise versagt werden,** sofern **er auf diese Folgen hingewiesen worden ist und nachgewiesen wird,** daß die Erwerbsunfähigkeit durch **sein** Verhalten veranlaßt ist.

1. Die Versagung der Rente ist facultativ; außerdem kann die Versagung auf Zeit erfolgen, ferner entweder ganz oder theilweise.
2. Voraussetzung für die Versagung ist,
   a) daß sich der Versicherte den Maßnahmen ohne gesetzlichen oder sonst triftigen Grund entzogen hat. Gesetzlich begründet ist z. B. die Weigerung des verheiratheten Versicherten, in ein Krankenhaus zu gehen,
   b) daß der Versicherte vorher auf die Folgen hingewiesen worden ist,
   c) daß nachgewiesen wird, daß die Erwerbsunfähigkeit durch sein Verhalten veranlaßt ist.

§ 23.

Streitigkeiten, welche aus den Bestimmungen in den §§ 18 bis 20, 22 zwischen den Versicherungsanstalten und den Versicherten entstehen, werden, soweit sie nicht bei der Rentenfeststellung zum Austrage gelangen, von der Aufsichtsbehörde der Versicherungsanstalten entschieden.

Streitigkeiten, **welche aus den Bestimmungen in den §§ 18 bis 20, 22** zwischen den Versicherungsanstalten und den Krankenkassen **entstehen,** werden, sofern es sich um die Geltendmachung **der den Versicherungsanstalten eingeräumten Befugnisse** handelt, von der Aufsichtsbehörde der betheiligten Krankenkasse, sofern es sich aber um Ersatzansprüche handelt, im Verwaltungsstreitverfahren, oder, wo ein solches nicht besteht, ebenfalls durch die **Aufsichtsbehörde der betheiligten Krankenkasse** entschieden. **Die Entscheidung dieser Aufsichtsbehörde ist im ersteren Falle endgültig; im letzteren Falle kann sie inner-**

halb eines Monats nach der Zustellung im Wege des Rekurses nach Maßgabe der §§ 20, 21 der Gewerbeordnung angefochten werden.

Streitigkeiten über Ersatzansprüche in den Fällen des § 21 Abs. 1 werden durch das Reichs-Versicherungsamt entschieden.

Durch Kgl. Preuß. Verordnung v. 23 VIII. 1899 ist für das Verwaltungsstreitverfahren der Bezirksausschuß für zuständig erklärt worden, gegen dessen Entscheidung nur das Rechtsmittel der Revision zulässig ist.

§ 24.

Durch statutarische Bestimmung einer Gemeinde für ihren Bezirk oder eines weiteren Kommunalverbandes für seinen Bezirk oder Theile desselben kann, sofern daselbst nach Herkommen der Lohn der in land- oder forstwirthschaftlichen Betrieben beschäftigten Arbeiter ganz oder zum Theil in Form von Naturalleistungen gewährt wird, bestimmt werden, daß denjenigen in diesem Bezirke wohnenden Rentenempfängern, welche innerhalb desselben als Arbeiter in land- und forstwirthschaftlichen Betrieben ihren Lohn oder Gehalt ganz oder zum Theil in Form von Naturalleistungen bezogen haben, auch die Rente bis zu zwei Dritteln ihres Betrags in dieser Form gewährt wird. Der Werth der Naturalleistungen wird nach Durchschnittspreisen in Ansatz gebracht. Dieselben werden von der höheren Verwaltungsbehörde festgesetzt. Die statutarische Bestimmung bedarf der Genehmigung der höheren Verwaltungsbehörde.

Solchen Personen, welche wegen gewohnheitsmäßiger Trunksucht nach Anordnung der zuständigen Behörde geistige Getränke in öffentlichen Schankstätten nicht verabfolgt werden dürfen, ist die Rente in derjenigen Gemeinde, für deren Bezirk eine solche Anordnung getroffen worden ist, auch ohne daß die Voraussetzungen des Abs. 1 vorliegen, ihrem vollen Betrage nach in Naturalleistungen zu gewähren.

Der Anspruch auf die Rente geht zu demjenigen Betrag, in welchem Naturalleistungen gewährt werden, auf den Kommunalverband, für dessen Bezirk eine solche Bestimmung getroffen ist, über, wogegen diesem die Leistung der Naturalien obliegt.

Dem Bezugsberechtigten, auf welchen vorstehende Bestimmungen Anwendung finden sollen, ist dies von dem Kommunalverbande mitzutheilen.

Der Bezugsberechtigte ist befugt, binnen zwei Wochen nach der Zustellung dieser Mittheilung die Entscheidung der Kommunalaufsichtsbehörde anzurufen. Auf demselben Wege werden alle übrigen Streitigkeiten entschieden, welche aus der Anwendung dieser Bestimmungen zwischen dem Bezugsberechtigten und dem Kommunalverband entstehen.

Sobald der Uebergang des Anspruchs auf Rente endgültig feststeht, hat auf Antrag des Kommunalverbandes der Vorstand der Versicherungsanstalt die Postverwaltung hiervon rechtzeitig in Kenntniß zu setzen.

§ 25.

Auf Grund statutarischer Bestimmung der Versicherungsanstalt kann der Vorstand einem Rentenempfänger auf seinen Antrag an Stelle der Rente Aufnahme in ein Invalidenhaus oder in ähnliche von Dritten unterhaltene Anstalten auf Kosten der Versicherungsanstalt gewähren. Der Aufgenommene ist auf ein Vierteljahr und, wenn er die Erklärung nicht einen Monat vor Ablauf dieses Zeitraums zurücknimmt, jedesmal auf ein weiteres Vierteljahr an den Verzicht auf die Rente gebunden.

1. Für die Anwendbarkeit des § 25 ist es erforderlich, daß in das Statut der Versicherungsanstalt entsprechende Bestimmungen aufgenommen werden. Die Vorschrift des § 25 bezieht sich auf Invaliden- und Altersrentner.

2. Die Versicherungsanstalten können entweder selbst Invalidenhäuser errichten (Motive 258) oder sich fremder Anstalten bedienen. Bei den zur Zeit noch niedrigen Rentenbeträgen würden den Versicherungsanstalten durch die Anwendung des § 25 nicht unerhebliche Mehrkosten erwachsen; die Motive heben aber ausdrücklich hervor (Motive 258), daß bei der sozialpolitischen Bedeutung dieser Maßnahmen und der günstigen Finanzlage vieler Anstalten, diese Mehrkosten zugelassen werden dürfen.

3. Von besonderer Bedeutung wird die Errichtung von besonderen Invalidenhäusern für Tuberkulöse sein, weil diese in erhöhtem Maße hinfällig und der Pflege bedürftig sind, weil sie aber auch einen Infektionsheerd und eine ständige Gefahr für die andere Bevölkerung bilden. Es liegt daher im eigensten Interesse der Versicherungsanstalten, auf eine Isolirung dieser Rentenempfänger bedacht zu sein.

4. Die Aufnahme in das Invalidenhaus kann nur mit Zustimmung des Rentenempfängers erfolgen. Zur Vermeidung künftiger Streitigkeiten über den Austritt aus dem Invalidenhaus (vgl. die folgende Anm.) wird es sich empfehlen, den Rentenempfänger zur Vollziehung eines Antragsformulares zu veranlassen.

5. Wenn auch der Aufgenommene auf ein Vierteljahr gebunden ist, so ist doch eine freie Vereinbarung zwischen Vorstand und Rentenempfänger über ein Ausscheiden zu einem beliebigen Zeitpunkte zulässig. (Motive 258.)

Der Vorstand hat überdies das Recht, auch ohne Zustimmung des Rentenempfängers von der freiwillig gewährten Aufnahme in das Invalidenhaus zurückzutreten und die gesetzliche Rente wieder zu gewähren (Motive 258).

§ 26.

Ist der Berechtigte ein Ausländer, so kann er, falls er seinen Wohnsitz im Deutschen Reiche aufgiebt, mit dem dreifachen Betrage der Jahresrente abgefunden werden. **Durch Beschluß des Bundesraths kann diese Bestimmung für bestimmte Grenzgebiete oder für die Angehörigen solcher auswärtiger Staaten, durch deren Gesetzgebung deutschen Arbeitern eine entsprechende Fürsorge für den Fall der Erwerbsunfähigkeit oder des Alters gewährleistet ist, außer Kraft gesetzt werden.**

§ 27. Aufbringung der Mittel.

Die Mittel zur Gewährung **der in diesem Gesetze vorgesehenen Leistungen** werden vom Reiche, von den Arbeitgebern und von den Versicherten aufgebracht.

Die Aufbringung der Mittel erfolgt seitens des Reichs durch Zuschüsse zu den in jedem Jahre thatsächlich zu zahlenden Renten (§ 35), seitens der Arbeitgeber und der Versicherten durch laufende Beiträge.

Die Beiträge entfallen auf den Arbeitgeber und den Versicherten zu gleichen Theilen (§§ **142, 144,** 154) und sind für jede **Beitragswoche** (§ **30**) zu entrichten.

§ 28. Voraussetzungen des Anspruchs.

Zur Erlangung eines Anspruchs auf Invaliden- oder Altersrente ist, außer dem Nachweise der Erwerbsunfähigkeit beziehungsweise des gesetzlich vorgesehenen Alters, erforderlich:

1. die Zurücklegung der vorgeschriebenen Wartezeit;
2. die Leistung von Beiträgen.

§ 29. Wartezeit.

Die Wartezeit beträgt:

1. bei der Invalidenrente, **wenn mindestens einhundert Beiträge auf Grund der Versicherungspflicht geleistet worden sind, zweihundert Beitragswochen, anderenfalls fünfhundert Beitragswochen;**
2. bei der Altersrente **eintausendzweihundert Beitragswochen.**

Die für die freiwillige Versicherung (§ 14) geleisteten Beiträge kommen auf die Wartezeit für die Invalidenrente nur dann zur Anrechnung, wenn mindestens einhundert Beiträge auf Grund eines die Versicherungspflicht oder die Berechtigung zur Selbstversicherung begründenden Verhältnisses geleistet worden sind.

Die Vorschrift des Abs. 2 findet keine Anwendung

auf Beiträge, welche von den Versicherten innerhalb der ersten vier Jahre, nachdem die Versicherungspflicht für ihren Berufszweig in Kraft getreten ist, freiwillig geleistet worden sind.

1. Der Begriff eines besonderen Beitragsjahres von 47 Beitragswochen ist als entbehrlich in Wegfall gekommen. Die Wartezeit wird vielmehr jetzt nach einer Summe von Beitragswochen berechnet.

2. Die Wartezeit für die Invalidenrente, welche früher 235 Wochen betrug, ist auf 200 Wochen, die Wartezeit für die Altersrente, welche 1410 Beitragswochen betrug, auf 1200 Wochen herabgesetzt worden. Jedoch beträgt die Wartezeit für die Invalidenrente nur dann 200 Wochen, wenn mindestens 100 Beiträge auf Grund der Versicherungspflicht geleistet sind. In allen anderen Fällen, wenn also weniger als 100 oder gar keine Pflichtbeiträge geleistet sind, beträgt die Wartezeit 500 Wochen. Diese Bestimmung soll ein Gegengewicht gegen die erhebliche Ausdehnung der freiwilligen Versicherung bilden (vgl. Anm. 5 zu § 14).

3. Die Bestimmung des Abs. 2 will verhüten, daß Jemand nur ganz kurze Zeit in ein die Versicherungspflicht oder die Selbstversicherung begründendes Arbeitsverhältniß lediglich zu dem Zwecke eintritt, um dann durch freiwillige Weiterversicherung einen Rentenanspruch zu erwerben; es müssen deswegen zur Erfüllung der Wartezeit mindestens 100 Wochen auf Grund der Versicherungspflicht oder der Selbstversicherung geleistet sein. Diese Vorschrift findet auf die während der ersten vier Jahre nach Inkrafttreten der Versicherung für den betreffenden Berufszweig freiwillig geleisteten Beiträge keine Anwendung.

§ 30. Beitragsleistung.

Für jede Woche, in welcher der Versicherte in einem die Versicherungspflicht begründenden Arbeits- oder Dienstverhältnisse gestanden hat, ist ein Versicherungsbeitrag zu entrichten (Beitragswoche). Die Beitragswoche beginnt mit dem Montag einer jeden Kalenderwoche.

Als Beitragswochen werden, **ohne daß Beiträge entrichtet zu werden brauchen, diejenigen vollen Wochen in** Anrechnung gebracht, **während deren Versicherte**

1. behufs Erfüllung der Wehrpflicht in Friedens-, Mobilmachungs- oder Kriegszeiten zum Heere oder zur Marine eingezogen gewesen sind,
2. in Mobilmachungs- oder Kriegszeiten freiwillig militärische Dienstleistungen verrichtet haben,
3. wegen bescheinigter, mit **zeitweiser** Erwerbsunfähigkeit verbundener Krankheit **an der Fortsetzung ihrer Berufsthätigkeit** verhindert gewesen sind.

Diese Anrechnung erfolgt jedoch nur bei solchen Personen, welche vor den in Rede stehenden Zeiten berufsmäßig eine die Versicherungspflicht begründende **Beschäftigung** nicht lediglich vorübergehend **aufgenommen** haben.

Die Dauer einer Krankheit ist nicht als Beitragszeit in Anrechnung zu bringen, wenn der Betheiligte sich die Krankheit vorsätzlich oder bei Begehung eines durch strafgerichtliches Urtheil festgestellten Verbrechens, durch schuldhafte Betheiligung bei Schlägereien oder Raufhändeln oder durch Trunkfälligkeit zugezogen hat.

Bei Krankheiten, welche ununterbrochen länger als ein Jahr währen, kommt die über diesen Zeitraum hinausreichende Dauer der Krankheit als Beitragszeit nicht in Anrechnung.

Die an eine Krankheit sich anschließende Genesungszeit wird der Krankheit gleich geachtet. Dasselbe gilt von einem regelmäßig verlaufenden Wochenbette für die Dauer der dadurch veranlaßten Erwerbsunfähigkeit, aber höchstens für sechs Wochen von der Entbindung an gerechnet.

1. In Gemäßheit der schon jetzt bestehenden Praxis wird bestimmt, daß die Beitragswoche mit dem Montag beginnt.

2. Der Spruchpraxis des Reichsversicherungsamts folgend bestimmt der Abs. 2., daß nur volle Wochen (vom Montag bis zum nächsten Sonntag) zur Anrechnung kommen, also nicht diejenigen Wochen innerhalb welcher die Krankheit begonnen hat oder beendet war.

3. Die redaktionelle Aenderung, insbesondere die Fassung des Abs. 3 ermöglicht es — wie das auch bisher schon nach der Spruchpraxis des Reichsversicherungsamts geschehen ist — die Anrechnung von Krankheits u. s. w. -Zeiten vorzunehmen, auch wenn sich dieselben nicht unmittelbar an die Arbeitszeit angeschlossen haben.

4. In der Bestimmung des Abs. 4 sind die Worte „oder durch geschlechtliche Ausschweifungen" in Wegfall gekommen, so daß die auf dieser Ursache beruhenden Krankheiten nunmehr anrechnungsfähig sind.

5. Obgleich nach § 16 für den Anspruch auf vorübergehende Invalidenrente fortan der Nachweis einer nur 26 Wochen bestehenden Erwerbsunfähigkeit genügen soll, mußte die Bestimmung des Absatz 5 über die Anrechnungsfähigkeit einer mit zeitweiser Erwerbsunfähigkeit verbundenen Krankheit bis zur Dauer eines Jahres beibehalten werden. Die Invalidenrente des § 16 kann nämlich, abgesehen von dem Nachweise der 26 Wochen dauernden Erwerbsunfähigkeit, nur gewährt werden, insoweit die allgemeine Wartezeit von 200 Beitragswochen (§ 29 Ziffer 1) spätestens am Schlusse der 26. Krankheitswoche zurückgelegt ist. Ist dies aber nicht der Fall, so ermöglicht es die Bestimmung im Abs. 5, daß auch der übrige Theil des ersten Krankheitsjahrs auf die Wartezeit angerechnet und diese hierdurch unter Umständen noch erfüllt wird. (Motive 263.)

§ 31.

Zum Nachweis einer Krankheit (§ 30) genügt die Bescheinigung des Vorstandes derjenigen Krankenkasse (§ 166) beziehungsweise derjenigen eingeschriebenen oder auf Grund landesrechtlicher Vorschriften errichteten Hülfskasse, welcher der Versicherte angehört hat, für diejenige Zeit aber, welche über die Dauer der von den betreffenden Kassen zu gewährenden Krankenunterstützung hinausreicht, sowie für diejenigen Personen, welche einer derartigen Kasse nicht angehört haben, die Bescheinigung der Gemeindebehörde. Die Kassenvorstände sind verpflichtet, diese Bescheinigungen **den Versicherten sofort nach Beendigung der Krankenunterstützung oder der Fürsorge während der Genesungszeit von Amtswegen** auszustellen und können hierzu von der Aufsichtsbehörde durch Geldstrafe bis zu einhundert Mark angehalten werden.

Für die in Reichs- und Staatsbetrieben beschäftigten Personen können die vorstehend bezeichneten Bescheinigungen durch die vorgesetzte Dienstbehörde ausgestellt werden. **Für diese Fälle ist die Krankenkasse durch die Aufsichtsbehörde von der Ausstellungspflicht zu entbinden.**

Der Nachweis geleisteter Militärdienste erfolgt durch Vorlegung der Militärpapiere.

Der neue Zusatz, wonach den Versicherten sofort nach Beendigung der Krankenunterstützung die Bescheinigung von Amtswegen auszustellen ist, verfolgt den Zweck, die Versicherten vor Schwierigkeiten und Weiterungen zu bewahren, welche aus verspäteter Ausstellung von Krankheitsbescheinigungen entstehen können.

§ 32. Höhe der Beiträge.

Die für die Beitragswoche zu entrichtenden Beiträge **werden nach Lohnklassen (§ 34)** im voraus auf bestimmte Zeiträume, und zwar **zunächst** für die Zeit bis **zum 31. Dezember 1910**, demnächst für je **zehn** weitere Jahre **durch den Bundesrath einheitlich** festgesetzt.

Die Beiträge **sind** so zu bemessen, daß durch dieselben gedeckt werden **die** Kapitalwerthe der **den** Versicherungsanstalten **zur Last fallenden Beträge der** Renten, die Beitragserstattungen **und die sonstigen Aufwendungen der** Versicherungsanstalten.

In den **verschiedenen** Lohnklassen sind die Beiträge für die **einzelnen Versicherten** gleich zu bemessen **und lediglich nach der durchschnittlichen Höhe der in denselben von den Versicherungsanstalten zu gewährenden Renten abzustufen.**

Vor Ablauf der im Abs. 1 bestimmten Zeiträume hat das Reichs-Versicherungsamt die Zulänglichkeit der Beiträge zu prüfen. Dabei sind Fehlbeträge oder Ueberschüsse, welche sich aus der Erhebung der bisherigen Beiträge herausgestellt haben, in der Weise zu berücksichtigen, daß durch die

neuen Beiträge unter Beachtung der Wirkungen des § 125 eine Ausgleichung eintritt.

Bis zur Festsetzung eines **anderen Beitrags** sind in jeder Versicherungsanstalt an wöchentlichen Beiträgen zu erheben: in Lohnklasse I . . . . 14 Pfennig,

in Lohnklasse	I	14	Pfennig,
" "	II	20	"
" "	III	24	"
" "	IV	30	"
" "	**V**	**36**	" .

Eine anderweite Festsetzung der Beiträge bedarf der Zustimmung des Reichstags.

1. Die Beiträge sollen in Zukunft für alle Versicherungsanstalten, für das ganze Reich, einheitlich festgesetzt werden. Die bisher bestandene Befugniß der einzelnen Anstalten, die Beiträge für ihren Bezirk festzusetzen, ist in Wegfall gekommen. Bis zum 31. Dezember 1910 sind die Beiträge im Absatz 5 festgesetzt; eine anderweite Festsetzung kann nur durch den Bundesrath unter Zustimmung des Reichstags (vgl. Abs. 6) erfolgen.

2. Die Bildung eines Reservefonds ist in Wegfall gekommen; die bisher als Reservefonds angesammelten Kapitalien fließen zum Vermögen der Anstalt zurück.

3. Eine Abänderung der Beitragssätze — wie sie ursprünglich der Entwurf vorsah — hat nicht stattgefunden. Gemäß der Einführung einer neuen fünften Lohnklasse (vgl. § 34) ist der Beitrag für diese Lohnklasse auf 36 Pfg. festgesetzt.

§ 33. Gemeinlast. Sonderlast.

Jede Versicherungsanstalt verwaltet ihre Einnahmen und ihr Vermögen (Gemeinvermögen und Sondervermögen) selbständig. Aus denselben sind die von allen Versicherungsträgern gemeinsam aufzubringende Last (Gemeinlast) und die den einzelnen Versicherungsträgern verbleibende besondere Last (Sonderlast) zu decken.

Die Gemeinlast wird gebildet durch drei Viertel sämmtlicher Altersrenten, die Grundbeträge aller Invalidenrenten, die Rentensteigerungen in Folge von Krankheitswochen (§ 40 Abs. 1) und die Rentenabrundungen (§ 38). Alle übrigen Verpflichtungen bilden die Sonderlast der Versicherungsanstalt.

Zur Deckung der Gemeinlast werden in jeder Versicherungsanstalt vom 1. Januar 1900 ab vier Zehntel der Beiträge buchmäßig ausgeschieden (Gemeinvermögen). Dem Gemeinvermögen sind für seinen buchmäßigen Bestand von der Versicherungsanstalt Zinsen gutzuschreiben. Den Zinsfuß bestimmt der Bundesrath für die im § 32 Abs. 1

bestimmten Zeiträume einheitlich für alle Versicherungsanstalten.

Ergiebt sich bei Ablauf der im § 32 Abs. 1 bezeichneten Zeiträume, daß das Gemeinvermögen zur Deckung der Gemeinlast nicht ausreicht oder nicht erforderlich ist, so hat der Bundesrath für den nächstfolgenden Zeitraum über die Höhe des für das Gemeinvermögen buchmäßig auszuscheidenden Theiles der Beiträge zwecks Ausgleichung der entstandenen Fehlbeträge oder Ueberschüsse zu beschließen.

Eine Erhöhung des für das Gemeinvermögen buchmäßig auszuscheidenden Theiles der Beiträge bedarf der Zustimmung des Reichstags.

Das am 31. Dezember 1899 angesammelte gesammte Vermögen der Versicherungsanstalten und weiter das bei Ablauf der im § 32 Abs. 1 bezeichneten Zeiträume angesammelte Vermögen der Versicherungsanstalten, soweit es nicht buchmäßig für die Gemeinlast ausgeschieden ist, darf zur Deckung der Gemeinlast nicht herangezogen werden.

Die finanzielle Lage der einzelnen deutschen Versicherungsanstalten ist zur Zeit eine sehr verschiedene. Während zwei Anstalten nicht einmal das zur Deckung des Kapitalwerthes der Renten nothwendige Vermögen angesammelt haben, viele Anstalten nur geringe Ueberschüsse über diesen Kapitalwerth erzielt haben, sind bei einer Anzahl von Anstalten sehr erhebliche Ueberschüsse vorhanden. Die Motive (vgl. S. 196) geben zu, daß die Gründe für die Verschiedenheit der finanziellen Lage der Anstalten zu einem geringen Theile auf dem Verhalten der einzelnen Anstalten bei Erhebung der Einnahmen und Leistung der Ausgaben beruhen; in der Hauptsache soll aber die Verschiedenheit hiervon unabhängig auf Thatsachen beruhen, die ihre Erklärung allein in der Verschiedenheit der örtlichen Verhältnisse finden. Inwieweit diese Annahmen der Motive zutreffen, mag dahingestellt bleiben. Jedenfalls soll nach den Bestimmungen des neuen Gesetzes, zwecks Ausgleichung dieser Verschiedenheit die Rentenlast zum großen Theil von allen Versicherungsanstalten gemeinsam getragen werden. Die gemeinsame Last (Gemeinlast) besteht aus:

a) drei Viertel sämmtlicher Altersrenten,
b) den Grundbeträgen der Invalidenrenten,
c) den Rentensteigerungen in Folge von Krankheitswochen,
d) den Rentenabrundungen.

Es verbleiben mithin für die von den einzelnen Versicherungsanstalten zu tragende Sonderlast:

a) ein Viertel der Altersrenten,
b) die Steigerungssätze der Invalidenrenten, abgesehen von denen für Krankheitswochen,
c) die Beitragserstattungen,
d) die Krankenfürsorge,

e) die besonderen Aufwendungen aus den Ueberschüssen (vgl. § 45). Zwecks Deckung der Gemeinlast werden von jeder Versicherungsanstalt vom 1. Januar 1900 an vier Zehntel (40%) der Einnahme an Beiträgen als Gemeinvermögen ausgeschieden, aber nur buchmäßig.

Zur Deckung der Gemeinlast darf nur dieses Gemeinvermögen herangezogen werden einschließlich der aus demselben erwachsenen Zinseinnahmen.

Die übrigen sechs Zehntel (60%) der Einnahme an Beiträgen gehen zum Sondervermögen der Anstalt. Das bis zum 1. Januar 1900 angesammelte Vermögen der Anstalten bleibt ihnen unverkürzt als Sondervermögen, dasselbe darf zur Deckung der Gemeinlast nicht herangezogen werden, ebensowenig das weiterhin angesammelte Sondervermögen. Ergiebt sich, daß die Gemeinlast aus dem Gemeinvermögen nicht gedeckt werden kann, so kann nur nach Ablauf der im § 32 festgesetzten Beitragsperiode eine stärkere Heranziehung der laufenden Einnahme an Beiträgen für die Gemeinlast vom Bundesrath unter Zustimmung des Reichstags beschlossen werden.

Gemein- und Sondervermögen wird von jeder Versicherungsanstalt selbständig verwaltet. Nur bestimmt der Bundesrath den Zinssatz, welcher dem buchmäßigen Bestand des Gemeinvermögens gutzuschreiben ist. Erzielt die Versicherungsanstalt bei der Verwaltung einen höheren als diesen vom Bundesrath festgesetzten Zinssatz, so fließt das Plus zum Sondermögen. Daß die Zinsen aus dem Sondervermögen diesem Sondervermögen verbleiben, ergiebt sich nach dem Gesagten von selbst.

§ 34. Lohnklassen.

Nach der Höhe des Jahresarbeitsverdienstes werden für **die Versicherten** folgende **Lohnklassen** gebildet:

Klasse I bis zu 350 Mark einschließlich,
„ II von mehr als 350 bis zu 550 Mark,
„ III von mehr als 550 bis zu 850 Mark,
„ IV von mehr als 850 **bis zu** 1150 Mark,
„ **V von mehr als 1150 Mark.**

Für die Zugehörigkeit der Versicherten zu den Lohnklassen ist mit den aus den nachfolgenden Bestimmungen sich ergebenden Abweichungen nicht die Höhe des thatsächlichen Jahresarbeitsverdienstes, sondern ein Durchschnittsbetrag maßgebend.

Im Einzelnen gilt als Jahresarbeitsverdienst:

1. für Mitglieder einer Orts-, Betriebs- (Fabrik-), Bau- oder Innungs-Krankenkasse der dreihundertfache Betrag des für ihre Krankenkassenbeiträge maßgebenden durchschnittlichen Tagelohns beziehungsweise wirklichen Arbeitsverdienstes (**§§ 20, 26a Abs. 2 Ziffer 6** des Krankenversicherungsgesetzes);
2. für die in der Land- und Forstwirthschaft beschäftigten Personen, soweit sie nicht einer **unter Ziffer 1 be-**

zeichneten Krankenkasse angehören, ein Betrag, der für sie von der höheren Verwaltungsbehörde unter Berücksichtigung des § 3 als durchschnittlicher Jahresarbeitsverdienst festzusetzen ist; bei Betriebsbeamten **wird jedoch der für jeden von ihnen** nach § 3 des Gesetzes vom 5. Mai 1886 (Reichs-Gesetzbl. S. 132) **maßgebende** Jahresarbeitsverdienst **zu Grunde gelegt;**

3. für die auf Grund des Gesetzes vom 13. Juli 1887 (Reichs-Gesetzbl. S. 329) versicherten Seeleute und anderen bei der Seeschiffahrt betheiligten Personen der Durchschnittsbetrag des Jahresarbeitsverdienstes, welcher gemäß §§ 6 und 7 a. a. O. vom Reichskanzler beziehungsweise von der höheren Verwaltungsbehörde festgesetzt worden ist;
4. für Mitglieder einer Knappschaftskasse der dreihundertfache Betrag des von dem Kassenvorstande festzusetzenden durchschnittlichen täglichen Arbeitsverdienstes derjenigen Klasse von Arbeitern, welcher der Versicherte angehört, jedoch nicht weniger als der dreihundertfache Betrag des ortsüblichen Tagelohns gewöhnlicher Tagearbeiter des Beschäftigungsorts (§ 8 des Krankenversicherungsgesetzes);
5. im Uebrigen der dreihundertfache Betrag des ortsüblichen Tagelohns gewöhnlicher Tagearbeiter des Beschäftigungsorts (§ 8 des Krankenversicherungsgesetzes), **soweit nicht für einzelne Berufszweige von der höheren Verwaltungsbehörde ein anderer Jahresarbeitsverdienst festgesetzt wird.**

Lehrer und Erzieher gehören, soweit nicht ein Jahresarbeitsverdienst von mehr als 1150 Mark nachgewiesen wird, zur vierten Klasse.

Sofern im Voraus für Wochen, Monate, Vierteljahre oder Jahre eine feste baare Vergütung vereinbart und diese höher ist, als der nach Abs. 2 für den Versicherten maßgebende Durchschnittsbetrag, so ist diese Vergütnng zu Grunde zu legen.

Der Versicherte kann die Versicherung in einer höheren als derjenigen Lohnklasse, welche nach den vorstehenden Bestimmungen für ihn maßgebend sein würde, beanspruchen. In diesen Fällen ist jedoch der auf den Arbeitgeber entfallende Theil des Beitrags, sofern nicht die Versicherung in der höheren Lohnklasse von dem Arbeitgeber und dem Versicherten vereinbart ist, nicht nach der höheren, sondern

nach der für den Versicherten maßgebenden Lohnklasse zu bemessen.

Die Landes-Zentralbehörde kann anordnen, daß die nach Abs. 2 für die einzelnen Orte maßgebenden Lohnklassen und Beiträge (§ 32) sowie die Klassen von Versicherten, welche an dem betreffenden Orte in die einzelnen Lohnklassen entfallen, von der Versicherungsanstalt in jedem Orte ihres Bezirkes bekannt zu machen sind.

1. Neu hinzugekommen ist eine fünfte Lohnklasse, um hochgelohnten Arbeitern und Betriebsbeamten den Erwerb einer ihren Verhältnissen entsprechenden Rente gegen Entrichtung höherer Beiträge zu ermöglichen.

2. Der Zusatz im Abs. 1 enthält keine Neuerung, sondern bringt nur das bisherige Prinzip klar zum Ausdruck.

3. Der Zusatz in Ziffer 5 soll die Berücksichtigung besonderer Verhältnisse in einzelnen Berufszweigen ermöglichen, bei denen der ortsübliche Tagelohn einen geeigneten Maßstab nicht abgiebt; der Jahresarbeitsverdienst kann höher oder niedriger als der 300fache Betrag des ortsüblichen Tagelohns festgesetzt werden.

Lehrer und Erzieher gehören mindestens in die IV. Lohnklasse; auf sie finden also die Bestimmungen in Ziffer 1—5 keine Anwendung. Wird für sie ein höherer Verdienst als 1150 Mark nachgewiesen, so gehören sie in die V. Klasse.

4. Der neue Absatz 3 beruht auf Beschlüssen der Kommission (vgl. K.B. S. 85f.); er soll bewirken, daß nach Möglichkeit der Individuallohn für die Einschätzung in die Lohnklassen maßgebend sein soll.

Für die Anwendbarkeit des Absatzes 3 kommt nur in Betracht die feste baare Vergütung, es bleiben also außer Betracht: Naturalleistungen und Tantiemen; sie muß ferner im Voraus vereinbart sein, so daß Accordlöhne in der Regel nicht unter die Bestimmung fallen werden. Es muß endlich die Vereinbarung für mindestens Wochen getroffen sein, vereinbarte Tagelohnsätze fallen nicht unter die Bestimmung.

Wenn z. B. ein Arbeiter gegen einen festen Wochenlohn von 30 Mark beschäftigt wird, der nach Ziffer 1 maßgebende Tagelohnsatz aber nur 3 Mark beträgt, so gehört er in die V. und nicht in die IV. Lohnklasse.

5. Die Versicherung in einer höheren als der maßgebenden Lohnklasse war bisher nur auf Grund einer Vereinbarung zwischen Versicherten und Arbeitgebern zulässig. Nach der neuen Bestimmung kann der Versicherte die Versicherung in einer höheren Lohnklasse beanspruchen. In diesem Falle trägt aber der Arbeitgeber nur die Hälfte des Beitrages für die nach dem Gesetze maßgebende Lohnklasse, den Rest des Beitrages hat der Versicherte zu zahlen — sofern nicht etwas anderes ausdrücklich vereinbart ist. Ist also der Versicherte nach dem Gesetze in der IV. Lohnklasse zu versichern und beansprucht der Versicherte die Versicherung in der V. Lohnklasse, so hat von dem Beitrage in Höhe von 36 Pf. der Arbeitgeber nur 15 Pf. (die Hälfte des Beitrags für die IV. Lohnklasse) der Versicherte 21 Pf. zu zahlen.

§ 35. Berechnung der Renten.

Die Renten werden **nach den Lohnklassen (§ 34) und nach Jahresbeträgen** berechnet. Sie bestehen aus einem in **der Höhe verschiedenen** Betrage, **welcher**, vorbehaltlich der Vorschrift des § 40 Abs. 2, von **den** Versicherungsanstalten aufzubringen **ist**, und aus einem festen Zuschusse des Reichs, der für jede Rente jährlich fünfzig Mark beträgt.

Die Aenderungen beruhen auf der im folgenden Paragraphen festgesetzten anderweiten Rentenberechnung, sowie auf der anderweiten Vertheilung der Rentenlast.

§ 36.

Die Berechnung des von den Versicherungsanstalten aufzubringenden Theiles der Invalidenrenten erfolgt in der Weise, daß einem Grundbetrage die der Zahl der Beitragswochen entsprechenden Steigerungssätze hinzugerechnet werden.

Der Grundbetrag beläuft sich:

für die Lohnklasse	I . . .	auf	60	Mark,
„ „ „	II . . .	„	70	„
„ „ „	III . . .	„	80	„
„ „ „	IV . . .	„	90	„
„ „ „	V . . .	„	100	„ .

Der Berchnung des Grundbetrags der Invalidenrente werden stets fünfhundert Beitragswochen zu Grunde gelegt. Sind weniger als fünfhundert Beitragswochen nachgewiesen, so werden für die fehlenden Wochen Beiträge der Lohnklasse I in Ansatz gebracht; sind mehr als fünfhundert Beitragswochen nachgewiesen, so sind stets die fünfhundert Beiträge der höchsten Lohnklassen zu Grunde zu legen. Kommen für diese fünfhundert Wochen verschiedene Lohnklassen in Betracht, so wird als Grundbetrag der Durchschnitt der diesen Beitragswochen entsprechenden Grundbeträge in Ansatz gebracht.

Der Steigerungssatz beträgt für jede Beitragswoche:

in der Lohnklasse	I . . .	3	Pfennig,
„ „ „	II . . .	6	„
„ „ „	III . . .	8	„
„ „ „	IV . . .	10	„
„ „ „	V . . .	12	„ .

Für die Beitragswoche kann nur ein Steigerungssatz in Anrechnung gebracht werden. Sind mehr Beitragsmarken verwendet, als hiernach Beitragswochen in An-

rechnung gebracht werden dürfen, und können die zu Unrecht beigebrachten Marken nicht mehr ermittelt werden, so sind die Beiträge durch Ausscheidung der für die niedrigeren Lohnklassen entrichteten Marken bis auf die zulässige Höchstzahl zu mindern.

1. Während der Grundbetrag bisher für jede Invalidenrente 60 Mark betrug, ist jetzt für jede Lohnklasse ein besonderer Grundbetrag festgesetzt. Desgleichen sind die Steigerungssätze abgeändert; sie betrugen bisher in Lohnklasse I 2 Pf., II 6 Pf., III 9 Pf. und IV 13 Pf.

Die jetzige Art der Berechnung der Invalidenrente mag in folgenden Beispielen klargemacht werden:

I.

Ein Versicherter hat geleistet: 200 Beiträge in Lohnklasse IV und 100 Beiträge Lohnklasse III. Da nur 300 Beitragswochen nachgewiesen sind, so kommen bei der Berechnung des Grundbetrages gemäß Abs. 2 für die an 500 Wochen noch fehlenden 200 Wochen, Beiträge der Lohnklasse I in Ansatz. Der Grundbetrag berechnet sich also

für die 200 Beiträge	Lohnklasse	IV	auf $200 \times 90 =$	18000 M.
„ „ 100 „	„	III	„ $100 \times 80 =$	8000 „
für die ergänzten 200 „	„	I	„ $200 \times 60 =$	12000 „
mithin für 500 Beiträge	. . . . .		auf	38000 M.

Der Durchschnitts-Grundbetrag berechnet sich mithin

$$\text{auf } \frac{38000}{500} = 76 \text{ M.}$$

Zu diesen 76 M. kommt der Reichszuschuß mit 50 M. und folgende Steigerungssätze:

für 200 Wochen Lohnklasse	IV:	200×10 Pf. $=$	20,00 M.
„ 100 „ „	III:	100×8 „ $=$	8.00 „
		Summa . . .	28,00 M.

mithin Gesammtbetrag der Rente: $76 + 50 + 28 = 154$ M.

II.

Ein Versicherter hat geleistet: 600 Beiträge Lohnklasse II, 200 Beiträge Lohnklasse III und 100 Beiträge Lohnklasse 5. Da 900 Beiträge nachgewiesen sind, so kommen für Berechnung des Grundbetrages nur die 500 höchsten Lohnklassen in Betracht also:

100 Wochen Lohnklasse V.
200 „ „ III.
200 „ „ II.

Der Grundbetrag berechnet sich hiernach wie folgt:

$$\frac{100 \times 100 + 200 \times 80 + 200 \times 70}{500} = 80 \text{ M.}$$

Hierzu der Reichszuschuß mit 50 M. und folgende Steigerungssätze:

$600 \times 6 + 200 \times 8 + 100 \times 12 = 64$ M.

mithin Gesammtbetrag der Rente: 194 M.

2. Die Bestimmung im Abs. 5 ist erforderlich, um dem Mißbrauche vorzubeugen, daß zur Erzielung einer höheren Rente mehrere Marken für dieselbe Kalenderwoche beigebracht werden. Dies kann nicht blos bei der freiwilligen Versicherung, sondern auch im Pflichtverhältniß, insbesondere dann vorkommen, wenn es sich um unständige, nach einander bei verschiedenen Arbeitgebern beschäftigte

Personen handelt, welchen aus Irrthum oder in Folge einer Täuschung vielleicht jeder dieser Arbeitgeber eine Beitragsmarke für dieselbe Woche einklebt. Die Zahl der hiernach für ein Kalenderjahr insgesammt in Anrechnung zu bringenden Steigerungssätze wird höchstens 52 bis 54 betragen. In einzelnen Jahren werden nämlich außer den vollen Kalenderwochen noch Bruchtheile einer 53. Woche in Betracht zu ziehen sein und in denjenigen Schaltjahren, bei denen der 1. Januar auf einen Sonntag fällt, wird sogar eine 54. Woche in das Kalenderjahr hineinreichen. Mit Rücksicht auf diese verschiedenen Möglichkeiten sieht der Abs. 5 abweichend von der bisherigen Bestimmung von einer zahlenmäßigen Bestimmung der zulässigen Gesammtzahl der für ein Kalenderjahr anzurechnenden Steigerungssätze ab. Die Bestimmung des Abs. 5 darüber, welche Beitragsmarken anzurechnen sind, sofern deren mehr verwendet sind, als zulässig ist, füllt eine Lücke in den bisherigen Vorschriften aus (Motive 269).

§ 37.

Der von den Versicherungsanstalten aufzubringende Theil der Altersrente beträgt:

in der Lohnklasse	**I**	**. . .**	**60 Mark,**
„ „ „	**II**	**. . .**	**90 „**
„ „ „	**III**	**. . .**	**120 „**
„ „ „	**IV**	**. . .**	**150 „**
„ „ „	**V**	**. . .**	**180 „ .**

Kommen Beiträge in verschiedenen Lohnklassen in Betracht, so wird der Durchschnitt der diesen Beiträgen entsprechenden Altersrente gewährt. Sind mehr als eintausendzweihundert Beitragswochen nachgewiesen, so sind die eintausendzweihundert Beiträge der höchsten Lohnklassen der Berechnung zu Grunde zu legen.

1. Die Berechnung der Altersrente ist abweichend von der bisherigen Bestimmung geregelt. Die Altersrente besteht nunmehr, abgesehen von dem Reichszuschuß, aus einem festen Betrage, der für jede Lohnklasse verschieden normirt ist. Kommen Beiträge *verschiedener Lohnklassen* in Betracht, so wird der Durchschnitt genommen. Sind also z. B. geleistet: 600 V. Lohnklasse, 400 III. Lohnklasse, 800 II. Lohnklasse, insgesammt also 1800 Wochen, so kommen für die Berechnung zunächst nur die 1200 höchsten Wochen in Betracht also: 600 V., 400 III. und 200 II. Der Durchschnittsbetrag berechnet sich danach wie folgt:

$$\frac{600 \times 180 + 400 \times 120 + 200 \times 90}{1200} = 145 \text{ M.}$$

mithin der Gesammtbetrag der Rente: 195 M.

§ 38.

Die Renten sind auf volle fünf Pfennig für den Monat nach oben abzurunden und in monatlichen Theilbeträgen im voraus zu zahlen. Für denjenigen Kalendermonat, in welchem die den Wegfall oder das Ruhen des Renten-

anspruchs bewirkende Thatsache eintritt, ist der gezahlte Monatsbetrag der Rente zu belassen.

In der Praxis werden die jetzigen Bestimmungen des Gesetzes so verstanden, daß beim Wegfall einer Rente entsprechende Theilbeträge einer Monatsrate berechnet und wieder eingezogen werden. Ein solches Verfahren liegt nicht im Sinne des Gesetzes, ist mit Rücksicht darauf, daß die volle Monatsrate mit dem Beginne des Monats fällig, also von dem Berechtigten erworben wird, nicht unbedenklich und erfordert zudem einen unverhältnißmäßig großen Aufwand an Zeit und Arbeit bei den betheiligten Stellen. Viel bedenklicher aber als dieser Arbeitsaufwand ist der nicht unberechtigte Unwille, welcher bei den meist unbemittelten Erben eines verstorbenen Rentenempfängers entsteht, wenn sie die über den Todestag hinaus gezahlten Theilbeträge der Monatsrate wieder herauszahlen sollen; die Kosten eines etwaigen Einziehungsverfahrens sind oft höher als die wieder einzuziehenden Rentenbeträge und werden, sofern der Versuch der Einziehung wegen Mittellosigkeit des Schuldners fruchtlos bleibt, von der Versicherungsanstalt nutzlos aufgewendet. Dieser Umstand hat bei einzelnen Versicherungsanstalten bereits dahin geführt, grundsätzlich von der Wiedereinziehung, die das Reichs-Versicherungsamt neuerdings dem pflichtmäßigen Ermessen der Vorstände überlassen hat, Abstand zu nehmen. Der § 38 bestimmt nun ausdrücklich, daß bereits gezahlte oder doch fällige Monatsbeträge in allen Fällen belassen werden müssen.

Auf Fälle, in denen der Endpunkt des Rentenbezugs schon beim Erlasse des Rentenbescheids feststeht, findet diese Vorschrift, entsprechend ihrem Wortlaute, keine Anwendung (Motive 269).

§ 39.

Für einen Versicherten, welcher bei einer der nach §§ 8, 10, **11** zugelassenen Kasseneinrichtungen betheiligt gewesen ist, wird bei **Berechnung** der **Rente** für jede **Woche** der **Betheiligung nach** dem **1.** Januar **1891** diejenige **Lohnklasse** in **Rechnung** gebracht, welcher derselbe nach dem von ihm wirklich bezogenen Lohne angehört haben würde, wenn er bei einer Versicherungsanstalt versichert gewesen wäre. Hat der Versicherte gleichzeitig einer Knappschaftskasse oder einer Orts-, Betriebs- (Fabrik-), Bau- oder Innungs-Krankenkasse angehört, so bestimmt sich die in Rechnung zu bringende Lohnklasse nach den Bestimmungen des § **34** Abs. **2** Ziffer **1** beziehungsweise **4** und des § 34 Abs. **3.**

§ 40.

Für die nach § 30 als Beitragszeit geltende Dauer bescheinigter Krankheiten und militärischer Dienstleistungen wird bei Berechnung der Rente die Lohnklasse II zu Grunde gelegt.

Den auf die Dauer militärischer Dienstleistungen entfallenden Antheil der Rente übernimmt das Reich (§ 125).

§ 41.

Die Invalidenrente beginnt mit dem Tage, an welchem der Verlust der Erwerbsfähigkeit eingetreten ist. Als dieser Zeitpunkt gilt, sofern nicht ein anderer in der Entscheidung festgestellt wird, der Tag, an welchem der Antrag auf Bewilligung der Rente bei der **zuständigen Behörde eingegangen ist** (§ 112 **Abs. 1**).

Die Altersrente beginnt frühestens mit dem ersten Tage des einundsiebenzigsten Lebensjahrs.

Für Zeiten, die beim Eingange des Antrags auf Bewilligung einer Rente länger als ein Jahr zurückliegen, wird die Rente nicht gewährt.

Stirbt ein Versicherter, dessen Rentenantrag noch zu seinen Lebzeiten bei der zuständigen Behörde eingegangen war, so ist zur Fortsetzung des Verfahrens und im Falle der Bewilligung der Rente zum Bezuge der bis zum Todestage fälligen Rentenbeträge an erster Stelle der Ehegatte berechtigt, sofern derselbe mit dem Rentenberechtigten bis zu dessen Tode in häuslicher Gemeinschaft gelebt hat; wenn ein solcher nicht vorhanden ist, tritt die Rechtsnachfolge nach den Bestimmungen des bürgerlichen Rechtes ein.

1. Die neue Bestimmung des Abs. 3 soll die verspäteten Rentenanträge treffen und verhüten, daß Versicherten die Rente nachträglich für mehrere Jahre auf einmal ausgezahlt wird. Eine solche Nachzahlung soll höchstens für ein Jahr, vom Eingange des Antrages an gerechnet, zulässig sein; darüber hinaus wird eine Nachzahlung nicht mehr gewährt.

2. Die neue Bestimmung des Abs. 4 soll der bisherigen, vom Reichsversicherungsamt gebilligten Praxis, nach welcher die Rentenansprüche ebenso wie andere vermögensrechtliche Ansprüche einer Rechtsnachfolge beim Tode des Versicherten unterliegen, eine ausdrückliche gesetzliche Grundlage geben (Motive 270).

Erforderlich ist aber, daß der Rentenantrag noch bei Lebzeiten des Versicherten bei der zuständigen Behörde eingegangen war. Diese Anmeldung kann von den Erben nicht nachgeholt werden. Eine andere Stellung wird in dieser Beziehung den ersatzberechtigten Gemeinden und Armenverbänden eingeräumt (vgl. § 50 Abs. 2).

§ 42. Erstattung von Beiträgen.

Weiblichen Personen, welche eine Ehe eingehen, bevor **ihnen** die eine Rente **(§§ 15, 16) bewilligende Entscheidung zugestellt ist**, steht ein Anspruch auf Erstattung der Hälfte der für sie geleisteten Beiträge zu, wenn die letzteren **vor Eingehung der Ehe** für mindestens **zweihundert Wochen** entrichtet worden sind. Dieser Anspruch muß **bei Vermeidung**

des Ausschlusses vor Ablauf eines Jahres nach dem Tage der Verheirathung geltend gemacht werden. **Der zu erstattende Betrag wird auf volle Mark nach oben abgerundet.**

Mit der Erstattung erlischt die durch das frühere Versicherungsverhältniß begründete Anwartschaft.

1. Bevor ihnen die eine Rente bewilligende Entscheidung zugestellt ist; vgl. hierzu die Anm. zu § 44.

2. Die Mindestzahl der entrichteten Beiträge ist von 235 auf 200 Wochen herabgesetzt. Um jeden Zweifel auszuschließen, ist ausdrücklich bestimmt, daß diese Beiträge vor Eingehung der Ehe geleistet sein müssen.

3. Die Frist für die Geltendmachung des Anspruchs ist von 3 Monaten auf 1 Jahr verlängert.

§ 43.

Werden Versicherte Personen durch einen Unfall dauernd erwerbsunfähig im Sinne dieses Gesetzes und steht ihnen nach § 15 Abs. 2 Satz 2 für die Zeit des Bezugs der Unfallrente ein Anspruch auf Invalidenrente nicht zu, so ist ihnen auf ihren Antrag die Hälfte der für sie entrichteten Beiträge zu erstatten. Der Anspruch muß bei Vermeidung des Ausschlusses vor Ablauf von zwei Jahren nach dem Unfalle geltend gemacht werden. Die Bestimmungen des § 42 Abs. 1 Satz 3 und Abs. 2 finden Anwendung.

1. Nach § 15 Abs. 2 begründet eine durch einen Unfall herbeigeführte Erwerbsunfähigkeit einen Anspruch auf Invalidenrente nur insoweit, als die zu gewährende Invalidenrente die gewährte Unfallrente übersteigt. Uebersteigt also die Invalidenrente die Unfallrente nicht, so erhält der Unfall-Invalide von der Invalidenversicherung keine Gegenleistung. Die hierin liegende Unbilligkeit soll durch die Bestimmung des § 43 theilweise beseitigt werden. Es ist zu beachten, daß der § 43 nur Anwendung findet bei dauernder Erwerbsunfähigkeit (§ 15 Abs. 2 Satz 1).

2. Voraussetzung für den Erstattungsanspruch ist, daß der Anspruch auf Invalidenrente an sich begründet ist.

§ 44.

Wenn eine männliche Person, für welche mindestens für **zweihundert Wochen** Beiträge entrichtet worden sind, verstirbt, **bevor ihr die eine** Rente **(§§ 15, 16) bewilligende Entscheidung zugestellt** ist, so steht der hinterlassenen Wittwe oder, falls eine solche nicht vorhanden ist, den hinterlassenen ehelichen Kindern unter 15 Jahren ein Anspruch auf Erstattung der Hälfte der für den Verstorbenen entrichteten Beiträge zu.

Wenn eine weibliche Person, für welche mindestens für **zweihundert Wochen** Beiträge entrichtet worden sind, verstirbt,

bevor ihr die eine Rente (§§ 15, 16) bewilligende Entscheidung zugestellt ist, so steht den hinterlassenen vaterlosen Kindern unter 15 Jahren ein Anspruch auf Erstattung der Hälfte der für die Verstorbene entrichteten Beiträge zu. **Ein gleicher Anspruch steht unter denselben Voraussetzungen den hinterlassenen, noch nicht fünfzehn Jahre alten Kindern einer solchen weiblichen Person zu, deren Ehemann sich von der häuslichen Gemeinschaft ferngehalten und sich der Pflicht der Unterhaltung der Kinder entzogen hat. War die weibliche Person wegen Erwerbsunfähigkeit ihres Ehemanns die Ernährerin der Familie, so steht ein gleicher Erstattungsanspruch dem hinterlassenen Wittwer zu.**

Der Erstattungsanspruch muß bei Vermeidung des Ausschlusses vor Ablauf eines Jahres nach dem Tode des Versicherten erhoben werden. Der zu erstattende Betrag wird auf volle Mark nach oben abgerundet.

Schwebt beim Tode des Versicherten bereits ein Rentenfeststellungsverfahren, so schließt der Erstattungsanspruch den Anspruch der Erben auf die rückständigen Rentenbeträge aus, solange nicht eine den letzteren anerkennende Entscheidung zugestellt ist.

Vorstehende Bestimmungen finden keine Anwendung, **soweit** den Hinterbliebenen aus Anlaß des Todes des Versicherten auf Grund **der** Unfallversicherungsgesetze Renten gewährt **werden.**

1. Die neue Fassung: bevor eine die Rente bewilligende Entscheidung zugestellt ist will den vom Reichsversicherungsamt in seiner Spruchpraxis anerkannten Rechtszustand sanktioniren. Es sind folgende Fälle möglich: Stirbt ein Versicherter vor dem Antrag auf Rente, so ist sein Rentenanspruch nicht vollständig zur Entstehung gelangt und nicht vererblich (§ 41 Abs. 4), so daß auf das Versicherungsverhältniß nur ein Erstattungsanspruch gegründet werden kann. Stirbt ein Versicherter nach Empfang einer die Rente bewilligenden Entscheidung, so ist er damit in den Genuß der Rente gelangt und daher ein Erstattungsanspruch nicht entstanden, so daß aus dem Versicherungsverhältnisse nur der auf die Erben übergegangene Rentenanspruch selbst hergeleitet werden kann. Tritt aber der Tod in der Zeit zwischen Anmeldung und Anerkennung des Rentenrechts ein, so ist an sich sowohl der Anspruch auf die Rente in der Person der Erben, als auch der Anspruch auf Beitragserstattung für die nach § 44 Berechtigten entstanden (Motive 272). Im letzteren Falle soll aber gemäß der neuen Bestimmung des Abs. 4 der Erstattungsanspruch den Anspruch der Erben auf rückständige Rente ausschließen, solange nicht eine den letzteren anerkennende Entscheidung zugestellt ist.

2. Durch den Hinweis auf § 16 ist ausdrücklich anerkannt, daß

auch eine Rente für vorübergehende Erwerbsunfähigkeit den Erstattungsanspruch ausschließt.

3. Für die Geltendmachung des Erstattungsanspruchs ist durch das neue Gesetz eine Frist von einem Jahr seit dem Tode des Versicherten festgesetzt.

§ 45.

Durch übereinstimmenden Beschluß des Vorstandes und des Ausschusses kann bestimmt werden, daß die Ueberschüsse des Sondervermögens einer Versicherungsanstalt über den zur Deckung ihrer Verpflichtungen dauernd erforderlichen Bedarf zu anderen als den im Gesetze vorgesehenen Leistungen im wirthschaftlichen Interesse der der Versicherungsanstalt angehörenden Rentenempfänger, Versicherten sowie ihrer Angehörigen verwendet werden.

Solche Beschlüsse bedürfen der Genehmigung des Bundesraths. Die Genehmigung kann widerrufen werden, wenn das Sondervermögen der Versicherungsanstalt zur dauernden Deckung ihrer Verpflichtungen nicht mehr ausreicht.

1. Die Hauptleistungen des Gesetzes insbesondere die Renten dürfen auf Grund des § 45 nicht verändert werden. Dagegen ist die Aenderung von Nebenleistungen zulässig, so z. B. Erhöhung der Angehörigenunterstützung (§ 18), Erhöhung des zulässigen Höchstbetrages beim Zusammentreffen von Invalidenrente mit Unfallrente oder Pensionen (§ 48 vgl. Motive 273 f.). Von anderen Leistungen im wirthschaftlichen Interesse der Versicherten erwähnen die Motive die Hingabe von tilgbaren Hypotheken zur Erwerbung eines eigenen Heims durch die Arbeiterbevölkerung, um dieselbe mehr wie bisher seßhaft zu machen. Auch würde man auf Grund des § 45 für Arbeiter-Wohlfahrts-Veranstaltungen Hypotheken bis zur vollen Höhe des Erwerbspreises oder zu einem besonders niedrigen Zinsfuße hergeben können. Im Uebrigen kommen je nach den örtlichen Bedürfnissen die verschiedenartigsten Veranstaltungen und Leistungen in Betracht, sofern sie nur im wirthschaftlichen Interesse der der Versicherungsanstalt angehörenden Rentenempfänger, Versicherten sowie ihrer Angehörigen liegen.

2. Der Widerruf gemäß Abs. 2 kann sich selbstverständlich nicht auf die den einzelnen Versicherten bereits zugebilligten Leistungen beziehen (K. B. 91).

§ 46. Erlöschen der Anwartschaft.

Die aus **der** Versicherungs**pflicht** sich ergebende Anwartschaft erlischt, wenn während **zweier** Jahre **nach dem auf der Quittungskarte (§ 131)** ver**zeichneten Ausstellungstag ein die Versicherungspflicht begründendes Arbeits- oder Dienstverhältniß**, auf Grund **dessen** Beiträge entrichtet sind, **oder die Weiterversicherung (§ 14 Abs. 2) nicht** oder in weniger als **insgesammt zwanzig** Beitragswochen **bestanden** hat.

Den Beitragswochen im Sinne des vorigen Absatzes werden gleich behandelt die Zeiten,

1. **welche nach § 30 als Beitragszeiten angerechnet werden,**
2. **während deren der Anwärter eine Unfallrente für eine Verminderung der Erwerbsfähigkeit um mindestens zwanzig Prozent oder aus Kassen der in den §§ 8, 10, 11, 52 bezeichneten Art Invaliden- oder Altersrenten bezog, ohne gleichzeitig eine nach diesem Gesetze versicherungspflichtige Beschäftigung auszuüben.**

Bei der Selbstversicherung und ihrer Fortsetzung (§ 14 Abs. 1) müssen zur Aufrechterhaltung der Anwartschaft während der im Abs. 1 bezeichneten Frist mindestens vierzig Beiträge entrichtet werden.

Die Anwartschaft lebt wieder auf, sobald durch Wiedereintreten in eine **versicherungspflichtige** Beschäftigung oder durch freiwillige Beitragsleistung das Versicherungsverhältniß erneuert und danach eine Wartezeit von **zweihundert** Beitrags**wochen** zurückgelegt ist.

1. Die Mindestzahl der Zwecks Erhaltung der Anwartschaft beizubringenden Marken ist von 47 auf 20 für die Versicherungspflicht, auf 40 für die Selbstversicherung (vgl. Abs. 3) herabgesetzt worden.

Dagegen ist die Zeit, innerhalb der die Marken beigebracht sein müssen, von 4 auf 2 Jahre herabgesetzt worden, so daß in dieser Beziehung eine Verschärfung der früheren Bestimmung eingetreten ist.

2. Die Bestimmung des Abs. 2 Ziffer 1, wonach als Beitragswochen im Sinne des Abs. 1 auch Krankheits- und Militärdienstzeiten gelten, entspricht dem schon bestehenden Rechtszustande.

Die Bestimmung in Ziffer 2 ist neu hinzugekommen; sie ist eine Ausgestaltung des bisherigen § 37. Es erschien zunächst unbedenklich für Mitglieder der zur selbständigen Durchführung der Invalidenversicherung zugelassenen besonderen Kasseneinrichtungen, welche auf Grund der Kassenstatuten andere als die in diesem Gesetze vorgesehenen Renten (z. B. Renten bei Berufsinvalidität) beziehen, die Bestimmungen des § 46 in gleicher Weise außer Kraft zu setzen, wie dies bisher im § 37 für Mitglieder der im § 52 bezeichneten Zuschußkassen vorgesehen war. Hierdurch werden auch die Interessen der zugelassenen besonderen Kasseneinrichtungen insofern gefördert, als sie hinfort nicht mehr der Gefahr ausgesetzt sind, daß ein Mitglied, welches die statutarische Rente erhält, seinen Anspruch auf reichsgesetzliche Rente gemäß § 46 verfallen läßt und dadurch die Kasseneinrichtung außer Stand setzt, nach dem Eintritte der Voraussetzungen einer reichsgesetzlichen Rente den auf die statutarischen Leistungen anzurechnenden Reichszuschuß zu erlangen. Sodann erschien es gerechtfertigt, das Erlöschen des Versicherungsverhältnisses auch für den Fall auszuschließen, daß der Anwärter eine Unfallrente bezieht. Für sämmtliche unter Ziffer 2 behandelten Fälle ist aber die Erhaltung der Anwartschaft an die Voraussetzung geknüpft, daß der Anwärter nicht etwa, was häufig der Fall sein wird, trotz des Bezugs der Rente eine versicherungspflichtige Beschäftigung ausübt. Im letzteren Falle ist er naturgemäß zur Entrichtung der Versicherungsbeiträge verpflichtet, soweit er nicht auf Grund des § 6 hiervon befreit ist (Motive 275).

§ 47. Entziehung der Invalidenrente.

Tritt in den Verhältnissen des Empfängers einer Invalidenrente eine Veränderung ein, welche ihn nicht mehr als erwerbsunfähig (§§ 15, 16) erscheinen läßt, so kann demselben die Rente entzogen werden.

Ist begründete Annahme vorhanden, daß der Empfänger einer Invalidenrente bei Durchführung eines Heilverfahrens die Erwerbsfähigkeit wieder erlangen werde, so kann die Versicherungsanstalt zu diesem Zwecke ein Heilverfahren eintreten lassen. Dabei finden die Bestimmungen des § 18 Abs. 2 bis 4, §§ 19 bis 21, 23 mit der Maßgabe Anwendung, daß an Stelle der Angehörigenunterstützung die Invalidenrente treten kann. Hat sich der Rentenempfänger solchen Maßnahmen der Versicherungsanstalt ohne gesetzlichen oder sonst triftigen Grund entzogen, so kann ihm die Rente auf Zeit ganz oder theilweise entzogen werden, sofern auf diese Folgen hingewiesen worden ist und nachgewiesen wird, daß er durch sein Verhalten die Wiedererlangung der Erwerbsfähigkeit vereitelt hat.

Die Entziehung der Rente tritt **mit Ablauf des Monats** in Wirksamkeit, **in** welchem der die Entziehung aussprechende Bescheid zugestellt worden ist.

Wird die Rente von neuem **oder wird an Stelle einer nach § 16 gewährten Invalidenrente eine Rente für dauernde Erwerbsunfähigkeit (§ 15) bewilligt oder wird eine Altersrente bewilligt,** so ist die Zeit des früheren Rentenbezugs dem Versicherten ebenso wie eine bescheinigte Krankheitszeit (**§ 40 Abs. 1)** anzurechnen. **Die Vorschriften des § 30 Abs. 5 und des § 46 Abs. 1, 3 finden auf diese Zeit keine Anwendung.**

1. Durch den Hinweis auf § 16 im Abs. 1 soll zum Ausdruck gebracht werden, daß auch die Entziehung einer vorübergehenden Invalidenrente nur mittelst berufungsmäßigen Bescheides erfolgen soll.

2. Die neue Bestimmung des Abs. 2 ermöglicht es, auch gegenüber Rentenempfängern ein Heilverfahren durchzuführen; sie findet auch Anwendung auf Personen, denen bereits unter der Herrschaft des gegenwärtigen Gesetzes eine Rente bewilligt worden ist (Motive 276).

3. Die Bestimmung des Abs. 3 ist eine Konsequenz der Bestimmung von § 38.

§ 48. Ruhen der Rente.

Das Recht auf Bezug der Rente ruht:

1. für diejenigen Personen, welche auf Grund der reichsgesetzlichen Bestimmungen über Unfallversicherung eine Rente beziehen, solange und soweit die Unfallrente unter Hinzurechnung der **ihnen** nach dem gegenwärtigen Gesetze zugesprochenen Rente den **siebenundeinhalbfachen Grundbetrag der Invalidenrente (§ 36 Abs. 2, 3) übersteigt**;
2. für die in den §§ 5, **6 Abs. 1**, § 7 bezeichneten Personen, solange und soweit die denselben gewährten Pensionen, Wartegelder **oder ähnlichen Bezüge** unter Hinzurechnung der ihnen nach dem gegenwärtigen Gesetze zugesprochenen Rente den **in Ziffer 1 bezeichneten Höchstbetrag** übersteigen;
3. solange der Berechtigte eine die Dauer von einem Monat übersteigende Freiheitsstrafe verbüßt oder solange er in einem Arbeitshaus oder in einer Besserungsanstalt untergebracht ist;
4. solange der Berechtigte nicht im Inlande **seinen gewöhnlichen Aufenthalt hat.** Durch Beschluß des Bundesraths kann diese Bestimmung für bestimmte Grenzgebiete **oder für solche auswärtige Staaten, durch deren Gesetzgebung deutschen Arbeitern eine entsprechende Fürsorge für den Fall der Erwerbsunfähigkeit und des Alters gewährleistet ist,** außer Kraft gesetzt werden.

Hat in den Fällen der Ziffer 3 der Rentenberechtigte eine im Inlande wohnende Familie, deren Unterhalt er bisher aus seinem Arbeitsverdienste bestritten hat, so ist dieser die Rente zu überweisen.

Während des Bezugs von Invalidenrente ruht der Anspruch auf die Altersrente. Auf diesen Fall findet die Bestimmung des § 38 Satz 2 keine Anwendung.

1. Der feste Betrag von 415 Mk., welcher bisher die Grenze bildete, über die hinaus der Versicherte Unfallrente, Pension u. s. w. und Invaliden- bezw. Altersrente nicht beziehen durfte, ist durch einen beweglichen Betrag — $7^1/_2$ fache des Grundbetrages der in Betracht kommenden Invalidenrente — ersetzt.

2. Die Aenderung in Ziffer 4 soll zum Ausdruck bringen, daß nicht der *rechtliche Wohnsitz* maßgebend ist.

3. Durch die veränderte Fassung in Abs. 3 soll zum Ausdruck gebracht werden, daß beim Zusammentreffen der Altersrente mit der *höheren* Invalidenrente nicht etwa der Anspruch auf die erstere fortfällt, sondern nur deren *Bezug* ruht und daß die Altersrente ohne Weiteres wieder auflebt, wenn dem Rentenempfänger die Invalidenrente entzogen wird.

§ 49. Verhältniß zu anderen Ansprüchen.

Die auf gesetzlicher Vorschrift beruhende Verpflichtung von Gemeinden und Armenverbänden zur Unterstützung hilfsbedürftiger Personen, sowie sonstige gesetzliche, statutarische oder auf Vertrag beruhende Verpflichtungen zur Fürsorge für alte, kranke, erwerbsunfähige oder hülfsbedürftige Personen werden durch dieses Gesetz nicht berührt.

Wenn von einer Gemeinde oder einem Armenverband an hülfsbedürftige Personen Unterstützungen für einen Zeitraum geleistet **werden,** für welchen diesen Personen ein Anspruch auf Invaliden- oder Altersrente zustand **oder noch zusteht, so ist ihnen hierfür durch Ueberweisung von Rentenbeträgen Ersatz zu leisten.**

Ist die Unterstützung eine vorübergehende, so können als Ersatz höchstens drei Monatsbeträge der Rente, und zwar mit nicht mehr als der Hälfte, in Anspruch genommen werden.

Ist die Unterstützung eine fortlaufende, so kann als Ersatz, wenn die Unterstützung in der Gewährung des Unterhalts in einer Anstalt besteht, für dessen Dauer und in dem zur Ersatzleistung erforderlichen Betrage die fortlaufende Ueberweisung der vollen Rente, im Uebrigen die fortlaufende Ueberweisung von höchstens der halben Rente beansprucht werden.

1. Durch die Abänderung in Abs. 2 soll zum Ausdruck gebracht werden, daß den Gemeinden und Armenverbänden gegen die Versicherungsanstalt eine Ersatzforderung zusteht, die durch Ueberweisung von Rentenbeträgen ohne Beschränkung auf die bereits fällig gewordenen Rentenzahlungen, erfüllt werden sollen (Motive 278).

2. Die Bestimmungen in Abs. 3 und 4 sind neu. Durch dieselben soll die Lage der Rentenempfänger gegenüber den ersatzberechtigten Körperschaften günstiger als bisher gestaltet werden insofern, als dem Rentenempfänger in der Regel die Hälfte der Rente belassen werden soll.

§ 50.

Der Antrag auf Ueberweisung von Rentenbeträgen (§ 49 Abs. 2 bis 4) ist bei einer der im § 112 Abs. 1 bezeichneten Behörden anzumelden; soweit es sich um den Ersatz für eine vorübergehende Unterstützung handelt, ist der Anspruch bei Vermeidung des Ausschlusses spätestens binnen drei Monaten seit Beendigung der Unterstützung geltend zu machen.

Den Gemeinden und Armenverbänden steht die Geltendmachung des Ersatzanspruchs auch dann zu, wenn die hülfs-

bedürftige Person, welcher ein Anspruch auf Invaliden- oder Altersrente zustand, vor Stellung des Rentenantrags verstorben ist. Die Bestimmung im § 44 Abs. 4 findet entsprechende Anwendung.

Streitigkeiten, welche zwischen den Betheiligten über den Anspruch auf Ueberweisung von Entschädigungsbeträgen entstehen, werden im Verwaltungsstreitverfahren oder, wo ein solches nicht besteht, durch die dem Ersatzberechtigten vorgesetzte Aufsichtsbehörde entschieden. Die Entscheidung der letzteren kann innerhalb eines Monats nach der Zustellung im Wege des Rekurses nach Maßgabe der §§ 20, 21 der Gewerbeordnung angefochten werden.

1. Bei Streitigkeiten über den Rentenübergang bedarf es der Hinterlegung der fälligen Rentenbeträge nicht mehr, weil die Befriedigung auch aus den später fällig werdenden Renten erfolgen kann (Motive 279), vgl. Anm. 1 zu § 49.

2. Den Gemeinden und Armenverbänden steht nach Abs. 2 abweichend von den Erben (vgl. § 41 Abs. 4), der Erstattungsanspruch auch dann zu, wenn der Versicherte vor Stellung des Rentenantrages verstorben ist. Der § 44 Abs. 4 findet auch hier Anwendung; bei einem Zusammentreffen der Ersatzansprüche mit einem Beitrags-Erstattungsanspruch auf Grund des § 44 geht der letztere Anspruch dem ersteren vor.

3. Durch Kgl. Preuß. Verordnung vom 23. VIII. 1899 ist für das Verwaltungsstreitverfahren der Bezirksausschuß für zuständig erklärt worden, gegen dessen Entscheidung nur das Rechtsmittel der Revision zulässig ist.

§ 51.

Die Bestimmungen der §§ 49, 50 gelten auch für Betriebsunternehmer und Kassen, welche die den Gemeinden oder Armenverbänden obliegende Verpflichtung zur Unterstützung Hülfsbedürftiger auf Grund gesetzlicher Vorschrift erfüllen.

§ 52.

Fabrikkassen, Knappschaftskassen, Seemannskassen und andere für gewerbliche, landwirthschaftliche oder ähnliche Unternehmungen bestehende Kasseneinrichtungen, welche ihren nach den **reichsgesetzlichen** Bestimmungen versicherten Mitgliedern für den Fall des Alters oder der Erwerbsunfähigkeit Renten oder Kapitalien gewähren, sind berechtigt, diese Unterstützungen für solche Personen, welche auf Grund **der reichsgesetzlichen Bestimmungen** einen Anspruch auf Invaliden- oder Altersrenten haben, um den Werth der letzteren oder zu einem geringeren Betrage zu ermäßigen, sofern gleichzeitig die Beiträge der Betriebsunternehmer und Kassenmitglieder oder im Falle der Zustimmung der Betriebsunternehmer wenigstens diejenigen der

Kassenmitglieder in entsprechendem Verhältnisse herabgemindert werden. Auf statutenmäßige Kassenleistungen, welche vor dem betreffenden Beschlusse der zuständigen Organe oder vor dem **1. Januar 1891** aus der Kasse bewilligt worden sind, erstreckt sich die Ermäßigung nicht.

Die hierzu erforderliche Abänderung der Statuten bedarf der Genehmigung der zuständigen Landesbehörde. Die letztere ist befugt, eine entsprechende Abänderung der Statuten ihrerseits mit rechtsgültiger Wirkung vorzunehmen, sofern die zu den erwähnten Kasseneinrichtungen beitragenden Betriebsunternehmer oder die Mehrheit der Kassenmitglieder die Abänderung beantragt haben, die letztere aber von den zuständigen Organen der Kasse abgelehnt worden ist.

Der Ermäßigung der Beiträge bedarf es nicht, sofern die durch die Herabminderung der Unterstützungen ersparten Beträge zu anderen Wohlfahrtseinrichtungen für Betriebsbeamte, Arbeiter oder deren Hinterbliebene verwendet werden sollen und diese anderweite Verwendung durch das Statut geregelt und von der Aufsichtsbehörde genehmigt wird, oder soweit die Beiträge in der bisherigen Höhe erforderlich sind, um die der Kasse verbleibenden Leistungen zu decken.

§ 53.

Die Bestimmungen des **§ 46 Abs. 2 Ziffer 2 und des § 52 finden auch** auf die zur Fürsorge für Invalidität und Alter bestehenden Kassen Anwendung, hinsichtlich deren auf Grund ortsstatutarischer Bestimmungen eine Verpflichtung zum Beitritte besteht.

§ 54.

Insoweit den nach Maßgabe **der reichsgesetzlichen Bestimmungen** zum Bezuge von Invalidenrenten berechtigten Personen ein gesetzlicher Anspruch auf Ersatz des ihnen durch die Invalidität entstandenen Schadens gegen Dritte zusteht, geht derselbe auf die Versicherungsanstalt bis zum Betrage der von dieser zu gewährenden Rente über.

§ 55. **Unpfändbarkeit der Ansprüche.**

Die Uebertragung der aus den reichsgesetzlichen Bestimmungen sich ergebenden Ansprüche auf Dritte sowie deren Verpfändung oder Pfändung hat nur insoweit rechtliche Wirkung, als sie erfolgt:

1. **zur Deckung eines Vorschusses, welcher dem Berechtigten auf seine Ansprüche vor Anweisung der Rente von seinem Arbeitgeber oder einem Organe der Versiche-**

rungsanstalt oder dem Mitglied eines solchen Organs gegeben worden ist;

2. **zur Deckung der im § 850** Abs. 4 der Civilprozeßordnung **in der Fassung der Bekanntmachung vom 20. Mai 1898 (Reichs-Gesetzbl. S. 369)** bezeichneten Forderungen;
3. **zur Deckung von Forderungen** der **nach §§ 49, 51** ersatzberechtigten Gemeinden **und** Armenverbände **sowie der an deren Stelle getretenen Betriebsunternehmer und Kassen.**

Die Rentenforderungen dürfen nur auf Ersatzforderungen für bezogene Unfallrenten und Entschädigungen, soweit der Anspruch auf diese nach §§ 54, 113 Abs. 2 auf die Versicherungsanstalt übergegangen ist, auf geschuldete Beiträge, auf gezahlte Vorschüsse, auf zu Unrecht gezahlte Rentenbeträge, auf die zu erstattenden Kosten des Verfahrens und auf die von den Organen der Versicherungsanstalten verhängten Geldstrafen aufgerechnet werden.

Ausnahmsweise darf der Berechtigte den Anspruch auf die Rente ganz oder zum Theil auf Andere übertragen, sofern dies von der unteren Verwaltungsbehörde genehmigt wird.

1. Die bisher zugelassenen Ausnahmen von der Unübertragbarkeit und Unpfändbarkeit der Rentenansprüche sind erweitert worden durch die in Ziffer 1 erfolgte Einbeziehung der Vorschüsse, welche dem Berechtigten von seinem Arbeitgeber oder der Versicherungsanstalt auf die künftige Rente gegeben worden sind.

2. Der Hinweis in Ziffer 2 auf § 850 Abs. 4 der Civilprozeßordnung bedeutet, daß auch für die von dem Vater eines unehelichen Kindes zu leistenden Unterhaltungsbeiträge die Pfändbarkeit zugelassen ist (Motive 281).

3. Nach § 394 des Bürgerlichen Gesetzbuches findet die Aufrechnung einer Forderung dann nicht statt, wenn deren Pfändung gesetzlich ausgeschlossen ist. Es bedarf daher Bestimmungen für die Fälle, in denen die Aufrechnung gegen Rentenforderungen gleichwohl zulässig sein soll.

4. Der Abs. 3 wird z. B. Anwendung finden können, wenn der Rentenempfänger durch Uebertragung seines Rentenanspruchs sich die Aufnahme in ein Siechenhaus, eine Versorgungsanstalt u. dgl. ermöglichen könnte (Motive 281).

II. Organisation.

§ 56.

Die Durchführung der Invalidenversicherung erfolgt unter Mitwirkung der Landesverwaltungs- und der Postbehörden durch Versicherungsanstalten und ihre Organe

(§§ 65 ff.), durch Schiedsgerichte (§§ 103 ff.) sowie durch das Reichs-Versicherungsamt und die Landes-Versicherungsämter (§§ 108 ff.).

Die neue Bestimmung hat nur redaktionelle Bedeutung.

In der Organisation sind in Wegfall gekommen: der Staatskommissar, die Vertrauensmänner und der Aufsichtsrath.

A. Mitwirkung der Landesverwaltungsbehörden.

§ 57.

Außer den übrigen aus diesem Gesetze sich ergebenden Aufgaben liegt den unteren Verwaltungsbehörden (§ 169) insbesondere ob:

1. die Entgegennahme **und** Vorbereitung von Anträgen auf Bewilligung von Invaliden- nnd Altersrenten (§ 112) **oder auf Beitragserstattungen** (§ 128) sowie die Begutachtung der Anträge auf Rentenbewilligungen;
2. die Begutachtung der Entziehung von Invalidenrenten (§§ 47, 121);
3. **die Begutachtung** der Einstellung **von Rentenzahlungen (§§ 48, 121);**
4. **die Benachrichtigung des Vorstandes der Versicherungsanstalt über die zur Kenntniß der Verwaltungsbehörde kommenden Fälle, in welchen Grund zu der Annahme vorliegt, daß Versicherte durch ein Heilverfahren vor baldigem Eintritte der Erwerbsunfähigkeit werden bewahrt werden (§ 18), daß Empfänger von Invalidenrenten bei Durchführung eines Heilverfahrens die Erwerbsfähigkeit wiedererlangen werden (§ 47 Abs. 2), daß die Invalidenrente zu entziehen ist (§ 47 Abs. 1) oder Rentenzahlungen einzustellen sind (§ 48);**
5. **die Auskunftsertheilung über alle die Invalidenversicherung betreffenden Angelegenheiten.**

1. Die Funktionen der unteren Verwaltungsbehörden, bei welchen Vertreter der Arbeitgeber und Versicherten mitwirken (vgl. 59, 61), sind durch das neue Gesetz erheblich erweitert worden.

Zu den neuen Funktionen gehört:

a) eine intensivere Thätigkeit der Vorbereitung der Anträge auf Bewilligung von Renten (vgl. § 58);
b) die Entgegennahme und Vorbereitung von Anträgen auf Beitragserstattungen;
c) die Begutachtung der Einstellung von Rentenzahlungen;
d) die Anzeigepflicht an die Versicherungsanstalt über geeignete Fälle für Krankenfürsorge, Entziehung von Renten und Einstellung von Rentenzahlungen;
e) die Auskunftsertheilung.

Der Vorstand der Versicherungsanstalt kann die untere Verwaltungsbehörde auch noch in anderen Fällen zur gutachtlichen Aeußerung heranziehen (vgl. § 59 Abs. 2).

2. Die sämmtlichen Funktionen der unteren Verwaltungsbehörde können auf besondere örtliche Organe der Versicherungsanstalten, Rentenstellen, übertragen werden (vgl. § 79).

§ 58.

In den Fällen des § 57 Ziffer 1 hat sich die Begutachtung auf die Versicherungspflicht (§§ 1 bis 7) oder das Versicherungsrecht (§ 14), auf das Maß der Erwerbsfähigkeit des Rentenbewerbers (§§ 5, 15, 16) sowie darauf zu erstrecken, ob und inwieweit von den Befugnissen der §§ 17, 22 Gebrauch zu machen ist.

In den Fällen des § 57 Ziffer 2 hat sich die Begutachtung auf das Maß der Erwerbsfähigkeit des Rentenempfängers (§ 47 Abs. 1) sowie darauf zu erstrecken, ob und inwieweit von der Befugniß des § 47 Abs. 2 Satz 3 Gebrauch zu machen ist.

Die Begutachtung muß ferner über alle diejenigen Fragen sich verbreiten, welche für die Entscheidung des Vorstandes der Versicherungsanstalt von Belang erscheinen.

Die unteren Verwaltungsbehörden haben bei der Vorbereitung der Rentenanträge nunmehr eine weit intensivere Thätigkeit zu entfalten als bisher; sie haben insbesondere für die nachträgliche Beibringung aller für die Begründung der Rentenanträge nothwendigen Beläge Sorge zu tragen und alle in Betracht kommenden Fragen zu prüfen und zu erörten (Abs. 3), so daß der Vorstand der Versicherungsanstalt auf Grund des von ihnen vorgelegten Materials in der Lage ist, ohne weitere Rückfragen sofort zu entscheiden. Bei der Begutachtung des Maßes der Erwerbsfähigkeit werden sie einer ärztlichen Unterstützung nicht entbehren können; die Kosten hierfür hat die Versicherungsanstalt zu tragen (vgl. § 64 Abs. 3).

§ 59.

Ist die untere Verwaltungsbehörde in den Fällen des § 57 Ziffer 1 und 2 der Ansicht, daß das Gutachten gegen die Gewährung einer Rente oder für die Entziehung einer Invalidenrente abzugeben sei, so hat sie vor Abgabe ihres Gutachtens die im § 58 bezeichneten Fragen unter Zuziehung je eines Vertreters der Arbeitgeber und der Versicherten (§ 61) in mündlicher Verhandlung zu erörtern. Auf seinen Antrag oder wenn es die Aufklärung des Sachverhalts erfordert, ist der Rentenbewerber oder Rentenempfänger zur mündlichen Verhandlung zuzuziehen; in jedem

Falle ist derselbe von dem Termine zur mündlichen Verhandlung zu benachrichtigen. Aus dem Gutachten muß ersichtlich sein, wie jeder der beiden Vertreter gestimmt hat.

Der Vorstand der Versicherungsanstalt ist berechtigt, auch in anderen als den in den §§ 57, 58 angegebenen Fällen und über andere Fragen das Gutachten der unteren Verwaltungsbehörde in der im Abs. 1 angegebenen Form zu verlangen.

1. Gegen die Gewährung von Renten; die Zuziehung ist also nicht erforderlich, wenn es sich nur um die Gewährung eines geringeren als des beantragten Rentenbetrages handelt oder wenn die Rente erst von einem späteren als dem beantragten Zeitpunkt an zugebilligt werden soll.

2. Die Verhandlung muß mündlich stattfinden, eine schriftliche Abstimmung ist unzulässig. Der Rentenbewerber ist in jedem Falle von dem Termin zu benachrichtigen.

§ 60.

Die höhere Verwaltungsbehörde (§ 169) kann nach Anhörung oder auf Antrag des Vorstandes für den Bezirk einer Versicherungsanstalt oder Theile desselben bestimmte Gemeindebehörden als untere Verwaltungsbehörden im Sinne des § 57 bezeichnen und mit der Wahrnehmung der in den §§ 57, 58 vorgesehenen Geschäfte betrauen.

Gemäß § 169 werden im Uebrigen die zuständigen Behörden von der Zentralbehörde bestimmt.

§ 61.

Für den Bezirk jeder unteren Verwaltungsbehörde (§ 57) werden Vertreter der Arbeitgeber und der Versicherten gewählt; deren Zahl beträgt, solange nicht durch diejenige Behörde, welche die Wahlordnung erlassen hat (§ 63), eine größere Zahl bestimmt ist, aus der Klasse der Arbeitgeber und der Versicherten je vier. Die Bestimmungen der §§ 87 bis 94, 97 finden entsprechende Anwendung.

Es ist zu beachten, daß Ersatzmänner für die Vertreter nicht zu wählen sind. Bei größeren Bezirken der unteren Verwaltungsbhörden wird es sich daher empfehlen, eine größere Anzahl als 4 Vertreter zu wählen; die Bestimmung hierüber steht der nach § 63 zuständigen Behörde zu.

§ 62.

Die Vertreter der Arbeitgeber und der Versicherten werden von den Vorständen der im Bezirke der unteren Verwaltungsbehörde vorhandenen Orts-, Betriebs- (Fabrik-), Bau- und Innungs-Krankenkassen, Knappschaftskassen, Seemannskassen und anderen zur Wahrung von Interessen der Seeleute bestimmten, obrigkeitlich genehmigten Vereinigungen

von Seeleuten sowie von den Vorständen derjenigen eingeschriebenen oder auf Grund landesgesetzlicher Vorschriften errichteten Hülfskassen gewählt, welche die im § 75a des Krankenversicherungsgesetzes vorgesehene Bescheinigung besitzen und deren Bezirk sich über den Bezirk der unteren Verwaltungsbehörde nicht hinaus erstreckt. Soweit die im § 1 bezeichneten Personen solchen Kassen nicht angehören, ist nach Bestimmung der Landesregierung den Vertretungen der weiteren Kommunalverbände oder den Verwaltungen der Gemeinde-Krankenversicherung beziehungsweise landesrechtlichen Einrichtungen ähnlicher Art eine der Zahl dieser Personen entsprechende Betheiligung an der Wahl einzuräumen. Soweit die Vorstände der bezeichneten Kassen und Vereinigungen aus Vertretern der Arbeitgeber und Vertretern der Arbeitnehmer zusammengesetzt sind, nehmen bei der Wahl die den Arbeitgebern angehörenden Mitglieder des Vorstandes nur an der Wahl der Vertreter der Arbeitgeber, die den Versicherten angehörenden Mitglieder des Vorstandes nur an der Wahl der Vertreter der Versicherten Theil. Vorstände, in denen Arbeitgeber nicht vertreten sind, nehmen nur an der Wahl der Vertreter der Versicherten, Vorstände, in denen Arbeitnehmer nicht vertreten sind, nehmen nur an der Wahl der Vertreter der Arbeitgeber Theil.

Vorstände solcher Krankenkassen, für deren Mitglieder eine besondere Kasseneinrichtung im Sinne der §§ 8, 10, 11 besteht, sind nicht berechtigt, an den Wahlen Theil zu nehmen.

Die Vertreter der Arbeitgeber und der Versicherten müssen im Bezirke der unteren Verwaltungsbehörde und mindestens zur Hälfte an deren Sitze oder in einer Entfernung bis zu zehn Kilometer von demselben wohnen und dürfen nicht Mitglieder des Vorstandes (§ 73) oder eines Schiedsgerichts (§ 103) sein.

1. Die Vorschriften über die Wahl lehnen sich eng an die bisherigen Wahlvorschriften des § 48 über die Wahlen der Mitglieder des Ausschusses an. Diese Mitglieder des Ausschusses werden aber jetzt nicht mehr direkt durch die Kassenvorstände, sondern durch die von den Kassenvorständen gewählten Beisitzer der unteren Verwaltungsbehörden und der Rentenstellen gewählt (vgl. § 76).

2. Als Wahlkörper neu hinzugekommen sind die Vorstände der Hilfskassen.

3. Die Bestimmung des Abs. 3 ist zu einem Theile für die untere Verwaltungsbehörde Berlin nicht anwendbar. Hier fällt nämlich der Bezirk der unteren Verwaltungsbehörde mit dem Bezirk der Versicherungsanstalt zusammen. Da nun gemäß § 88 wählbar zu

Vertretern nur im Bezirk der Versicherungsanstalt wohnende Personen sind, ist es nicht zulässig, daß die im Abs. 3 erwähnte Hälfte der Vertreter 10 Kilometer von dem Sitze der unteren Verwaltungsbehörde d. i. von Berlin entfernt wohnt.

§ 63.

Die Wahl der Vertreter erfolgt nach näherer Bestimmung einer Wahlordnung, welche von der für den Sitz der Versicherungsanstalt zuständigen Landes-Zentralbehörde oder der von dieser bestimmten Behörde zu erlassen ist, unter Leitung eines Beauftragten dieser Behörde. Bei gemeinsamen Versicherungsanstalten wird die Wahlordnung, sofern ein Einverständniß unter den betheiligten Landesregierungen nicht erzielt wird, durch den Reichskanzler erlassen, und die Wahl durch einen von demselben ernannten Beauftragten geleitet.

Zum Zwecke der Wahl der Vertreter kann der Bezirk der unteren Verwaltungsbehörde in kleinere Wahlbezirke getheilt werden.

Streitigkeiten über die Wahlen werden von derjenigen Behörde entschieden, welche die Wahlordnung erlassen hat.

§ 64.

Die Vertreter der Arbeitgeber und der Versicherten sind auf die gewissenhafte Erfüllung ihrer Obliegenheiten durch die untere Verwaltungsbehörde zu verpflichten.

Durch die höhere Verwaltungsbehörde sollen über die Reihenfolge, in welcher die Vertreter zu den Verhandlungen zuzuziehen sind, Bestimmungen getroffen werden.

Die den Vertretern zustehenden Bezüge (§§ 61, 92) sowie die sonstigen durch das Verfahren entstehenden baaren Auslagen sind von der Versicherungsanstalt zu erstatten.

Die untere Verwaltungsbehörde ist befugt, Zeugen und Sachverständige uneidlich zu vernehmen.

Der Vorstand der Versicherungsanstalt ist befugt, auf Antrag der unteren Verwaltungsbehörde den Betheiligten solche Kosten des Verfahrens zur Last zu legen, welche durch Muthwillen oder durch ein auf Verschleppung oder Irreführung berechnetes Verhalten derselben veranlaßt worden sind.

Im Uebrigen wird das Verfahren vor der unteren Verwaltungsbehörde durch die Landes-Zentralbehörde geregelt.

B. Versicherungsanstalten.

1. Errichtung.

§ 65.

Die Versicherungsanstalten werden nach Bestimmung der Landesregierungen für weitere Kommunalverbände ihres Gebiets oder für das Gebiet des Bundesstaats **oder Theile desselben** errichtet.

Auch kann für mehrere Bundesstaaten oder Gebietstheile derselben sowie für mehrere weitere Kommunalverbände eines Bundesstaats eine gemeinsame Versicherungsanstalt errichtet werden.

In der Versicherungsanstalt sind alle diejenigen Personen **zu versichern, welche in deren Bezirke beschäftigt werden. Auf die Bestimmung des Beschäftigungsorts finden die Vorschriften des § 5a des Krankenversicherungsgesetzes Anwendung.** Soweit die Beschäftigung in einem Betriebe stattfindet, dessen Sitz **in dem Bezirk einer anderen Versicherungsanstalt** belegen ist, **kann mit Zustimmung der betheiligten Versicherungsanstalten die Versicherung auch** bei **der Versicherungsanstalt des Betriebssitzes erfolgen. Diese Zustimmung muß auf Antrag des zur Beitragsleistung verpflichteten Arbeitgebers ertheilt werden, wenn die beschäftigten Personen Mitglieder einer für den Betrieb errichteten Betriebs-(Fabrik-)Krankenkasse sind. Findet die Beschäftigung vorübergehend im Ausland, aber in einem Betriebe statt, dessen Sitz im Inlande belegen ist, so erfolgt die Versicherung bei der Versicherungsanstalt des Betriebssitzes.**

Bei ausländischen Binnenschiffen gilt als Beschäftigungsort des Personals der Sitz derjenigen Versicherungsanstalt, in deren Bezirke das Schiff bei Ueberfahren der Grenze zuerst eintritt.

1. Bei der Bestimmung des Abs. 1 ist die neue Bestimmung des § 100 Abs. 2 zu beachten, wonach eine Zusammenlegung, Theilung oder Auflösung der zur Zeit bestehenden Versicherungsanstalten der Zustimmung des Reichstags bedarf.

2. Während früher für die Zuständigkeit der Versicherungsanstalt der Betriebssitz maßgebend war, ist es nach der neuen Bestimmung des Abs. 3 der Beschäftigungsort d. h. die Arbeitsstätte. Ausnahmen sind soweit zugelassen, als sie im § 5a des Krankenversicherungsgesetzes zugelassen sind. In welchen Fällen hiernach ein anderer als der Beschäftigungsort als Ort der Versicherung zu gelten hat, darüber vgl. die Einleitung.

§ 66.

Die Errichtung der Versicherungsanstalten bedarf der Genehmignng des Bundesraths. Soweit die Genehmigung nicht ertheilt wird, kann der Bundesrath nach Anhörung der betheiligten Landesregierungen die Errichtung von Versicherungsanstalten anordnen.

§ 67.

Der Sitz der Versicherungsanstalt wird durch die Landesregierung bestimmt.

Ist die Versicherungsanstalt für mehrere Bundesstaaten oder Gebietstheile derselben errichtet, so bestimmt den Sitz, falls eine Vereinbarung der betheiligten Landesregierungen nicht zu Stande kommt, der Bundesrath.

Ueber die zur Zeit bestehenden Versicherungsanstalten und ihren Sitz vgl. die Einleitung.

§ 68.

Die Versicherungsanstalt kann unter ihrem Namen Rechte erwerben und Verbindlichkeiten eingehen, vor Gericht klagen und verklagt werden. Für ihre Verbindlichkeiten haftet den Gläubigern das Anstaltsvermögen, soweit dasselbe zur Deckung der Verpflichtungen der Versicherungsanstalt nicht ausreicht, der Kommunalverband, für welchen die Versicherungsanstalt errichtet ist, **im Falle seines** Unvermögens oder wenn die Versicherungsanstalt für den Bundesstaat **oder Theile desselben** errichtet ist, der Bundesstaat.

Ist die Versicherungsanstalt für mehrere Kommunalverbände oder Bundesstaaten oder Theile solcher errichtet, so bemißt sich deren im Falle der Unzulänglichkeit des Anstaltsvermögens eintretende Haftung nach dem Verhältnisse der auf Grund der letzten Volkszählung festgestellten Bevölkerungsziffer derjenigen Bezirke, mit welchen sie an der Versicherungsanstalt betheiligt sind.

Die Mittel der Versicherungsanstalt **dürfen** für andere als die in diesem Gesetze vorgesehenen Zwecke nicht verwendet werden. Ihre Einnahmen und Ausgaben sind gesondert zu verrechnen, ihre Bestände gesondert zu verwahren.

Die Versicherungsanstalt darf andere als die in diesem Gesetz ihr übertragenen Geschäfte nicht übernehmen.

§ 69.

Die durch die erste Einrichtung der Versicherungsanstalt entstehenden Kosten sind von dem Kommunalverband oder dem Bundesstaate, für welchen sie errichtet wird, vorzuschießen. Für gemeinsame Versicherungsanstalten sind die Vorschüsse beim Mangel einer Vereinbarung nach dem im § 68 Abs. 2 vorgesehenen Verhältnisse zu leisten.

Die geleisteten Vorschüsse sind von der Versicherungsanstalt aus den zunächst eingehenden Versicherungsbeiträgen zu erstatten.

2. Statut.

§ 70.

Für jede Versicherungsanstalt ist ein Statut zu errichten, welches von dem Ausschusse (§ 76) beschlossen wird. Dasselbe muß Bestimmung treffen:

1. **über die Zahl der dem Vorstand angehörenden Vertreter der Arbeitgeber und der Versicherten;**
2. über die Zahl der Mitglieder, die Obliegenheiten und Befugnisse sowie die Berufung des Ausschusses, über die Bestellung **seines** Vorsitzenden und über die Art der Beschlußfassung;
3. über die Form, in welcher der Vorstand seine Willenserklärungen kundzugeben und für die Versicherungsanstalt zu zeichnen hat, sowie über die Art, in welcher die Beschlußfassung des Vorstandes und seine Vertretung nach außen erfolgen soll;
4. über die Vertretung der Versicherungsanstalt gegenüber dem Vorstande;
5. über die Zahl der **Beisitzer der Schiedsgerichte, welche aus der Klasse der Arbeitgeber und der Versicherten mindestens je vier betragen muß, und über die Reihenfolge, in welcher die Beisitzer zu den Verhandlungen zuzuziehen sind;**
6. über die Höhe der nach § 74 Abs. 3, § 92 zu gewährenden Vergütungen;
7. **über die Aufstellung des Voranschlags;**
8. über die Aufstellung und Abnahme der Jahresrechnung, soweit hierüber nicht von der **für den Sitz der Versicherungsanstalt zuständigen** Landes-Zentralbehörde Bestimmungen getroffen werden;
9. über die Veröffentlichung der Rechnungsabschlüsse;
10. über die öffentlichen Blätter, durch welche Bekanntmachungen zu erfolgen haben;
11. über die Voraussetzungen einer Abänderung des Statuts.

1. Gemäß § 74 Abs. 2 müssen nunmehr den Vorständen Vertreter der Arbeitgeber und Versicherten angehören. Das Statut muß deshalb auch hierüber Bestimmung treffen.

2. Gemäß § 71 Ziffer 2 muß dem Ausschuß vorbehalten bleiben die Feststellung des Voranschlags. Deshalb muß das Statut (vgl. Ziffer 7) hierüber Bestimmung treffen.

3. Durch das Statut sollen auch über die Reihenfolge, in welcher die Beisitzer der Rentenstellen, zu den Verhandlungen hinzuzuziehen sind, Bestimmungen getroffen werden (§ 89 Abs. 2).

§ 71.

Dem Ausschusse müssen vorbehalten werden:

1. die Wahl **der nicht beamteten Mitglieder des Vorstandes** sowie die Wahl der Beisitzer der Schiedsgerichte.
2. **die Feststellung** des Voranschlags;
3. die Prüfung der Jahresrechnung und die Aufstellung von Erinnerungen gegen dieselbe;
4. **die Zustimmung zu Beschlüssen des Vorstandes, welche die Erwerbung, die Veräußerung oder die Belastung von Grundstücken der Versicherungsanstalt betreffen, sofern nicht nach dem pflichtmäßigen Ermessen des Vorstandes Gefahr im Verzug ist;**
5. Die Beschlußfassung über die Bildung von Rückversicherungsverbänden (§ 99);
6. die Abänderung des Statuts;
7. die Ueberwachung der Geschäftsführung des Vorstandes.

Der Entwurf des Voranschlags (Ziffer 2) ist spätestens zwei Wochen vor der zur Festsetzung desselben anberaumten Sitzung des Ausschusses der Aufsichtsbehörde in Abschrift vorzulegen. Diese ist befugt, Anstände zu erheben, insoweit der Voranschlag oder Theile desselben den gesetzlichen oder statutarischen Bestimmungen nicht entsprechen. Der Vorsitzende des Vorstandes ist verpflichtet, den Beschluß des Ausschusses, durch welchen die Anstände der Aufsichtsbehörde nicht berücksichtigt werden, gemäß § 75 zu beanstanden.

1. Zu Ziffer 1 und 2 vgl. die Anm. 1 und 2 zu § 70.
2. Die Vorschrift der Ziffer 4 ist gleichfalls neu, wenngleich dieselbe schon bisher vielfach befolgt wurde.
3. Bei der neuen Vorschrift des Abs. 2 ist zu beachten, daß das Reichsversicherungsamt nur Anstände erheben darf, insoweit der Voranschlag den *gesetzlichen* oder *statutarischen* Bestimmungen nicht entspricht, während der ursprüngliche Entwurf dem Reichsversicherungsamte das Recht beilegen wollte, Anstände jeder Art zu erheben.

§ 72.

Das Statut bedarf zu seiner Gültigkeit der Genehmigung des Reichs-Versicherungsamts. Dem letzteren sind die von dem Ausschuß über das Statut gefaßten Beschlüsse mit den Protokollen durch den Vorstand binnen einer Woche einzureichen.

Gegen die Entscheidung des Reichs-Versicherungsamts, durch welche die Genehmigung **versagt wird**, findet binnen einer Frist von vier Wochen, vom **Tage der Zustellung** an den Vorstand ab, die Beschwerde an den **Bundesrath** statt.

Wird innerhalb dieser Frist Beschwerde nicht eingelegt oder wird die Versagung der Genehmigung des Statuts vom Bundesrath aufrecht erhalten, so hat das Reichs-Versicherungsamt innerhalb vier Wochen einc abermalige Beschlußfassung anzuordnen. Wird auch dem anderweit beschlossenen Statute die Genehmigung endgültig versagt oder kommt ein Beschluß des Ausschusses über das Statut nicht zu Stande, so wird ein solches vom Reichs-Versicherungsamt erlassen. In letzterem Falle hat das Reichs-Versicheruugsamt auf Kosten der Versicherungsanstalt die zur Ausführung des Statuts erforderlichen Anordnungen zu treffen.

Abänderungen des Statuts bedürfen der Genehmigung des Reichs-Versicherungsamts. Gegen die Versagung der Genehmigung findet binnen vier Wochen, vom Tage der Zustellung ab, die Beschwerde an den Bundesrath statt.

Nach Feststellung des Statuts sind durch den Vorstand im Reichsanzeiger und in dem für die Veröffentlichungen der Landes-Zentralbehörde bestimmten Blatte der Name, Sitz und Bezirk der Versicherungsanstalt sowie der Name des Vorsitzenden des Vorstandes bekannt zu machen. Veränderungen sind in gleicher Weise zur öffentlichen Kenntniß zu bringen.

3. Vorstand.

§ 73.

Die Versicherungsanstalt wird durch einen Vorstand verwaltet, soweit nicht einzelne Angelegenheiten durch Gesetz oder Statut anderen Organen übertragen sind.

Der Vorstand hat dic Versicherungsanstalt gerichtlich und außergerichtlich zu vertreten. Die Vertretung erstreckt sich auch auf diejenigen Geschäfte und Rechtshandlungen, für welche nach den Gesetzen eine Spezialvollmacht erforderlich ist.

§ 74.

Der Vorstand der Versicherungsanstalt hat die Eigenschaft einer öffentlichen Behörde. Seine Geschäfte werden von einem oder mehreren Beamten des weiteren Kommunalverbandes oder Bundesstaats, für welchen die Versicherungsanstalt errichtet ist, wahrgenommen. Die beamteten Vorstandsmitglieder, **von denen eines als Vorsitzender zu bezeichnen ist,** werden nach Maßgabe der landesgesetzlichen Vorschriften von dem Kommunalverbande beziehungsweise von der Landesregierung bestellt. **Erstreckt sich der Bezirk der Versicherungsanstalt über**

mehrere weitere Kommunalverbände, so werden die Beamten von der Landesregierung bestellt; diese kann die Bestellung auf einen der weiteren Kommunalverbände übertragen. Erstreckt sich der Bezirk der Versicherungsanstalt über Gebiete mehrerer Bundesstaaten, so entscheidet über die Bestellung der Beamten, falls ein Einverständniß unter den betheiligten Landesregierungen nicht erzielt wird, der Reichskanzler. Die Bezüge der Beamten und ihrer Hinterbliebenen sind von der Versicherungsanstalt zu vergüten.

Neben den vorgenannten Beamten müssen dem Vorstande Vertreter der Arbeitgeber und der Versicherten angehören. Besoldung wird ihnen nicht gewährt.

Durch das Statut kann bestimmt werden, daß dem Vorstande neben den vorgenannten noch andere Personen angehören sollen. Dieselben können nach Bestimmung des Statuts besoldet oder unbesoldet sein. Sofern **ihnen** Besoldungen zu gewähren sind, hat der Ausschuß (§ 76) die Anstellungsbedingungen festzusetzen.

1. Dem Vorsitzenden des Vorstandes werden durch das neue Gesetz mehrfach besondere Obliegenheiten übertragen. Deswegen bestimmt nunmehr der Abs. 1 ausdrücklich, daß der Vorsitzende unter den beamteten Vorstandsmitgliedern von der Anstellungsbehörde zu bezeichnen ist.

2. Nach den bisherigen Bestimmungen war die Aufnahme von Vertretern der Arbeitgeber und Versicherten in den Vorstand fakultativ; war eine solche Aufnahme nicht erfolgt, so mußte ein Aufsichtsrath bestellt werden. Alle Versicherungsanstalten haben nun vorgezogen, die Vertreter in den Vorstand aufzunehmen und von der Bestellung des Aufsichtsraths abzusehen. Das neue Gesetz beseitigt jetzt den Aufsichtsrath und macht die Aufnahme von Vertretern der Arbeitgeber und Versicherten in den Vorstand obligatorisch. Die Vertreter werden vom Ausschuß gewählt (vgl. § 71 Ziffer 1).

§ 75.

Der Vorsitzende des Vorstandes hat Beschlüsse der Organe der Versicherungsanstalt, welche gegen die gesetzlichen oder statutarischen Vorschriften verstoßen, mit aufschiebender Wirkung unter Angabe der Gründe zu beanstanden. Die Anfechtung erfolgt mittelst Beschwerde an die Aufsichtsbehörde.

Die neue Bestimmung ist erfolgt in Anlehnung an die für die kommunalen Selbstverwaltungskörperschaften in Preußen bestehenden Bestimmungen. Die Aufsichtsbehörde hat auf die Beschwerde in der Besetzung von mindestens 4 Mitgliedern zu entscheiden (vgl. § 110 Ziffer 1).

4. Ausschuß.

§ 76.

Für jede Versicherungsanstalt wird ein Ausschuß gebildet, welcher aus mindestens je fünf Vertretern der Arbeitgeber und der Versicherten besteht. Die Zahl der Vertreter wird bis zur Genehmigung des Statuts durch die für **den Sitz der Versicherungsanstalt** zuständige Landes-Zentralbehörde, später durch das Statut bestimmt.

Diese Vertreter werden von den **Vertretern der Arbeitgeber und der Versicherten bei den unteren Verwaltungsbehörden (§ 61) sowie von den Beisitzern der Rentenstellen (§ 81) je getrennt von den Arbeitgebern und den Versicherten gewählt.**

In dem Bezirk einer Versicherungsanstalt können entweder nur Vertreter der Arbeitgeber und Versicherten bei der unteren Verwaltungsbehörde vorhanden sein, — dies wird wohl bei der erstmaligen Wahl bei allen Anstalten der Fall sein — oder nur Beisitzer der Rentenstellen, oder es sind beide Kategorien vertreten. Die Wahl erfolgt durch die vorhandenen Vertreter und Beisitzer.

Bisher wurden die Mitglieder des Ausschusses direkt von den Kassenvorständen gewählt.

§ 77.

Die Wahl der Vertreter erfolgt nach näherer Bestimmung einer Wahlordnung, welche von der **für den Sitz der Versicherungsanstalt zuständigen** Landes-Zentralbehörde oder der von dieser bestimmten Behörde zu erlassen ist, unter Leitung eines Beauftragten dieser Behörde. **Bei gemeinsamen Versicherungsanstalten wird die Wahlordnung, sofern ein Einverständniß unter den betheiligten Landesregierungen nicht erzielt wird, durch den Reichskanzler erlassen, und die Wahl durch einen von demselben ernannten Beauftragten geleitet.**

Für jeden Vertreter sind **mindestens** ein erster und zweiter Ersatzmann zu wählen, welche denselben in Behinderungsfällen zu ersetzen und im Falle des Ausscheidens für den Rest der Wahlperiode in der Reihenfolge ihrer Wahl einzutreten haben.

Streitigkeiten über die Wahlen werden von derjenigen Behörde entschieden, welche die Wahlordnung erlassen hat.

Um die nöthige Zahl von Vertretern der Arbeitgeber und der Versicherten im Ausschusse stets zur Verfügung zu haben und die beträchtlichen Umständlichkeiten von Nachwahlen zu vermeiden, soll für jeden Vertreter „mindestens" ein erster und ein zweiter Ersatzmann zu wählen sein. Die Bestimmung der Zahl der Ersatzmänner über diese Mindestzahl hinaus kann durch die im Abs. 1 vorgesehene Wahlordnung erfolgen (Mot. 290).

§ 78.

Den Vorsitz im Ausschusse führt bis zur Genehmigung des Statuts der Vorsitzende des Vorstandes der Versicherungsanstalt. Derselbe beruft die Mitglieder des Ausschusses. Für diejenigen Mitglieder, welche am Erscheinen behindert sind und dies dem Vorsitzenden des Vorstandes rechtzeitig mittheilen, sind die Ersatzmänner zu laden.

Die Mitglieder des über das Statut berathenden Ausschusses erhalten für ihre Theilnahme an diesen Berathungen Vergütungen, welche von der für den Sitz der Versicherungsanstalt zuständigen Landes-Zentralbehörde zu bestimmen sind.

5. **Rentenstellen.**

§ 79.

Für die Wahrnehmung der den unteren Verwaltungsbehörden nach §§ 57 bis 59 obliegenden Geschäfte können für den Bezirk der Versicherungsanstalt oder Theile desselben vom Vorstande der Versicherungsanstalt Rentenstellen errichtet werden.

Erforderlich ist jedoch die Zustimmung des Ausschusses der Versicherungsanstalt, außerdem bei Versicherungsanstalten, für welche die beamteten Mitglieder des Vorstandes von einem Kommunalverbande zu bestellen sind, auch die Zustimmung des mit der Verwaltung der Angelegenheiten dieses Kommunalverbandes betrauten Organs, bei Versicherungsanstalten aber, für welche die beamteten Mitglieder des Vorstandes von der Landesregierung zu bestellen sind, die Zustimmung der Landes-Zentralbehörde oder, sofern mehrere Landes-Zentralbehörden betheiligt sind und ein Einverständniß unter ihnen nicht erzielt wird, die Zustimmung des Reichskanzlers.

Die Landes-Zentralbehörde kann im Falle des geschäftlichen Bedürfnisses, insbesondere in Gegenden mit dichter Bevölkerung, nach Anhörung von Vorstand und Ausschuß der Versicherungsanstalt sowie des mit der Verwaltung der Angelegenheiten des zuständigen weiteren Kommunalverbandes betrauten Organs für Bezirke unterer Verwaltungsbehörden oder für einzelne Gemeinden, in welchen nicht gemäß § 60 die Wahrnehmung der im Abs. 1 vorgesehenen Geschäfte den Gemeindebehörden übertragen ist, die Errichtung von Rentenstellen anordnen. Sollen solche Stellen für Bezirke errichtet werden, welche sich auf die Gebiete mehrerer Bundesstaaten erstrecken, so kann der

Reichskanzler, falls ein Einverständniß unter den betheiligten Landesregierungen nicht erzielt wird, ihre Errichtung anordnen.

Die Rentenstelle ist Organ der Versicherungsanstalt und hat die Eigenschaft einer öffentlichen Behörde.

1. Die Einrichtung der Rentenstellen ist nach dem neuen Gesetz fakultativ. Die ursprüngliche Entwurf hatte die Rentenstellen als obligatorische Einrichtung vorgesehen unter Wegfall der entsprechenden Thätigkeit der unteren Verwaltungsbehörden. Aus den Beschlüssen des Reichstages sind dann die Bestimmungen des neuen Gesetzes hervorgegangen, wonach die unteren Verwaltungsbehörden weiter ausgestaltet werden insbesondere durch die Zuziehung von Vertretern der Arbeitgeber und Versicherten (vgl. §§ 52 ff.) und die Errichtung von Rentenstellen, an Stelle dieser unteren Verwaltungsbehörden, grundsätzlich in das Ermessen des Vorstandes der Versicherungsanstalt gestellt wurde.

2. Die Rentenstellen können für den ganzen Bezirk der Versicherungsstalt oder für Theile desselben errichtet werden, so daß in dem Bezirke einer Versicherungsanstalt in einem Theile Rentenstellen, in dem anderen untere Verwaltungsbehörden fungiren. Ist für einen Theilbezirk eine Rentenstelle errichtet, so tritt für diesen Bezirk die untere Verwaltungsbehörde außer Thätigkeit. Für die Abgrenzung der Bezirke der Rentenstellen sind Vorschriften nicht gegeben; es wird hier lediglich auf das geschäftliche Bedürfniß nach den besonderen örtlichen Verhältnissen ankommen, wobei die Dichtigkeit der Arbeiterbevölkerung eine Rolle spielen wird. Die Bezirke der Rentenstellen können sich, wie die Motive (S. 292) ausführen, an bestehende Verwaltungs- oder Gerichtsbezirke irgend welcher Art anlehnen, sofern dies nach den besonderen Verhältnissen des Falles angezeigt erscheint; es würde aber auch nichts entgegenstehen, ihre Bezirke aus Theilen anderer Verwaltungsbezirke besonders zu bilden.

3. Die Funktionen der Rentenstellen bestehen zunächst in den Funktionen der unteren Verwaltungsbehörden gemäß §§ 57 bis 59, also insbesondere in der Entgegennahme und Vorbereitung der Rentenanträge. Daß die Vorschrift des § 59 Abs. 1, betreffend die Zuziehung von einem Vertreter der Arbeitgeber und Versicherten bei Abgabe von ablehnenden Gutachten Anwendung findet, ist noch ausdrücklich im § 84 bestimmt.

Ueber weitere Funktionen der Rentenstellen vgl. § 80. Endlich kann auch den Rentenstellen gemäß § 86 von der Landes-Zentralbehörde statt der bloßen Begutachtung die Beschlußfassung über die Rentenanträge u. s. w. übertragen werden.

4. Die Errichtung von Rentenstellen erfolgt grundsätzlich durch den Vorstand der Versicherungsanstalt unter Zustimmung des Ausschusses und unter weiterer Zustimmung des Kommunalverbandes bezw. der Landes-Zentralbehörde, für deren Bezirk die Anstalt errichtet ist.

Ausnahmsweise kann im Falle des geschäftlichen Bedürfnisses insbesondere in Gegenden mit dichter Bevölkerung die Landes-Zentralbehörde nach Anhörung von Vorstand und Ausschuß sowie des Kommunalverbandes die Errichtung von Rentenstellen anordnen (Abs. 3).

5. Die Rentenstelle ist Organ der Versicherungsanstalt, unterliegt daher auch ihrer Aufsicht.

Ueber die Stellung des Vorsitzenden vgl. § 81 Abs. 4.

§ 80.

Außer den im § 79 Abs. 1 bezeichneten Aufgaben kann der Vorstand der Versicherungsanstalt unter Zustimmung des Ausschusses der Rentenstelle die Kontrole über die Entrichtung der Beiträge übertragen; in gleicher Weise und mit Genehmigung der für den Sitz der Rentenstelle zuständigen Landes-Zentralbehörde können der Rentenstelle durch den Vorstand noch weitere Obliegenheiten übertragen werden.

Die Kontrole über die Entrichtung der Beiträge kann der Rentenstelle selbständig durch den Vorstand der Versicherungsanstalt unter Zustimmung des Ausschusses übertragen werden. Weitere Funktionen können der Rentenstelle nur mit Zustimmung der Landes-Zentralbehörde übertragen werden, z. B. die Einziehung der Beiträge gemäß § 148 (Motive 293) oder der Markenverkauf.

§ 81.

Jede Rentenstelle besteht aus einem ständigen Vorsitzenden, mindestens einem Stellvertreter und aus Beisitzern; ihr werden die erforderlichen Hülfsbeamten beigegeben.

Die Festsetzung der Amtsdauer und der Bezüge des Vorsitzenden und der Stellvertreter erfolgt durch den Vorstand der Versicherungsanstalt. Die Ernennung des Vorsitzenden und der Stellvertreter erfolgt nach Anhörung des Vorstandes durch die mit der Verwaltung der Angelegenheiten des weiteren Kommunalverbandes betraute Behörde, für diejenigen Anstalten aber, in welchen die beamteten Mitglieder des Vorstandes von der Landes-Zentralbehörde zu ernennen sind (§ 74 Abs. 1), durch die letztere.

Name und Wohnort des Vorsitzenden und seiner Stellvertreter sind in dem Bezirke der Rentenstelle vom Vorstande der Versicherungsanstalt zu veröffentlichen.

Wird die Stelle des Vorsitzenden der Rentenstelle von einem mittelbaren oder unmittelbaren Staatsbeamten im Nebenamte verwaltet, so unterliegt er hinsichtlich seiner Thätigkeit als Vorsitzender der Rentenstelle nur der Disziplinargewalt der ihm im Hauptamte vorgesetzten Dienstbehörde.

Die Hülfsbeamten der Rentenstelle sind Beamte der Versicherungsanstalt; ihre Bestellung erfolgt durch den Vor-

stand der Versicherungsanstalt nach Anhörnng des Vorsitzenden der Rentenstelle.

1. Bei der Organisation der Rentenstellen ist diejenige Grundlage vorgesehen, welche sich bei den Schiedsgerichten sowie den Gewerbegerichten bewährt hat: Mitwirkung einer gleichen Anzahl von Arbeitgebern und Arbeitnehmern unter einem beamteten Vorsitzenden (Motive 167).

2. Für den Vorsitzenden der Rentenstelle setzt die Versicherungsanstalt nur die Bezüge und die Amtsdauer fest; die Ernennung des Vorsitzenden erfolgt durch den Kommunalverband beziehungsweise die Landes-Zentralbehörde. Das Gesetz hat der Anstellungsbehörde darüber, ob der Vorsitzende der Rentenstelle aus den öffentlichen Beamten zu ernennen und welche Kategorie von öffentlichen Beamten hierzu vorzugsweise heranzuziehen sei, sowie darüber, ob der Vorsitz unter Umständen auch anderen Persönlichkeiten zu übertragen sei, welche nicht Beamte sind, aber für diese eigenartige Aufgabe Verständniß und Befähigung besitzen, völlige freie Entschließung vorbehalten, damit die besonderen Verhältnisse, die im Bezirk der Rentenstelle etwa bestehen, in vollem Umfange berücksichtigt werden können (Motive 294).

Der Vorsitzende kann insbesondere im Haupt- oder Nebenamt bestellt werden (vgl. Abs. 4). Ist er Staats- oder Kommunalbeamter, so unterliegt er der Disziplinargewalt seiner vorgesetzten Dienstbehörde. Hinsichtlich der Geschäftsthätigkeit unterliegt sowohl der Vorsitzende wie die Rentenstelle als solche der Aufsicht und Kontrole des Vorstandes der Versicherungsanstalt.

3. Auch die Hilfsbeamten der Rentenstelle sind Beamte der Versicherungsanstalt, es finden deshalb auf sie insbesondere auch die Bestimmungen des § 98 Anwendung.

§ 82.

Die Zahl der Beisitzer beträgt, solange nicht durch die Versicherungsanstalt eine größere Zahl bestimmt ist, aus der Klasse der Arbeitgeber und der Versicherten je vier.

Auf die Wahl der Beisitzer finden die Vorschriften der §§ 62, 63 entsprechende Anwendung.

§ 83.

Der Vorsitzende, dessen Stellvertreter und die Beisitzer sind auf die gewissenhafte Erfüllung der Obliegenheiten ihres Amtes zu verpflichten; dasselbe gilt für die Hülfsbeamten der Rentenstelle, insoweit sie nicht bereits als Beamte der Versicherungsanstalt einen Diensteid geleistet haben. Die Verpflichtung des Vorsitzenden erfolgt durch die ernennende Behörde (§ 81 Abs. 2) oder einen von ihr hiermit betrauten öffentlichen Beamten, die Verpflichtung der anderen Personen durch den Vorsitzenden.

Durch das Statut sollen über die Reihenfolge, in welcher die Beisitzer zu den Verhandlungen zuzuziehen sind, Bestimmungen getroffen werden.

Der Vorsitzende setzt die den Beisitzern zu gewährenden

Bezüge (§ 92) fest. Ihm steht die unmittelbare Dienstaufsicht über die Hülfsbeamten der Rentenstelle zu; Disziplinarstrafen gegen dieselben verhängt jedoch, sofern sie bei der Rentenstelle im Hauptamt angestellt sind, der Vorstand der Versicherungsanstalt, im Uebrigen die ihnen im Hauptamte vorgesetzte Dienstbehörde.

§ 84.

Auf die Zuziehung je eines Vertreters der Arbeitgeber und der Versicherten bei Erstattung von Gutachten finden die Vorschriften des § 59 Abs. 1 entsprechende Anwendung.

Die Rentenstelle ist befugt, Zeugen und Sachverständige uneidlich zu vernehmen.

§ 85.

Die Kosten der Rentenstelle einschließlich der Bezüge des Vorsitzenden, der Beisitzer und der Hülfsbeamten sowie die Kosten des Verfahrens vor der Rentenstelle trägt die Versicherungsanstalt.

Die Bestimmung des § 64 Abs. 5 findet entsprechende Anwendung. Im Uebrigen wird das Verfahren der Rentenstelle durch den Vorstand der Versicherungsanstalt geregelt.

1. Der § 64 Abs. 5 betrifft die Auferlegung von Kosten auf die Betheiligten. Im Uebrigen ist das Verfahren für den Rentensucher kostenlos.

2. Wird den Rentenstellen die Beschlußfassung gemäß § 86 übertragen, so wird das Verfahren von der Landes-Zentalbehörde geregelt (vgl. § 86 Abs. 2).

§ 86.

Die Landes-Zentralbehörde kann Rentenstellen, welche ihren Sitz im Gebiete des Bundesstaats haben, statt der Begutachtung der Anträge auf Bewilligung von Invaliden- und Altersrenten und statt der Begutachtung der Entziehung von Invalidenrenten und der Einstellung von Rentenzahlungen die Beschlußfassung über diese Anträge, Entziehungen und Zahlungseinstellungen sowie die Beschlußfassung über Anträge auf Beitragserstattungen übertragen. An Weisungen des Vorstandes ist die Rentenstelle bei Beschlüssen dieser Art nicht gebunden. Jedoch ist die Rentenstelle verpflichtet, über die Entziehung der Rente und die Einstellung von Rentenzahlungen einen Bescheid zu erlassen, sofern dies vom Vorstande beantragt wird.

Die im § 64 Abs. 5 dem Vorstande der Versicherungsanstalt eingeräumte Befugniß steht in diesem Falle der Rentenstelle zu. Im Uebrigen wird das Verfahren von der

für den Sitz der Versicherungsanstalt zuständigen Landes-Zentralbehörde, bei gemeinsamen Versicherungsanstalten aber, sofern ein Einverständniß unter den betheiligten Landesregierungen nicht erzielt wird, durch den Reichskanzler geregelt.

1. Ist der Rentenstelle von der Landes-Zentralbehörde die Beschlußfassung über die Anträge übertragen, so finden die Vorschriften des § 129 Anwendung.

2. Bei der Verpflichtung der Rentenstelle, auf Antrag des Vorstandes einen Bescheid über die Entziehung der Rente oder die Einstellung von Rentenzahlungen zu erlassen, handelt es sich um Fälle, in welchen Seitens der Rentenstelle dahin entschieden worden ist, daß die Entziehung einer Rente oder die Einstellung einer Rentenzahlung nicht stattfinden soll. Für die Befugniß des Vorstandes, eine solche Entscheidung durch Berufung oder Beschwerde anzufechten (vgl. § 129 Abs. 4), bedarf es der Zustellung dieser Entscheidung in Gestalt eines mit Gründen zu versehenden schriftlichen Bescheides an den Rentenempfänger (Motive 297).

6. Allgemeine Bestimmungen.

§ 87.

Die Anzahl der Vertreter der Arbeitgeber und der Versicherten **in den Organen der Versicherungsanstalt** muß gleich sein.

§ 88.

Wählbar zu Vertretern **der Arbeitgeber und der Versicherten** sind nur deutsche, männliche, **volljährige**, im Bezirke der Versicherungsanstalt wohnende Personen. **Nicht wählbar ist, wer zum Amte eines Schöffen unfähig ist (§ 32 des Gerichtsverfassungsgesetzes).**

Wählbar zu Vertretern der Arbeitgeber sind nur die Arbeitgeber der nach Maßgabe dieses Gesetzes versicherten Personen und die bevollmächtigten Leiter ihrer Betriebe, zu Vertretern der Versicherten die auf Grund dieses Gesetzes versicherten Personen.

1. Das Wort „volljährig" entspricht dem im Bürgerlichen Gesetzbuch verwendeten Ausdruck.

2. Unfähig zu dem Amte eines Schöffen sind:
   a) Personen, welche die Befähigung in Folge strafgerichtlicher Verurtheilung verloren haben;
   b) Personen, gegen welche das Hauptverfahren wegen eines Verbrechens oder Vergehens eröffnet ist, das die Aberkennung der bürgerlichen Ehrenrechte oder der Fähigkeit zur Bekleidung öffentlicher Aemter zur Folge haben kann;
   c) Personen, welche in Folge gerichtlicher Anordnung in der Verfügung über ihr Vermögen beschränkt sind.

Daneben kommen in Betracht die Bestimmungen des Strafgesetzbuchs über den Verlust und die Unfähigkeit zur Bekleidung öffentlicher

Aemter, unter denen der Schöffendienst mitbegriffen ist. Vgl. §§ 31, 33, 34, 35 und 36 (Motive 299).

§ 89.

Diejenigen Versicherten (§§ 1, 2, 14), welche als Arbeitgeber versicherungspflichtige Personen nicht blos vorübergehend beschäftigen, werden bei der Bildung **der Organe der Versicherungsanstalt** den Arbeitgebern zugerechnet.

§ 90.

Die Wahl **der Vertreter der Arbeitgeber und der Versicherten** erfolgt auf fünf Jahre. **Die Gewählten bleiben nach Ablauf dieser Zeit solange im Amte, bis ihre Nachfolger das Amt angetreten haben.** Die Ausscheidenden sind wieder wählbar.

Personen, welche die Wahl ohne zulässigen Grund (§ 94) ablehnen, **ohne genügende Entschuldigung zu den Sitzungen nicht rechtzeitig sich einfinden** oder **ihren Obliegenheiten in anderer Weise sich** entziehen, können **vom Vorsitzenden des Vorstandes** mit Geldstrafe bis zu fünfhundert Mark **und, wenn es sich um Beisitzer der Rentenstellen handelt, vom Vorsitzenden der Rentenstelle mit Geldstrafe bis zu einhundertundfünfzig** Mark belegt **werden.**

Kommt eine Wahl nicht zu Stande oder verweigern die Gewählten ihre Dienstleistung, so **hat,** solange **und** soweit **dies der Fall ist, die für den Sitz des Organs zuständige untere Verwaltungsbehörde die Vertreter aus der Zahl der Arbeitgeber und der Versicherten zu ernennen.**

§ 91.

Werden hinsichtlich eines Gewählten Thatsachen bekannt, welche dessen Wählbarkeit nach Maßgabe dieses Gesetzes ausschließen oder welche sich als grobe Verletzungen der Amtspflicht darstellen, so **ist der Gewählte, nachdem ihm Gelegenheit zur Aeußerung gegeben worden ist, durch Beschluß des Vorstandes** seines **Amtes zu entheben. Gegen den Beschluß ist innerhalb eines Monats Beschwerde beim Reichs-Versicherungsamte** zulässig; **sie ist ohne aufschiebende Wirkung.**

Bisher fehlte es an einer Vorschrift über die Amtsenthebung der gewählten Vertreter der Arbeitgeber und der Versicherten für den Fall, daß nachträglich eine Voraussetzung der Wählbarkeit fortfällt oder ein bezüglicher Mangel bekannt wird, oder daß eine grobe Verletzung der Amtspflicht vorliegt. Diesen Mangel ersetzt der § 91.

§ 92. Ehrenämter.

Die den Organen der Versicherungsanstalt angehörenden Vertreter der Arbeitgeber und der Versicherten verwalten ihr Amt als Ehrenamt und erhalten nach **näherer Bestimmung des Statuts** Ersatz für baare Auslagen, die Vertreter der Versicherten außerdem **einen Pauschbetrag für Zeitverlust** oder Ersatz für **den ihnen** entgangenen Arbeitsverdienst. **Den am Orte wohnhaften Beisitzern der Rentenstellen aus dem Stande der Arbeitgeber kann unter Wegfall des Ersatzes für baare Auslagen ein Pauschbetrag für Zeitverlust durch das Statut zugebilligt werden.**

Von der im Unfallversicherungsgesetze zugelassenen Entschädigung der Vorstandsmitglieder und Schiedsgerichtsbeisitzer aus dem Arbeitgeberstande für den durch Besorgung der berufsgenossenschaftlichen Geschäfte entstehenden Zeitverlust ist bei der Invalidenversicherung abgesehen worden. Ein mäßiges Opfer an Zeit und Mühe glaubte man den Arbeitgebern für diese öffentlichen Zwecke wohl zumuthen zu können, um so mehr, als die Entschädigung für Zeitverlust hier nicht, wie bei der Unfallversicherung, ausschließlich für Rechnung der Berufsgenossen, sondern zur Hälfte für Rechnung der Arbeiter geleistet werden würde. Eine abweichende Regelung ist im § 92 nur bezüglich der Arbeitgeberbeisitzer der Rentenstellen zugelassen, soweit sie am Orte der Rentenstelle wohnen. Für diese hat der allgemein vorgesehene Ersatz für baare Auslagen naturgemäß nur beschränkte Bedeutung. Durch die umfangreichen und bedeutungsvollen Aufgaben, welche den Rentenstellen übertragen sind, kann aber die Zeit dieser Beisitzer derartig in Anspruch genommen werden, daß eine Entschädigung für Zeitverlust seitens der Versicherungsanstalt, welcher sie ihre Kräfte widmen, geboten sein kann. Andernfalls wäre zu befürchten, daß die Arbeitsfreudigkeit dieser Vertreter beeinträchtigt und die Erledigung ihrer dienstlichen Obliegenheiten hierunter leiden würde. Es rechtfertigt sich daher, für diesen Fall die Bewilligung einer Entschädigung für Zeitverlust, neben welcher dann aber der diesen Beisitzern andernfalls zustehende Ersatz ihrer baaren Auslagen in Wegfall kommt, dem Statute vorzubehalten (Mot. 299 f.).

§ 93. Haftung der Mitglieder der Organe.

Die Mitglieder der **Organe** haften der Versicherungsanstalt für getreue Geschäftsverwaltung wie Vormünder ihren Mündeln und unterliegen, wenn sie absichtlich zum Nachtheile der Versicherungsanstalt handeln, der Strafbestimmung des § 266 des Strafgesetzbuchs.

§ 94. Ablehnung der Wahlen.

Wahlen zu **Ehrenämtern** können von den Arbeitgebern der nach Maßgabe dieses Gesetzes versicherten Personen und von bevollmächtigten Betriebsleitern solcher Arbeitgeber nur aus denselben Gründen abgelehnt werden, aus welchen **gemäß § 1786**

Abs. 1 Ziffer 2 bis 4 und 8 des Bürgerlichen Gesetzbuchs das Amt eines Vormundes abgelehnt werden kann. Die Wahrnehmung **eines auf Grund des gegenwärtigen Gesetzes** oder der Unfallversicherungsgesetze **oder des Krankenversicherungsgesetzes** übertragenen Ehrenamts steht der Führung einer Vormundschaft gleich. Durch das Statut (§ 70) können **noch andere Ablehnungsgründe festgesetzt werden.**

Die Wiederwahl kann für eine Wahlperiode abgelehnt werden.

§ 1786 des Bürgerlichen Gesetzbuchs lautet:

Die Uebernahme der Vormundschaft kann ablehnen:

2. wer das 60ste Lebensjahr vollendet hat;
3. wer mehr als 4 minderjährige eheliche Kinder hat; ein von einem Anderen an Kindesstatt angenommenes Kind wird nicht gerechnet;
4. wer durch Krankheit oder durch Gebrechen verhindert ist, die Vormundschaft ordnungsmäßig zu führen;
8. wer mehr als eine Vormundschaft oder Pflegschaft führt; die Vormundschaft oder Pflegschaft über mehrere Geschwister gilt nur als eine; die Führung von zwei Gegenvormundschaften steht der Führung einer Vormundschaft gleich.

§ 95.

Solange **der Vorstand oder Ausschuß noch nicht gebildet ist,** oder solange diese Organe die Erfüllung ihrer gesetzlichen oder statutarischen Obliegenheiten verweigern, hat der Vorsitzende des Vorstandes die letzteren auf Kosten der Versicherungsanstalt wahrzunehmen oder durch Beauftragte wahrnehmen zu lassen.

§ 96. Abstimmung.

Bei Abstimmungen **der Organe** giebt im Falle der Stimmengleichheit die Stimme des Vorsitzenden den Ausschlag.

§ 97. Unbehinderte Ausübung der Funktionen.

Die Vertreter der Versicherten haben in jedem Falle, in welchem sie zur Wahrnehmung ihrer Obliegenheiten berufen werden, die Arbeitgeber hiervon in Kenntniß zu setzen. Die Nichtleistung der Arbeit während der Zeit, in welcher die bezeichneten Personen durch die Wahrnehmung jener Obliegenheiten an der Arbeit verhindert sind, berechtigt den Arbeitgeber nicht, das Arbeitsverhältniß vor dem Ablaufe der vertragsmäßigen Dauer desselben aufzuheben.

§ 98. Beamtenpersonal.

Den bei der Versicherungsanstalt und ihren Organen im Hauptamte beschäftigten Büreau-, Kanzlei- und Unterbeamten sind, soweit sie **nicht nach dem für sie geltenden**

Landesrecht als Staats- oder Kommunalbeamte anzusehen sind, nach näherer Bestimmung der Landesregierung die Rechte und Pflichten von Staats- oder Kommunalbeamten zu übertragen.

Während der Entwurf nur die facultative Uebertragung der Beamten-Eigenschaft auf das Anstaltspersonal vorsah, ist diese Uebertragung durch § 98 obligatorisch gemacht.

Die Hilfsbeamten der Versicherungsanstalten besitzen gegenwärtig, soweit sie nicht dem Beamtenpersonal des betreffenden Bundesstaats oder weiteren Kommunalverbandes entnommen sind und ihre sonstige Beamteneigenschaft beibehalten haben, die Eigenschaft der (mittelbaren) Staatsbeamten nicht. Für Preußen ist das durch Entscheidung des Oberverwaltungsgerichts vom 3. März 1893 festgestellt worden. Hierin liegt eine gewisse Unbilligkeit, weil für die Besetzung der betreffenden Stellen mit Militäranwärtern durch die Novelle zum Militärpensionsgesetze vom 22. Mai 1893 die für Kommunal- u. s. w. Beamte geltenden Grundsätze eingeführt sind, während jenen Beamten die den letzteren gesetzlich zustehenden Vorrechte (z. B. in Preußen das Kommunalsteuerprivileg) versagt sind. Eine Gleichstellung aber rechtfertigt sich schon mit Rücksicht auf die ganze Art der Thätigkeit und deren öffentlichrechtliche Bedeutung. Es kommt hinzu, daß bei vielen Versicherungsanstalten schon jetzt ein großer Theil der Büreaubeamtenstellen mit (unmittelbaren oder mittelbaren) Staatsbeamten besetzt und ein innerer Grund für die unterschiedliche Behandlung der die übrigen Stellen bekleidenden Beamten nicht anzuerkennen ist. Das Gesetz bestimmt daher, daß den in Rede stehenden Beamten, soweit sie im Hauptamte beschäftigt und nicht Staats- oder Kommunalbeamte sind, nach näherer Bestimmung der Landesregierung die Rechte und Pflichten solcher Beamten zu übertragen sind. Hierdurch wird gleichzeitig erreicht, daß diese Beamtenkategorien, soweit dies bei ihrer bisherigen Stellung nicht der Fall sein sollte, einem ordnungsmäßigen und instanziellen Disziplinarverfahren unterworfen werden dürfen, was sowohl in ihrem eigenen Interesse, wie in demjenigen der Versicherungsanstalten liegt.

Zu den Beamten der Versicherungsanstalten gehört nach den Bestimmungen der §§ 81 Abs. 5 104 Abs. 4 auch das Hülfspersonal der örtlichen Rentenstellen und der Schiedsgerichte. (Motive 501).

§ 99. Rückversicherungsverbände.

Mehrere Versicherungsanstalten können vereinbaren, die Lasten der Invalidenversicherung ganz oder zum Theil gemeinsam zu tragen.

Der § 99 sollte nach dem Entwurf gestrichen werden; der Reichstag stellte denselben aber wieder her.

7. Veränderungen.

§ 100.

Veränderungen der Bezirke der Versicherungsanstalten sind zulässig, sofern sie von dem Ausschuß einer betheiligten Versicherungsanstalt oder von der Regierung eines Bundesstaats,

dessen Gebiet die Versicherungsanstalt **ganz oder theilweise umfaßt**, beantragt und von dem Bundesrathe genehmigt werden. Vor der Beschlußfassung über die Genehmigung sind die Ausschüsse der betheiligten Versicherungsanstalten sowie die Regierungen derjenigen Bundesstaaten, deren Gebiete bei der Veränderung betheiligt sind, zu hören. Bei Versicherungsanstalten für die Bezirke weiterer Kommunalverbände sind auch die Vertretungen der letzteren befugt, Anträge auf Veränderungen zu stellen; vor der Genehmigung von Veränderungen der Bezirke solcher Versicherungsanstalten müssen die Vertretungen der betheiligten Kommunalverbände gehört werden.

Eine Zusammenlegung, Theilung oder Aufhebung bestehender Versicherungsanstalten bedarf der Zustimmung des Reichstags.

Die Veränderung des Bezirkes einer Versicherungsanstalt, welche nur die Folge einer Veränderung des Verwaltungsbezirkes ist, für welchen die Versicherungsanstalt errichtet wurde, fällt nicht unter die vorstehenden Bestimmungen.

1. Die Aenderung im Absatz 1 entspricht der Aenderung im § 65 Absatz 1.

2. Der neue Abs. 2 ist durch Beschluß des Reichstags eingefügt worden; er soll verhüten, daß insbesondere die Preußischen Anstalten ohne Zustimmung des Reichstags zu einer oder mehreren Versicherungsanstalten verschmolzen werden.

§ 101.

Scheiden örtliche Bezirke aus dem Bezirk einer Versicherungsanstalt aus, so verbleiben der letzteren in vollem Umfange das bis zum Zeitpunkte des Ausscheidens angesammelte Vermögen sowie alle **bis zu diesem Zeitpunkt entstandenen Verpflichtungen.**

Führt die Veränderung zur Auflösung der Versicherungsanstalt, so geht deren Vermögen mit allen Rechten und Pflichten, sofern **dasselbe** nicht **von den betheiligten Landesregierungen denjenigen Versicherungsanstalten, welchen die Bezirke der aufgelösten Anstalt überwiesen werden, übertragen oder** mit Genehmigung der betheiligten Landesregierungen **von** einer Versicherungsanstalt **übernommen wird**, auf den weiteren Kommunalverband beziehungsweise Bundesstaat, **bei** gemeinsamen Versicherungsanstalten antheilig **auf** die Kommunalverbände oder Bundesstaaten über, für welche die Versicherungsanstalt errichtet war.

Der Umfang, in welchem bei Auflösung einer gemein-

samen Versicherungsanstalt die Kommunalverbände oder Bundesstaaten an dem Uebergange des Vermögens zu betheiligen sind, wird, sofern darüber eine Einigung nicht zu Stande kommt, **durch den** Bundesrath, oder wenn nur Kommunalverbände eines Bundesstaats betheiligt sind, **durch die** Landes-Zentralbehörde **bestimmt.**

Der § 101 enthält im Wesentlichen nur redaktionelle Aenderungen.

§ 102.

Streitigkeiten, welche in Betreff der Vermögensauseinandersetzung zwischen den betheiligten Versicherungsanstalten entstehen, werden mangels Verständigung über eine schiedsrichterliche Entscheidung von dem Reichs-Versicherungsamt entschieden.

C. Schiedsgerichte.

§ 103.

Für den Bezirk jeder Versicherungsanstalt wird mindestens ein Schiedsgericht errichtet.

Die Zahl, **die Bezirke und die Sitze** der Schiedsgerichte werden von der Zentralbehörde des Bundesstaats, **in dessen Gebiete** die Versicherungsanstalt **ihren Sitz hat,** bestimmt. **Für gemeinsame Versicherungsanstalten wird diese Bestimmung, sofern ein Einverständniß unter den betheiligten Landesregierungen nicht erzielt wird, vom Reichskanzler getroffen.**

§ 104.

Jedes Schiedsgericht besteht aus einem ständigen Vorsitzenden und aus Beisitzern.

Der Vorsitzende wird aus der Zahl der öffentlichen Beamten von der Zentralbehörde des Bundesstaats, in welchem der Sitz des Schiedsgerichts belegen ist, ernannt. Für **den** Vorsitzenden ist in gleicher Weise **mindestens** ein Stellvertreter zu ernennen.

Die Beisitzer werden in der durch das Statut bestimmten Zahl von dem Ausschusse der Versicherungsanstalt, und zwar zu gleichen Theilen in getrennter Wahlhandlung von den Arbeitgebern und den Versicherten, nach einfacher Stimmenmehrheit gewählt.

Die Hülfsbeamten des Schiedsgerichts sind Beamte der Versicherungsanstalt; ihre Bestellung erfolgt durch den Vorstand der Versicherungsanstalt nach Anhörung des Vorsitzenden des Schiedsgerichts.

Die Bestimmungen im § 62 Abs. 3, § 64 Abs. 5,

§ 83 Abs. 1, 3, §§ 87 bis 92 Satz 1, §§ 94, 97, 98 finden mit folgenden Maßgaben entsprechende Anwendung:

1. **die Mitglieder des Schiedsgerichts dürfen nicht Mitglieder des Vorstandes, Vertreter der Arbeitgeber und der Versicherten bei einer unteren Verwaltungsbehörde oder Beisitzer einer Rentenstelle sein;**
2. **die Enthebung eines gewählten Beisitzers erfolgt durch den Vorsitzenden des Schiedsgerichts, vorbehaltlich der Beschwerde an die höhere Verwaltungsbehörde;**
3. **die Auferlegung der Kosten gemäß § 64 Abs. 5 erfolgt durch den Vorsitzenden des Schiedsgerichts.**

1. Die Einschaltung des Wortes „mindestens" im Abs. 2 soll die Bestellung mehrerer Stellvertreter, die schon auf Grund der bisherigen Fassung erfolgt ist, ausdrücklich gesetzlich sanktioniren.

2. Die beim Schiedsgericht beschäftigten Beamten waren bislang meistens Privat-Angestellte des Schiedsgerichts-Vorsitzenden. Die hieraus sich ergebenden Uebelstände sollen durch die neue Bestimmung des Abs. 4, wonach diese Beamten in Zukunft Beamte der Versicherungsanstalt sind, beseitigt werden. Auf diese Beamten findet insbesondere auch die Bestimmung des § 98 Anwendung.

§ 105.

Name und Wohnort des Vorsitzenden und seiner Stellvertreter sind **im Bezirke des Schiedsgerichts** von der Landes-Zentralbehörde **amtlich zu veröffentlichen und dem Reichs-Versicherungsamte mitzutheilen.**

§ 106.

Der Vorsitzende beruft das Schiedsgericht und leitet die Verhandlungen desselben.

Das Schiedsgericht ist befugt, Zeugen und Sachverständige zu vernehmen **und ihre Aussagen** eidlich **erhärten zu lassen.**

Das Schiedsgericht entscheidet in der Besetzung von **fünf** Mitgliedern, unter denen sich **je zwei** Arbeitgeber und **zwei** Versicherte befinden müssen.

Die Entscheidungen des Schiedsgerichts erfolgen nach Stimmenmehrheit **und sollen spätestens innerhalb drei Wochen nach ihrer Verkündung den Parteien zugestellt werden.**

Die Zuziehung der Beisitzer erfolgt in der Regel nach einer im voraus aufgestellten Reihenfolge. Die Bestimmung des § 83 Abs. 2 findet Anwendung. Will der Vorsitzende aus besonderen Gründen von der Reihenfolge abweichen, so sind diese aktenkundig zu machen.

Im Uebrigen wird das Verfahren vor dem Schiedsgerichte

durch Kaiserliche Verordnung mit Zustimmung des Bundesraths geregelt.

1. Die Abänderung im Abs. 2 hat nur redaktionelle Bedeutung.

2. Die Erhöhung der Besetzungsziffer von 3 auf 5 beruht darauf, daß die zur Entscheidung in erster Instanz eventuell berufenen Rentenstellen in der Besetzung von 3 Mitgliedern entscheiden und es wünschenswerth ist, daß die höhere Instanz stärker besetzt ist.

3. Der Zusatz im Abs. 4 soll den vielfach beobachteten Verzögerungen in der Abfertigung des Schiedsgerichts-Urtheils und der Zustellung an die Parteien entgegentreten. Die Vorstände der Versicherungsanstalten werden die Beobachtung der neuen Vorschrift zu kontroliren haben und im Falle des Zuwiderhandelns Beschwerde bei der Landes-Zentralbehörde führen können.

4. Gemäß § 83 Abs. 2 wird über die Reihenfolge, in der die Beisitzer zuzuziehen sind, durch das Statut Bestimmung zu treffen sein.

§ 107.

Die Kosten des Schiedsgerichts **einschließlich der Bezüge der Beisitzer und der Hülfsbeamten** sowie die Kosten des Verfahrens vor demselben trägt die Versicherungsanstalt.

Dem Vorsitzenden des Schiedsgerichts und dessen Stellvertretern darf eine Vergütung von der Versicherungsanstalt nicht gewährt werden.

Ueber die Beschaffung der Geschäftsräume und Geschäftsbedürfnisse des Schiedsgerichts wird vom Vorsitzenden im Einvernehmen mit dem Vorstande der Versicherungsanstalt Bestimmung getroffen. Bei Meinungsverschiedenheit entscheidet die Landes-Zentralbehörde des Bundesstaats, in welchem der Sitz des Schiedsgerichts belegen ist.

Zu den „Geschäftsbedürfnissen“ gehören nicht die Gehälter der Beamten; über diese hat vielmehr lediglich die Versicherungsanstalt Bestimmung zu treffen (vgl. § 104 Abs. 4).

D. Reichs-Versicherungsamt und Landes-Versicherungsämter.

§ 108. Reichs-Versicherungsamt.

Die Versicherungsanstalten unterliegen der Beaufsichtigung durch das Reichs-Versicherungsamt. Das Aufsichtsrecht des letzteren erstreckt sich auf die Beobachtung der gesetzlichen und statutarischen Vorschriften.

Alle Entscheidungen des Reichs-Versicherungsamts sind endgültig, soweit in diesem Gesetze nicht ein Anderes bestimmt ist.

Das Reichs-Versicherungsamt ist befugt, jederzeit eine Prüfung der Geschäftsführung der Versicherungsanstalten vorzunehmen. Die Mitglieder der Vorstände und sonstigen Organe der Versicherungsanstalten sind auf Erfordern des Reichs-Versicherungsamts verpflichtet, ihre Bücher, Beläge, Werthpapiere und Geldbestände sowie ihre auf den Inhalt der Bücher und die Festsetzung der Renten 2c. bezüglichen Schriftstücke **vorzulegen und die sonstigen Mittheilungen zu machen, die zur Ausübung des Aufsichtsrechts als erforderlich erachtet werden.** Das Reichs-Versicherungsamt kann dieselben hierzu sowie zur Befolgung der gesetzlichen und statutarischen Vorschriften durch Geldstrafen bis zu eintausend Mark anhalten.

Das Aufsichtsrecht des Reichs-Versicherungsamts erstreckt sich lediglich auf die Befolgung der gesetzlichen und statutarischen Vorschriften. Eine Erweiterung dieses Aufsichtsrechts hat nicht stattgefunden und die Motive (S. 306) bemerken ausdrücklich, daß für eine solche Erweiterung, wie sie in dem Entwurfe von 1897 vorgesehen war, gegenwärtig kein hinreichendes Bedürfniß mehr besteht. Als selbstverständliche Befugniß der Aufsichtsbehörde ist es nach den Motiven (S. 307) anzusehen, daß sie durch Vertreter mit berathender Stimme an allen Sitzungen der Vorstände und Ausschüsse Theil nehmen kann, daß ferner diese Vertreter jederzeit gehört werden müssen und berechtigt sind, Anträge zu stellen. Endlich bedarf es schon nach dem jetzigen Wortlaute des letzten Satzes im Abs. 3 keiner besonderen Bestimmung, um klarzustellen, daß dem Reichs-Versicherungsamt die Befugniß zusteht, die Mitglieder der Vorstände und sonstigen Organe der Versicherungsanstalten durch Geldstrafen auch zur Unterlassung von Handlungen und zur Nichtausführung von Beschlüssen anzuhalten, die den gesetzlichen und statutarischen Vorschriften zuwiderlaufen.

§ 109.

Das Reichs-Versicherungsamt entscheidet, unbeschadet der Rechte Dritter, über Streitigkeiten, welche sich auf die Rechte und Pflichten der Organe der Versicherungsanstalten sowie der Mitglieder dieser Organe, auf die Auslegung der Statuten und auf die Gültigkeit der vollzogenen Wahlen, soweit über letztere nicht nach § 63 Abs. 3, § 77 Abs. 3 und § 82 Abs. 2 zu befinden ist, beziehen.

Auf die dienstlichen Verhältnisse der auf Grund des § 74 Abs. 1 bestellten **und der im § 81 Abs. 2 bezeichneten** Beamten findet diese Vorschrift keine Anwendung.

§ 110.

Die Entscheidungen des Reichs-Versicherungsamts erfolgen in der Besetzung von mindestens **vier** Mitgliedern **einschließlich des Vorsitzenden,** unter welchen sich je ein Vertreter der Arbeitgeber und der Versicherten befinden muß, und unter Zuziehung eines richterlichen Beamten, wenn es sich handelt:

1. **um die Entscheidung über eine Anfechtung von Beschlüssen der Organe der Versicherungsanstalten** (§ 75),
2. um die Entscheidung vermögensrechtlicher Streitigkeiten bei

Veränderungen des Bestandes der Versicherungsanstalten (§ 102),

3. **um Ersatzansprüche gegen Berufsgenossenschaften (§ 23 Abs. 3, §§ 113, 128 Abs. 3),**
4. um die Entscheidung auf Revisionen gegen die Entscheidungen der Schiedsgerichte (§ 116).

Beschlüsse, durch welche Revisionen ohne mündliche Verhandlung zurückgewiesen werden (§ 117 Abs. 2), erfolgen in der Besetzung von drei Mitgliedern, unter denen sich je ein Vertreter der Arbeitgeber und der Versicherten befinden muß.

Als Vertreter der Arbeitgeber und der Versicherten gelten auch für den Bereich dieses Gesetzes die auf Grund der Unfallversicherungsgesetze zu nichtständigen Mitgliedern des Reichs-Versicherungsamts gewählten Vertreter der Betriebsunternehmer und der Arbeiter, ohne Beschränkung auf die Angelegenheiten ihres besonderen Berufszweigs. **Die Enthebung eines Vertreters der Arbeitgeber oder der Versicherten (§ 91) erfolgt durch das Reichs-Versicherungsamt.**

Im Uebrigen werden die Formen des Verfahrens und der Geschäftsgang des Reichs-Versicherungsamts durch Kaiserliche Verordnung unter Zustimmung des Bundesraths geregelt.

1. Die Besetzung des Reichs-Versicherungsamts mit 5 Mitgliedern in den Fällen des Abs. 1 ist beibehalten; nur ist die bisherige Bestimmung, daß neben den richterlichen Mitgliedern zwei ständige und zwei nichtständige Mitglieder mitwirken müssen, fallen gelassen, so daß neben dem ständigen Mitgliede als Vorsitzendem, den beiden nicht ständigen Mitgliedern als Vertreter der Arbeitgeber und der Versicherten und dem richterlichen Beamten, als fünftes Mitglied entweder ein zweites ständiges Mitglied oder eines der vom Bundesrath gewählten nicht ständigen Mitglieder zugezogen werden kann.

2. Die neue Bestimmung des Abs. 2 ist im Interesse der geschäftlichen Erleichterung des Reichs-Versicherungsamts getroffen; es bedarf für solche in der Regel einfache und zweifellose Fälle nicht des unverhältnißmäßig großen Apparats einer vollbesetzten Spruchkammer.

§ 111. Landes-Versicherungsämter.

Sofern für das Gebiet eines Bundesstaats ein Landes-Versicherungsamt errichtet ist (§ 92 des Unfallversicherungsgesetzes, § 100 des Gesetzes vom 5. Mai 1886, Reichs-Gesetzbl. S. 132) unterliegen diejenigen Versicherungsanstalten, welche sich über das Gebiet dieses Bundesstaats nicht hinaus erstrecken, der Beaufsichtigung **durch das** Landes-Versicherungsamt. Auf die

Landes-Versicherungsämter finden die Vorschriften der §§ 108 bis 110 entsprechende Anwendung.

In den Angelegenheiten der den Landes-Versicherungsämtern unterstellten Versicherungsanstalten gehen die in den §§ 72, 91, 102, 127, 140, 156, 161, 178 **und, sofern auch die in Anspruch genommene Berufsgenossenschaft der Aufsicht desselben Landes-Versicherungsamts unterstellt ist, die im § 23 Abs. 3, § 113 Abs. 6 und § 128 Abs. 3** dem Reichs-Versicherungsamt übertragenen Zuständigkeiten auf das Landes-Versicherungsamt über.

Die Formen des Verfahrens und der Geschäftsgang bei dem Landes-Versicherungsamte werden durch die Landesregierung geregelt.

III. Verfahren.

§ 112. Feststellung der Rente.

Der Anspruch auf Bewilligung einer Rente ist **unter Einreichung der zur** Begründung dienenden Beweisstücke, **insbesondere der letzten** Quittungskarte **(§ 131)** bei der für den **Wohnort oder Beschäftigungsort des Versicherten und, wenn er einen solchen im Inlande nicht mehr hat, bei der für seinen letzten Wohnort oder Beschäftigungsort** zuständigen unteren Verwaltungsbehörde **oder Rentenstelle** anzumelden. **Die Landes-Zentralbehörde ist befugt, anzuordnen, daß die Anmeldung bei einer anderen Behörde rechtswirksam erfolgen darf; letztere hat die Anmeldung an die für ihren Bezirk zuständige untere Verwaltungsbehörde oder Rentenstelle weiterzugeben.**

Die untere Verwaltungsbehörde **oder Rentenstelle** hat **die zur Klarstellung des Sachverhalts erforderlichen Erhebungen anzustellen** und die Verhandlungen mit ihrer gutachtlichen Aeußerung (§§ 57 bis 59, 79, 84 Abs. 1) dem Vorstande **der für ihren Bezirk zuständigen** Versicherungsanstalt zu übersenden.

Glaubt der Vorstand dem für die Gewährung einer Rente abgegebenen Gutachten der unteren Verwaltungsbehörde oder der Rentenstelle nicht entsprechen zu können, so ist die Sache, soweit es sich um die Frage der Versicherungspflicht (§§ 1 bis 7) oder des Versicherungsrechts (§ 14) oder um das Maß der Erwerbsfähigkeit des Rentenbewerbers (§§ 5, 15, 16) handelt, an die untere Verwaltungsbehörde oder die Rentenstelle zur Anhörung der

Beisitzer (§ 59 Abs. 1) zurückzugeben, falls letztere noch nicht gehört sind.

Wird der angemeldete Anspruch anerkannt, so ist die Höhe **und der Beginn** der Rente sofort festzustellen. Dem Empfangsberechtigten ist sodann ein schriftlicher Bescheid zu ertheilen, aus welchem die Art der Berechnung zu ersehen ist.

Wird der angemeldete Anspruch nicht anerkannt, so ist derselbe durch schriftlichen, mit Gründen **zu versehenden** Bescheid abzulehnen.

1. Die Anmeldung des Rentenanspruchs kann nach der Abänderung im Abs. 1 bei der für den Wohnort oder für den Beschäftigungsort zuständigen unteren Verwaltungsbehörde erfolgen. Ist für den betreffenden Bezirk eine Rentenstelle eingerichtet, so tritt diese Rentenstelle an die Stelle der unteren Verwaltungsbehörde (vgl. § 79).

Die Landes-Zentralbehörde kann anordnen, daß die Anmeldung bei einer anderen Behörde, welche dem Rentenbewerber räumlich noch näher liegt, als die untere Verwaltungsbehörde oder die Rentenstelle, erfolgen kann.

2. Die Einrichtung der Vertrauensmänner ist weggefallen, ihre Anhörung durch die untere Verwaltungsbehörde erfolgt demnach nicht mehr; ebenso unterbleibt die Anhörung der Krankenkassen. Der unteren Verwaltungsbehörde bleibt es vollständig überlassen, welche Mittel sie zur Klarstellung des Sachverhalts ergreifen will. Hierdurch wird das bisherige zeitraubende und umständliche Feststellungsverfahren wesentlich vereinfacht und beschleunigt.

3. Nach den bisherigen Bestimmungen war zur Entscheidung über den Rentenanspruch diejenige Versicherungsanstalt zuständig, an welche ausweislich der Quittungskarte zuletzt Beiträge entrichtet worden waren. Wenn nun der Versicherte nach Leistung des letzten Beitrages seinen Wohnsitz in den Bezirk einer anderen Versicherungsanstalt verlegte, so entschied gleichwohl die erstere Versicherungsanstalt, mochte sie auch noch so entfernt von dem Wohnsitz des Rentenbewerbers sein. Zur Vermeidung dieser und anderer durch die bisherigen Bestimmungen enstandenen Unzuträglichkeiten bestimmt der Abs. 2, daß zur Entscheidung diejenige Versicherungsanstalt berufen ist, welche für den Bezirk der unteren Verwaltungsbehörde bezw. der Rentenstelle, bei welcher die Anmeldung des Anspruchs erfolgt ist, zuständig ist.

4. Gemäß § 59 soll der Rentenantrag unter Zuziehung je eines Vertreters der Arbeitgeber und der Versicherten erörtert werden, falls die untere Verwaltungsbehörde der Ansicht ist, daß das Gutachten gegen die Gewährung der Rente abzugeben ist. Hat nun die untere Verwaltungsbehörde den Rentenantrag befürwortet und glaubt der Vorstand der Versicherungsanstalt gleichwohl zu einer Ablehnung des Rentenantrages kommen zu sollen, so hat er den Rentenantrag vor der Entscheidung nochmals an die untere Verwaltungsbehörde oder die Rentenstelle zurückzugeben, damit die Vertreter der Arbeitgeber und Versicherten gehört werden. Diese Zurückverweisung erfolgt jedoch nur soweit als es sich handelt

a) um die Frage der Versicherungspflicht oder des Versicherungsrechts,
b) oder um das Maß der Erwerbsfähigkeit des Rentenbewerbers.

Handelt es sich um andere Fragen z. B. anrechnungsfähige Krankheitszeiten oder Versagung der Rente auf Grund des § 22, so findet eine Zurückverweisung nicht statt.

Die Zurückweisung findet auch dann nicht statt, falls die Vertreter der Arbeitgeber und Versicherten schon vor Abgabe des ersten Gutachtens der unteren Verwaltungsbehörde gehört worden sind.

5. Die bisherige Zustellung des Bescheides an den Staatskommissar findet nicht mehr statt, da die Einrichtung des Staatskommissars in Wegfall gekommen ist.

§ 113.

Die Annahme, daß die Erwerbsunfähigkeit durch einen nach den Unfallversicherungsgesetzen zu entschädigenden Unfall verursacht ist, begründet nicht die Ablehnung des Anspruchs auf Invalidenrente. Es ist vielmehr, sofern im Uebrigen **die Voraussetzungen, unter denen eine Invalidenrente bewilligt werden darf, vorliegen,** diese Rente festzustellen.

Ist sodann die Invalidenrente für einen Zeitraum gezahlt, für welchen dem Empfänger ein Anspruch auf Unfallrente zusteht, so geht dieser Anspruch insoweit auf die Versicherungsanstalt über, als die gewährte Invalidenrente die zu gewährende Unfallrente nicht übersteigt.

Die Versicherungsanstalten sind berechtigt, an Stelle des **Verletzten** die Feststellung **der Unfallrente, soweit diese noch nicht erfolgt ist, zu beantragen und nöthigenfalls das durch die** Unfallversicherungsgesetze vorgeschriebene Verfahren **durchzuführen, auch an Stelle des Verletzten Rechtsmittel einzulegen und zwar ohne Rücksicht auf Fristen, welche ohne ihr Verschulden verstrichen sind.**

Die Versicherungsanstalten sind auch dann berechtigt, nach Abs. 3 die Feststellung von Unfallrenten herbeizuführen, wenn als Folge hiervon ein völliges oder theilweises Ruhen der Invaliden- oder Altersrente **eintreten würde.**

War in den Fällen des Abs. 1 von der Versicherungsanstalt ein Heilverfahren eingeleitet, so finden die Bestimmungen des § 21 entsprechende Anwendung.

Streitigkeiten **aus Anlaß** des Ersatzanspruchs (Abs. 2, 5) werden **durch das Reichs-Versicherungsamt** entschieden.

1. Die veränderte Fassung im Abs. 2 ist nicht sehr glücklich gewählt; sie entspringt einem in dritter Lesung gestellten Antrage und soll zum Ausdruck bringen, daß der Anspruch auf Unfallrente „bis zur

Höhe der Invalidenrente" — so lautete auch die Bestimmung im Gesetzentwurf — auf die Versicherungsanstalt übergeht.

2. Im Abs. 3 wird festgelegt, daß die Versicherungsanstalt kraft eigenen Rechts (Motive S. 310) als Partei auftritt und daß sie daher gegen unverschuldete Fristversäumnisse geschützt werden muß.

3. Der neue Abs. 4 ist um deswillen erforderlich, weil die Versicherungsanstalten wegen der Vorschriften über das Ruhen der Renten (§ 48 Ziffer 1) auch in anderen Fällen ein Interesse daran haben können, die Feststellung von Unfallrenten zu betreiben. Dies ist nämlich dann der Fall, wenn zwar die Erwerbsunfähigkeit, wegen deren die Invalidenrente festgestellt wird, nicht selbst durch einen Betriebsunfall herbeigeführt ist, aber der Empfänger einer Invalidenrente schon vorher einen seine Erwerbsfähigkeit beschränkenden Unfall erlitten hat oder nach Feststellung der Invaliden- oder Altersrente einen solchen Unfall erleidet. Denn auch in diesen Fällen steht dem Rentenempfänger eine Unfallrente zu, welche auf die Invaliden- oder Altersrente zu verrechnen ist (§ 48 Ziffer 1). Es erscheint erforderlich, den Versicherungsanstalten auch hier die Befugniß einzuräumen, nach Abs. 3 die Feststellung der Unfallrente herbeizuführen. Erstattungsansprüche der Versicherungsanstalten gegen die Berufsgenossenschaften kommen hier nicht in Frage (Motive 310).

4. Durch Abs. 6 ist die Entscheidung von Streitigkeiten dem ordentlichen Richter entzogen und dem Reichs-Versicherungsamt übertragen.

§ 114.

Gegen den Bescheid, durch welchen der Anspruch **auf Invaliden- oder Altersrente abgewiesen wird,** sowie gegen den Bescheid, durch welchen die Höhe **und der Beginn** der Rente festgestellt wird, **steht dem Rentenbewerber** die Berufung auf schiedsgerichtliche Entscheidung **zu.** Die Berufung hat keine aufschiebende Wirkung.

Zur Entscheidung über die Berufung ist dasjenige Schiedsgericht berufen, das für den Bezirk der unteren Verwaltungsbehörde oder Rentenstelle zuständig ist. Die Berufung ist bei Vermeidung des Ausschlusses **innerhalb eines Monats** nach der Zustellung des Bescheids bei **diesem** Schiedsgericht einzulegen.

Die Frist gilt auch dann als gewahrt, wenn innerhalb derselben die Berufung des Rentenbewerbers bei einer anderen Behörde eingegangen ist; letztere hat die Berufungsschrift ungesäumt an das zuständige Schiedsgericht abzugeben.

Der Bescheid muß die Bezeichnung der Berufungsfrist und des für die Berufung zuständigen Schiedsgerichts enthalten.

Eine Ausfertigung der Entscheidung des Schiedsgerichts

ist dem Rentenbewerber sowie dem Vorstande der Versicherungs**anstalt zuzustellen.**

1. Nach Abs. 2 ist nunmehr dasjenige Schiedsgericht zur Entscheidung berufen, das für den Bezirk der unteren Verwaltungsbehörde oder Rentenstelle, bei welcher gemäß § 112 der Rentenantrag gestellt war, zuständig ist. Dadurch wird erreicht, daß der Rentenbewerber auch zu dem entscheidenden Schiedsgericht in eine nähere räumliche Beziehung tritt.

2. An die Stelle der bisherigen Frist von 4 Wochen tritt die Frist von einem Monat.

3. Die Berufung ist nicht wie bisher, bei dem Vorsitzenden des Schiedsgerichts, sondern bei dem Schiedsgericht einzulegen.

4. Der Abs. 3 bewahrt den Versicherten vor Versäumung der Frist, wenn z. B. die Berufung, wie dies vielfach geschieht, beim Vorstande der Versicherungsanstalt eingelegt wird.

§ 115.

Das Schiedsgericht hat, wenn es den Anspruch auf Rente für begründet erachtet, zugleich die Höhe und den Beginn der Rente festzustellen. Hat das Schiedsgericht **in besonderen Ausnahmefällen, welche das Reichs-Versicherungsamt näher bestimmen darf,** den Anspruch auf Rente **nur dem Grunde nach** anerkannt und nicht gleichzeitig über die Höhe **und den Beginn** der Rente entschieden, so hat der Vorstand der Versicherungsanstalt in denjenigen Fällen, in welchen das Rechtsmittel der Revision eingelegt wird, **vorläufige Rentenbeträge** unverzüglich **zu bewilligen.** Gegen die vorläufige **Bewilligung von Rentenbeträgen** findet ein Rechtsmittel nicht statt. **Sobald der Anspruch auf Rente rechtskräftig feststeht, hat der Vorstand deren Höhe und Beginn, sofern dies nicht bereits früher geschehen ist, festzustellen (§ 112). Die vorläufig gezahlten Beträge werden auf die endgültig angewiesene Rente angerechnet.**

Das Schiedsgericht ist nunmehr in der Regel verpflichtet, falls es den Anspruch auf Rente für begründet erachtet, die Rente nicht nur dem Grunde nach, sondern auch bezüglich der Höhe und des Beginns festzustellen. Nur in Ausnahmefällen, welche das Reichsversicherungsamt bestimmt, kann das Schiedsgericht die Rente nur dem Grunde nach feststellen. Wird in diesen Fällen Revision eingelegt, so hat der Vorstand „vorläufige Rentenbeträge“ unverzüglich zu bewilligen. Es handelt sich hier nicht, wie bisher, um eine vorläufige Feststellung der Rente, sondern um die Bewilligung vorläufiger Beträge, deren angemessene Höhe festzustellen ganz dem Vorstande überlassen bleibt und die auf die später endgültig angewiesene Rente angerechnet werden.

§ 116.

Gegen die Entscheidung des Schiedsgerichts steht beiden Theilen das Rechtsmittel der Revision zu. Die Revision des

Vorstandes hat aufschiebende Wirkung **insoweit, als es sich um Beträge handelt, die für die Zeit vor dem Erlasse der angefochtenen Entscheidung nachträglich gezahlt werden sollen. Im Uebrigen** hat die Revision keine aufschiebende Wirkung.

Ueber die Revision entscheidet das Reichs-Versicherungsamt. Das Rechtsmittel ist bei demselben **zur Vermeidung des Ausschlusses innerhalb eines Monats** nach der Zustellung der Entscheidung des Schiedsgerichts einzulegen; **die Bestimmung des § 114 Abs. 3 findet entsprechende Anwendung.**

Die Revision kann nur darauf gestützt werden:

1. daß die angefochtene Entscheidung auf der Nichtanwendung oder auf der unrichtigen Anwendung des bestehenden Rechtes oder auf einem Verstoße wider den klaren Inhalt der Akten beruhe;
2. daß das Verfahren an wesentlichen Mängeln leide.

Im Gegensatz zu den bisherigen Bestimmungen, wonach die Revision keine aufschiebende Wirkung hatte, ist jetzt der Revision eine partielle aufschiebende Wirkung beigelegt. Die laufenden Rentenbeträge vom Erlasse der angefochtenen Entscheidung an sollen gezahlt werden, dagegen nicht die bis zum Erlasse der angefochtenen Entscheidung angesammelten Beträge. Die Aenderung beruht auf der Erwägung, daß, falls der Rentenanspruch in Folge der Revision für unbegründet erklärt wird, die Rückforderung der gezahlten Rentenbeträge nicht an der Leistungsunfähigkeit des Empfängers scheitern solle; die hierdurch für die Versicherungsanstalt entstehenden Verluste sollen auf ein thunlichst geringes Maß beschränkt werden.

§ 117.

Bei Einlegung der Revision ist anzugeben, worin die Nichtanwendung oder die unrichtige Anwendung des bestehenden Rechtes oder der Verstoß wider den klaren Inhalt der Akten oder worin die behaupteten Mängel des Verfahrens gefunden werden. Das Reichs-Versicherungsamt ist bei seiner Entscheidung an diejenigen Gründe nicht gebunden, welche zur Rechtfertigung der gestellten Anträge geltend gemacht worden sind.

Fehlt die Angabe solcher Gründe oder ergiebt sich aus der Prüfung der Anträge, daß die angegriffene Entscheidung nicht auf der Nichtanwendung oder unrichtigen Anwendung des bestehenden Rechtes beruht sowie daß das Verfahren nicht an wesentlichen Mängeln leidet und daß ein Verstoß wider den klaren Inhalt der Akten nicht vorliegt, oder ist die Revision verspätet eingelegt, so kann das Reichs-Versicherungsamt das Rechtsmittel ohne mündliche Verhandlung zurückweisen. Anderenfalls hat das Reichs-Versicherungsamt nach mündlicher Verhandlung zu entscheiden.

Wird das angefochtene Urtheil aufgehoben, so kann das Reichs-Versicherungsamt zugleich in der Sache selbst entscheiden **oder** dieselbe an das Schiedsgericht oder an den Vorstand zurückverweisen. **Dabei kann das Reichs-Versicherungsamt bestimmen, daß dem Rentenbewerber eine ihrem Betrage nach bestimmte Rente vorläufig zu zahlen ist.** Im Falle der Zurückverweisung ist die rechtliche Beurtheilung, auf welche das Reichs-Versicherungsamt die Aufhebung gestützt hat, **den weiteren** Entscheidungen **oder Bescheiden** zu Grunde zu legen.

Die Abänderung im Abs. 3 soll ermöglichen, daß, falls das Reichs-Versicherungsamt zwar noch nicht entgültig entscheiden kann aber die Sache für den Rentenbewerber günstig beurtheilt, der Rentenbewerber so schnell wie möglich in den Besitz von Rentenbeträgen gelangt.

§ 118.

Die Versicherungsanstalten sind befugt, von der Rückforderung der gemäß §§ 115 bis 117 vor rechtskräftiger Entscheidung gezahlten Rentenbeträge abzusehen.

Von der Rückforderung haben die Versicherungsanstalten auch unter der Herrschaft des bisherigen Gesetzes vielfach abgesehen, theils um das Gehässige einer derartigen Maßregel zu vermeiden, theils um unnöthige Kosten bei der Wiedereinziehung zu ersparen; dieser Uebung soll nunmehr die gesetzliche Grundlage gegeben werden.

§ 119.

Auf die Anfechtung der rechtskräftigen Entscheidung über einen **Anspruch** auf Rente finden die Vorschriften der Civil**prozeßordnung** über die Wiederaufnahme des Verfahrens ent**sprechende** Anwendung, soweit nicht durch Kaiserliche Verordnung mit Zustimmung des Bundesraths ein Anderes bestimmt wird.

§ 120.

Die Wiederholung eines Antrags auf Bewilligung einer Invalidenrente, **welcher wegen des Fehlens dauernder Erwerbsunfähigkeit** endgültig abgelehnt **worden war,** ist vor Ablauf eines Jahres seit der Zustellung der endgültigen Entscheidung nur dann zulässig, wenn glaubhaft bescheinigt wird, daß inzwischen Umstände eingetreten sind, aus denen sich das Vorhandensein der dauernden Erwerbsunfähigkeit des Antragstellers ergiebt. Sofern eine solche Bescheinigung nicht beigebracht wird, hat die untere Verwaltungsbehörde **oder Rentenstelle** den vorzeitig wiederholten Antrag **durch Verfügung, gegen welche ein Rechtsmittel nicht stattfindet,** zurückzuweisen.

1. Die Abänderungen im § 120 sollen klar stellen, daß seine Bestimmungen nur dann Anwendung finden, wenn der Antrag auf Invalidenrente wegen Fehlens der d a u e r n d e n Erwerbsunfähig-

keit abgelehnt war. Der § 120 findet also keine Anwendung, wenn der Rentenantrag aus anderen Gründen abgewiesen wurde. Erfolgte die Abweisung, weil der Kläger zwar erwerbsunfähig aber noch nicht dauernd erwerbsunfähig war, so kann die Rente aus § 16 auch dann beantragt werden, wenn die Erwerbsunfähigkeit die Dauer von 26 Wochen erreicht hat.

2. Die Abweisung des vorzeitig wiederholten Antrages soll durch formlose Verfügung, gegen welche ein Rechtsmittel nicht zulässig ist, erfolgen.

§ 121.

Ueber die Entziehung der Rente (§ 47) **sowie die Einstellung von Rentenzahlungen (§ 48) erläßt der Vorstand schriftlichen mit Gründen zu versehenden Bescheid.**

Vor der Entscheidung ist die für den Wohnort des Rentenempfängers zuständige untere Verwaltungsbehörde oder Rentenstelle gutachtlich zu hören (§§ 57 bis 59, 79, 84 Abs. 1).

Der § 112 Abs. 3 und die §§ 114, 116 bis 119 finden im Uebrigen entsprechende Anwendung.

Die Abänderungen im Abs. 1 stellen nur den bisher bestandenen Rechtszustand klarer.

§ 122.

Der unteren Verwaltungsbehörde oder Rentenstelle ist von allen auf ihre Begutachtung hin vom Vorstande getroffenen Entscheidungen Kenntniß zu geben. Sofern Rentenstellen errichtet sind, hat der Vorstand außerdem der für den Wohnort des Rentenempfängers zuständigen unteren Verwaltungsbehörde über die dem **Berechtigten** zustehenden Bezüge Mittheilung zu machen. **Das Gleiche gilt beim Eintritte von Veränderungen.**

§ 123. Auszahlung der Renten.

Die Auszahlung der Renten wird auf Anweisung des Vorstandes der **nach § 112 Abs. 2 zuständigen** Versicherungsanstalt vorschußweise durch die Postverwaltungen, und zwar in der Regel durch diejenige Postanstalt bewirkt, in deren Bezirke der Empfangsberechtigte zur Zeit des Antrags auf Bewilligung der Rente seinen Wohnsitz hatte. **Der Vorstand der Versicherungsanstalt hat dem Berechtigten die mit der Zahlung der Rente beauftragte Postanstalt zu bezeichnen.**

Verlegt der Empfangsberechtigte seinen Wohnsitz, so hat auf seinen Antrag der Vorstand der Versicherungsanstalt, welcher die Rente angewiesen hatte, die letztere an die Postanstalt des neuen Wohnorts zur Auszahlung zu überweisen.

Die Zentral-Postbehörden sind berechtigt, von jeder Versicherungsanstalt einen Betriebsfonds einzuziehen. Derselbe ist in vierteljährlichen **oder monatlichen** Theilzahlungen an die **den** Versicherungsanstalten von der Zentral-Postbehörde zu bezeichnenden Kassen abzuführen und darf die für die Versicherungsanstalt im **laufenden** Rechnungsjahre **voraussichtlich auszuzahlenden** Beträge nicht übersteigen.

1. Die Ausstellung eines besonderen formellen Berechtigungsausweises ist fortgefallen.

2. Die Zentral-Postbehörden können nunmehr den Betriebsfonds schon in monatlichen Theilzahlungen einziehen; auch wird die Höhe des Betriebsfonds nicht, wie bisher, nach den vorgeschossenen Beträgen im abgelaufenen Jahr, sondern nach den im laufenden Rechnungsjahr voraussichtlich zu zahlenden Beträgen berechnet. Hierdurch wird der Betriebsfonds erhöht. Die Berechnung der Höhe des Betriebsfonds ist der Rechnungsstelle übertragen (§ 124 Ziffer 2).

§ 124. Rechnungsstelle.

Die Rechnungsstelle des Reichs-Versicherungsamts hat alle bei dem **letzteren** nach Maßgabe dieses Gesetzes vorkommenden rechnerischen **und versicherungstechnischen** Arbeiten auszuführen. Insbesondere liegt derselben ob:

1. die Vertheilung der Renten (§§ 125, 174);
2. **die Abrechnung mit den Postverwaltungen (§§ 126 ff.) und die Berechnung des diesen von jeder Versicherungsanstalt vorzuschießenden Betriebsfonds** (§ 123);
3. **die** Mitwirkung bei den im Vollzuge des Gesetzes herzustellenden statistischen Arbeiten;
4. **die Mitwirkung bei Festsetzung der Versicherungsbeiträge** (§ 32).

Das Reichs-Versicherungsamt bestimmt, welche Mittheilungen der Rechnungsstelle zu diesen Zwecken von den Versicherungsanstalten zu machen sind.

1. An Stelle der Bezeichnung „Rechnungsbüreau" ist die Bezeichnung „Rechnungsstelle" getreten.

2. Gemäß § 32 werden die Beiträge nunmehr durch den Bundesrath festgesetzt; aus diesem Grunde werden der Rechnungsstelle die Vorarbeiten für diese Festsetzung übertragen.

3. Bei dem neuen Vertheilungsverfahren wird es, wie die Motive (S. 317) ausführen, voraussichtlich nicht mehr erforderlich sein, daß der Rechnungsstelle über jede einzelne ihrer Höhe nach feststehende Rente eine Bescheidsausfertigung übersendet wird. Deshalb ist der eine diesbezügliche Bestimmung enthaltende alte § 87 fortgefallen und dafür im Abs. 2 des § 124 allgemein bestimmt, daß das Reichs-Versicherungsamt anordnet, welche Mittheilungen der Rechnungsstelle zu machen sind.

§ 125. Vertheilung der Renten.

Die Rechnungsstelle vertheilt die Renten auf das Reich, das Gemeinvermögen und auf das Sondervermögen. Dem Reiche sind für jede Rente fünfzig Mark Zuschuß (§ 35) und für jede ohne Beitragsleistung in Anrechnung kommende Beitragswoche bis zu anderweiter Feststellung durch den Bundesrath ein Rentenantheil von achtzehn Pfennig zur Last zu legen (§ 40 Abs. 2).

Die Steigerungssätze der Invalidenrenten sowie ein Viertel der Altersrenten sind von dem Sondervermögen der einzelnen Versicherungsanstalten, alle übrigen Rentenantheile von dem Gemeinvermögen zu tragen. Die Steigerungsbeträge fallen derjenigen Anstalt zur Last, welcher die entsprechenden Beiträge zugeflossen sind; das Viertel jeder Altersrente ist auf diejenigen Anstalten zu vertheilen, welchen die Beiträge für den betreffenden Rentenempfänger zugeflossen sind, und zwar im Verhältnisse des Werthes dieser Beiträge. Der anweisenden Versicherungsanstalt sind die dem Sondervermögen einer anderen Versicherungsanstalt zur Last fallenden Rentenantheile am Schlusse des Rechnungsjahrs mit ihrem Kapitalwerth einmalig zu erstatten (§ 126).

Zur Feststellung des Maßstabs, in welchem die im abgelaufenen Rechnungsjahre gezahlten Rentenbeträge der Post zu erstatten sind, ermittelt die Rechnungsstelle für jedes Jahr und für jede Versicherungsanstalt den Kapitalwerth der von ihr zur Zahlung angewiesenen noch laufenden Renten sowie den hiervon auf das Reich, das Gemeinvermögen und auf das Sondervermögen der einzelnen Versicherungsanstalten entfallenden Antheil. Ueber die Berechnung des Kapitalwerths trifft der Bundesrath Bestimmung.

1. Die abgeänderten Bestimmungen über die Vertheilung der Renten entsprechen den abgeänderten Bestimmungen über die Vertheilung der Rentenlast. Die neuen Bestimmungen bringen eine *erhebliche Vereinfachung* gegenüber dem bisherigen Verfahren.

2. Der im Abs. 1 einstweilig festgesetzte Rentenantheil von 18 Pfennig für jede dem Reiche zur Last fallende Woche militärischer Dienstleistung entspricht annähernd dem Werthe, den die Beiträge des Rentenempfängers für Zeiten militärischer Dienstleistung haben würden, wenn sie gezahlt worden wären. Auf Grund der Berechnung der den Motiven beigefügten mathematischen Denkschrift wär der genaue Betrag

$$\frac{9{,}32\ \text{M.}}{52} = 17{,}92 \text{ Pfennig.}$$

3. Nach dem Schlußsatze des Abs. 2 wird der die Rente an-

weisenden Anstalt von den an der Rente betheiligten anderen Anstalten am Schlusse des Rechnungsjahres der Gesammtwerth aller aus ihren Rentenantheilen erwachsenden Zahlungen erstattet, so daß späterhin für jede Anstalt nur solche Renten in Betracht kommen, welche sie selbst angewiesen hat (Motive S. 320).

4. Durch die Bestimmungen des Abs. 3 werden die nach dem bestehenden Vertheilungsverfahren alljährlich für jede einzelne Rente wiederkehrenden Arbeiten entbehrlich.

§ 126.

Die Zentral-Postbehörden haben der Rechnungsstelle Nachweisungen über diejenigen Zahlungen, welche **im verflossenen Rechnungsjahr** auf Grund der Anweisungen der Versicherungsanstalten geleistet worden sind, zuzustellen. Die Rechnungsstelle hat die vorgeschossenen Beträge nach dem gemäß § 125 Abs. 3 festgestellten Maßstab auf **das Reich**, **das Gemeinvermögen und das Sondervermögen** zu vertheilen. **Die hiernach auf das Gemeinvermögen sämmtlicher Anstalten entfallenden Zahlungen sind von den einzelnen Versicherungsanstalten im Verhältnisse der für die Gemeinlast bestimmten Theile ihres Vermögens zu erstatten.**

Auf Grund dieser Vertheilung hat die Rechnungsstelle jeder Versicherungsanstalt den Betrag mitzutheilen, den diese aus dem für die Gemeinlast bestimmten Theile ihres Vermögens einerseits und aus ihrem Sondervermögen andererseits zu erstatten hat; dabei sind zugleich die gemäß § 125 Abs. 2 von den einzelnen Anstalten einander zu erstattenden Kapitalwerthe aus dem abgelaufenen Rechnungsjahre festzustellen. Die den Berechnungen zu Grunde liegenden Zahlen sind anzugeben. Gegen die Vertheilung und Abrechnung ist die Beschwerde bei dem Reichs-Versicherungsamte zulässig. Ueber die dem Reiche zur Last fallenden Beträge ist dem Reichskanzler (Reichsamt des Innern) Vorlage zu machen.

Den Zentral-Postbehörden hat die Rechnungsstelle mitzutheilen, welche Beträge von dem Reiche und von den einzelnen Versicherungsanstalten zu erstatten sind.

§ 127. Erstattung der Vorschüsse der Postverwaltungen.

Die Versicherungsanstalten haben die von **der Rechnungsstelle ihnen mitgetheilten** Beträge (§ 126) den Postverwaltungen binnen zwei Wochen nach **Eingang der Mittheilung** zu erstatten. Die Erstattung erfolgt aus den bereiten Mitteln der Anstalt. Sind solche nicht vorhanden, so hat der weitere Kommunalverband beziehungsweise der Bundesstaat die erforderlichen Beträge vorzuschießen. Bei gemeinsamen Versicherungsanstalten erfolgt die Aufbringung dieses Vorschusses nach dem im § 68 Abs. 2 festgesetzten Verhältnisse.

Gegen Versicherungsanstalten, welche mit der Erstattung der Beträge im Rückstande bleiben, ist auf Antrag der Zentral-Postbehörde von dem Reichs-Versicherungsamte das Zwangsbeitreibungsverfahren einzuleiten.

§ 128. Erstattung von Beiträgen.

Der Anspruch auf Erstattung von Beiträgen (§§ 42 bis 44) ist unter Beibringung der zur Begründung dienenden Beweisstücke bei **der unteren Verwaltungsbehörde oder Rentenstelle des Wohnorts oder des letzten Beschäftigungsorts oder bei der von der Landes-Zentralbehörde bestimmten Behörde (§ 112 Abs. 1)** geltend zu machen.

Die untere Verwaltungsbehörde oder Rentenstelle hat die Verhandlungen dem Vorstande der für ihren Bezirk zuständigen Versicherungsanstalt zu übersenden. Dieser hat über den Anspruch einen schriftlichen Bescheid zu ertheilen.

Der § 113 findet entsprechende Anwendung, wenn der Todesfall, welcher den Anspruch auf Beitragserstattung begründet, durch einen nach den Unfallversicherungsgesetzen zu entschädigenden Unfall herbeigeführt worden ist.

Gegen den Bescheid steht dem Erstattungsberechtigten die Beschwerde an das Reichs-Versicherungsamt zu. Die Beschwerde ist bei Vermeidung des Ausschlusses innerhalb eines Monats nach Zustellung des Bescheids bei dem Reichs-Versicherungsamt einzulegen.

Die Bestimmungen des § 114 Abs. 3 sind in den Fällen der Abs. 1, 4 entsprechend anzuwenden.

Die Versicherungsanstalten, an welche seinerzeit die nunmehr zurückerstatteten Beiträge entrichtet worden sind, haben der erstattenden Versicherungsanstalt Ersatz zu leisten; die Abrundungsbeträge (§ 42 Abs. 1, § 43, § 44 Abs. 3) verbleiben zu Lasten der erstattenden Versicherungsanstalt. Das Verfahren wird vom Reichs-Versicherungsamte geregelt. Die Versicherungsanstalten können durch Vertrag auf die Ersatzleistungen gegenseitig verzichten; der Vertrag ist dem Reichs-Versicherungsamte mitzutheilen.

1. Die Anmeldung des Anspruchs auf Beiragserstattung findet nicht, wie bisher, beim Vorstande der Versicherungsanstalt,

sondern bei der unteren Verwaltungsbehörde oder der Rentenstelle statt.

2. Wie beim Rentenverfahren ist zur Entscheidung nicht die Versicherungsanstalt berufen, an welche zuletzt Beiträge geleistet sind, sondern diejenige Versicherungsanstalt, welche für den Bezirk der unteren Verwaltungsbehörde, an welche die Anmeldung gelangt ist, zuständig ist.

3. Die Bestimmung im Abs. 3 ist eine Folge der Bestimmung im § 44 Abs. 5.

4. Gemäß Abs. 4 sind die bisherigen — dem Rentenverfahren entsprechenden — Rechtsmittel gegen die Entscheidung des Vorstandes beseitigt und es ist nur die einfache Beschwerde beim Reichs-Versicherungsamt zugelassen. Das Reichs-Versicherungsamt ist ausschließlich zuständig, eine Mitwirkung der Landes-Versicherungsämter findet nicht statt. Die Beschwerdefrist ist wie bei der Berufung von 4 Wochen auf 1 Monat ausgedehnt.

5. Die Ausgaben für Beitragserstattungen gehören zur Sonderlast der einzelnen Versicherungsanstalten und sind aus deren Sondervermögen zu bestreiten. Die Vertheilung der erstatteten Beiträge ist deshalb beibehalten. Dabei ist aber Vorsorge getroffen, daß diese Vertheilung weiterhin nicht mehr in der umständlichen, der Geringfügigkeit der Beträge nicht entsprechenden Weise vorgenommen wird, wie bisher, wo für jeden einzelnen Erstattungsfall das Rechnungsbüreau des Reichs-Versicherungsamts die Vertheilung vorzunehmen hat. Das im Abs. 5 vorgesehene neue Verfahren wird sich etwa folgendermaßen gestalten: jede Versicherungsanstalt führt Buch über diejenigen Beträge, welche den einzelnen Anstalten an den von ihr erstatteten Beiträgen zur Last fallen. Zur Vermeidung von umständlichen Untervertheilungen der Abrundungsbeträge, welchen Beitragsmarken nicht gegenüberstehen, ist vorgesehen, daß die Abrundungsbeträge derjenigen Versicherungsanstalt zur Last gelegt werden, welche die Beiträge dem Berechtigten erstattet hat. Am Jahresabschlusse wird das Aufrechnungsergebniß der Rechnungsstelle des Reichs-Versicherungsamts mitgetheilt, welche bei Feststellung der den Zentral-Postbehörden zu erstattenden Zahlungen (§ 126), zugleich mit der Ausgleichung der Rentenlast, auch eine Ausgleichung der den einzelnen Anstalten zur Last fallenden Beitragserstattungen bewirkt. Ergiebt sich später, daß die zu verrechnenden Erstattungsbeträge sich im Wesentlichen ausgleichen und zur Ersatzleistung im Allgemeinen nicht führen, so soll den Anstalten durch die Bestimmung im Abs. 5 die Möglichkeit gegeben werden, im Interesse geschäftlicher Erleichterungen gegenseitig auf die Ersatzleistung zu verzichten. Des bisher vorgesehenen besonderen Einspruchsverfahrens bei Vertheilung der Beitragserstattungen bedarf es nicht mehr; etwaige Mängel der Ausgleichung können durch einfache Beschwerde bei dem Reichs-Versicherungsamte zur Sprache gebracht werden. Ueber dieses vereinfachte Verfahren wird das Reichs-Versicherungsamt die erforderlichen Einzelbestimmungen zu treffen haben (Motive 322 f.).

§ 129. Entscheidung durch Rentenstellen.

Sind Rentenstellen auf Grund der Vorschriften des § 86 die dort bezeichneten Befugnisse übertragen, so finden

die Vorschriften der §§ 112 bis 122, 128 mit folgenden Maßgaben entsprechende Anwendung.

Die Entscheidungen der Rentenstelle erfolgen nach Stimmenmehrheit in der Besetzung von drei Mitgliedern, unter denen sich außer dem Vorsitzenden oder seinem Stellvertreter je ein Vertreter der Arbeitgeber und der Versicherten befinden muß, wenn nach Ansicht des Vorsitzenden oder seines Stellvertreters die Versagung einer beantragten Rente oder die Gewährung eines geringeren als des beantragten Rentenbetrags oder die Entziehung einer Invalidenrente in Frage steht.

In den Fällen, in welchen der Anspruch auf Rente oder Beitragserstattung ganz oder zum Theil anerkannt oder die Entziehung einer Invalidenrente oder die Einstellung von Rentenzahlungen abgelehnt oder ausgesprochen worden ist, hat der Vorsitzende der Rentenstelle nach Ertheilung des Bescheids dem Vorstande derjenigen Versicherungsanstalt, die für den Bezirk der Rentenstelle zuständig ist, unverzüglich die Verhandlungen zu übersenden und dabei diejenigen Entscheidungen zu bezeichnen, welche gegen seine Stimme ergangen sind.

Der Vorstand der Versicherungsanstalt ist befugt, Entscheidungen der Rentenstelle, durch welche der Anspruch auf Rente oder Beitragserstattung ganz oder zum Theil anerkannt oder die Entziehung der Invalidenrente oder die Einstellung von Rentenzahlungen abgelehnt worden ist, durch Berufung oder Beschwerde gemäß § 114 Abs. 1, § 128 Abs. 4 anzufechten. Die Berufung und Beschwerde des Vorstandes haben aufschiebende Wirkung, die Berufung aber nur insoweit, als es sich um Beträge handelt, die für die Zeit vor dem Erlasse der Entscheidung der Rentenstelle nachträglich gezahlt werden sollen.

Die Berufung oder Beschwerde ist bei Vermeidung des Ausschlusses innerhalb eines Monats, nachdem die Verhandlungen der Rentenstelle bei dem Vorstand eingegangen sind (Abs. 3), bei dem zuständigen Schiedsgericht oder dem Reichs-Versicherungsamt einzulegen.

1. Der § 129 handelt von dem Falle, daß den Rentenstellen statt der vorbereitenden eine entscheidende Thätigkeit gemäß § 86 zugewiesen wird.

2. Bei Entscheidung über Beitragserstattungen findet eine Mitwirkung von Vertretern der Arbeitgeber und Versicherten nicht statt.

3. Von solchen Entscheidungen der Rentenstellen, durch welche Zahlungen bedingt werden, muß der Anstaltsvorstand schon deswegen Kenntniß erhalten, *weil er die erforderlichen Anweisungen an die Post zu erlassen hat.* Die Rentenstelle kann derartige Zahlungsanweisungen *nicht* erlassen.

Die ausdrückliche Bezeichnung derjenigen Entscheidungen, welche *gegen die Stimme des Vorsitzenden der Rentenstelle* gefaßt worden sind, werden dem Vorstande die Prüfung der Frage, ob Berufung eingelegt werden soll, erleichtern.

4. Ueber die aufschiebende Wirkung der Berufung vgl. Anm. zu § 116.

5. Das *zuständige* Schiedsgericht ist dasjenige, welches für den Bezirk der Rentenstelle zuständig ist (vgl. § 114 Abs. 2).

6. Die Entscheidung über den etwa zu ergreifenden Regreß gegen eine Berufsgenossenschaft (§ 113 Abs. 3) oder über die Rückforderung überhobener Rentenbeträge (§ 118) steht lediglich dem Anstaltsvorstande zu (Motive 324).

§ 130. Marken.

Zum Zwecke der Erhebung der Beiträge werden von jeder Versicherungsanstalt für die einzelnen Lohnklassen Marken mit der Bezeichnung ihres Geldwerths ausgegeben. Das Reichs-Versicherungsamt bestimmt die **Zeitabschnitte, für welche die Marken ausgegeben werden sollen, sowie die** Unterscheidungsmerkmale und die Gültigkeitsdauer der Marken. Innerhalb zweier Jahre nach Ablauf der Gültigkeitsdauer können ungültig gewordene Marken bei den zum Markenverkaufe bestimmten Stellen gegen gültige Marken umgetauscht werden.

Die Marken einer Versicherungsanstalt können bei allen in ihrem Bezirke belegenen Postanstalten und anderen von der Versicherungsanstalt einzurichtenden Verkaufsstellen gegen Erlegung des Nennwerths käuflich erworben werden.

1. Die Bestimmung, daß das Reichs-Versicherungsamt die Zeitabschnitte bestimmt, für welche die Marken ausgegeben werden sollen, soll die Möglichkeit geben, *verschiedene Appoints* von Marken festzusetzen z. B. Marken für 2 Wochen oder für 13 Wochen.

2. Marken für einen 2 Wochen übersteigenden Zeitraum *müssen entwerthet* werden (§ 141 Abs. 3).

3. Der Verkauf von Marken kann gemäß § 80 auch der Rentenstelle übertragen werden.

§ 131. Quittungskarte.

Die Entrichtung der Beiträge erfolgt durch Einkleben eines entsprechenden Betrags von Marken in die Quittungskarte des Versicherten.

Der Versicherte ist verpflichtet, die Quittungskarte sich ausstellen zu lassen und sie behufs Einklebens der Marken oder zum Entwerthen der Marken zu den hierfür vor-

gesehenen Zeiten vorzulegen (§§ 141, 149, 150). Er kann hierzu von der Ortspolizeibehörde oder von dem Vorsitzenden der Rentenstelle, soweit dieser die Kontrole über die Beitragsentrichtung (§§ 161 ff.) übertragen ist, durch Geldstrafen bis zu zehn Mark angehalten werden. Ist der Versicherte mit einer Quittungskarte nicht versehen **oder lehnt er deren Vorlegung ab,** so ist der Arbeitgeber berechtigt, für Rechnung des Versicherten eine solche anzuschaffen und den verauslagten Betrag bei der nächsten Lohnzahlung einzubehalten.

Der Versicherte ist berechtigt, auf seine Kosten zu jeder Zeit die Ausstellung einer neuen Quittungskarte gegen Rückgabe der älteren zu beanspruchen.

Zur Beschaffung von Quittungskarten ist lediglich der Versicherte verpflichtet, der Arbeitgeber nur berechtigt, falls der Versicherte mit einer Karte nicht versehen ist oder die Vorlegung derselben ablehnt.

Durch die im § 131 neu aufgenommene Strafvorschrift wird es möglich sein, mehr als bisher die Durchführung der Versicherung zu betreiben.

§ 132.

Die Quittungskarte enthält das Jahr und den Tag der Ausgabe, die über den Gebrauch erlassenen Bestimmungen (§ 139) und die Strafvorschrift des § 184. Im Uebrigen bestimmt der Bundesrath ihre Einrichtung. **Für die Selbstversicherung und deren Fortsetzung (§ 14 Abs. 1) kann vom Bundesrathe die Verwendung besonderer Quittungskarten vorgeschrieben und die unbefugte Verwendung anderer Quittungskarten mit Strafen bedroht werden.**

Die Kosten der Quittungskarte trägt, soweit sie nicht für Rechnung des Versicherten zu beschaffen ist (§ 131 Abs. 2, 3), die Versicherungsanstalt des Ausgabebezirkes.

§ 133.

Jede Quittungskarte bietet Raum zur Aufnahme der Marken für **mindestens zweiundfünfzig** Beitragswochen. Die Karten sind für jeden Versicherten mit fortlaufenden Nummern zu versehen; die erste für ihn ausgestellte Karte ist am Kopfe mit dem Namen derjenigen Versicherungsanstalt, in deren Bezirke der Versicherte zu dieser Zeit beschäftigt ist, jede folgende mit dem Namen derjenigen Versicherungsanstalt, welche sich auf der nächstvorhergehenden Karte vermerkt findet, zu bezeichnen. Stimmt der auf einer späteren Karte enthaltene Name mit dem auf der ersten Karte enthaltenen Namen nicht überein, so ist der auf der ersten Karte enthaltene Name maßgebend.

Nachdem das Beitragsjahr von 47 Wochen weggefallen ist, fehlt jede Veranlassung die bisherige Zahl von 47 Feldern für die Quittungskarte beizubehalten. Uebrigens enthalten die zur Zeit ausgegebenen Quittungskarten bereits 56 Felder.

§ 134.

Die Ausstellung und der Umtausch der Quittungskarten erfolgt durch die von der Landes-Zentralbehörde bezeichnete Stelle.

Die hiernach zuständige Stelle hat die in der zurückgegebenen Karte eingeklebten Marken derart aufzurechnen, daß ersichtlich wird, wieviel Beitragswochen für die einzelnen Lohnklassen dem Inhaber der Karte anzurechnen sind. Gleichzeitig ist die Dauer der bescheinigten Krankheiten **und** militärischen Dienstleistungen **des Inhabers** anzugeben, **welche in die Zeit, für welche die Quittungskarte gilt, entfallen.** Ueber die aus dieser Aufrechnung sich ergebenden Endzahlen ist dem Inhaber der Karte eine Bescheinigung zu ertheilen.

§ 135.

Eine Quittungskarte verliert ihre Gültigkeit, wenn sie nicht **innerhalb zweier** Jahre **nach** dem **auf** der Karte verzeichneten **Ausstellungstage** zum Umtausch eingereicht ist. Ist die Annahme begründet, daß der Versicherte ohne sein Verschulden den rechtzeitigen Umtausch versäumt hat, so kann der Vorstand der Versicherungsanstalt des Beschäftigungsorts auf den Antrag des Versicherten die fortdauernde Gültigkeit der Quittungskarte anerkennen.

Der Bundesrath ist befugt anzuordnen, daß die Gültigkeitsdauer der Karten durch Abstempelung verlängert werden kann.

Die Herabsetzung der Giltigkeitsdauer auf 2 Jahre entspricht der im § 46 gleichfalls auf 2 Jahre herabgesetzten Frist für das Erlöschen der Anwartschaft.

§ 136.

Verlorene, unbrauchbar gewordene oder zerstörte Quittungskarten sind durch neue zu ersetzen. In die neue Karte sind die **in der älteren** nachweisbar entrichteten Beiträge in beglaubigter Form zu übertragen.

§ 137.

Der Versicherte ist befugt, binnen zwei Wochen nach Aushändigung der Bescheinigung (§ 134) oder der neuen Quittungskarte (§ 136) gegen **die Aufrechnung der Karte und** den Inhalt der Bescheinigung (§ 134) **sowie gegen die Uebertragung** (§ 136) Einspruch zu erheben. Gegen die Zurückweisung des Einspruchs findet binnen gleicher Frist **Beschwerde bei der** unmittelbar vorgesetzten Dienstbehörde statt. Die letztere entscheidet hierüber sowie über andere das Verfahren betreffende Beschwerden endgültig.

Die Aenderungen sind redaktioneller Art.

§ 138.

Die abgegebenen Quittungskarten sind an die Versicherungsanstalt des Bezirkes zu übersenden und von dieser an diejenige Versicherungsanstalt, deren Namen sie tragen, zu überweisen.

Diese ist befugt, den Inhalt von Quittungskarten desselben Versicherten in Sammelkarten (Konten) zu übertragen und diese an Stelle der Einzelurkunden aufzubewahren, die letzteren aber zu vernichten. Das Verfahren sowie die Einrichtung der Sammelkarte wird vom Bundesrathe bestimmt.

Der Bundesrath hat die Voraussetzungen **und die Formen** zu bestimmen, unter denen die Vernichtung von Quittungskarten **auch in anderen Fällen** zu erfolgen hat.

Durch die neue Bestimmung des Abs. 2 wird die Möglichkeit gegeben, den Raum für die Aufbewahrung der Quittungskarten einzuschränken und damit erhebliche Kosten zu sparen. Solange der Bundesrath nicht die erforderlichen Bestimmungen trifft, werden die Versicherungsanstalten von der Befugniß zur Anlegung von Sammelkarten keinen Gebrauch machen können.

§ 139.

Die Eintragung eines Urtheils über die Führung oder die Leistungen des Inhabers sowie sonstige durch dieses Gesetz nicht vorgesehene Eintragungen oder Vermerke in oder an der Quittungskarte sind unzulässig. Quittungskarten, in welchen derartige Eintragungen oder Vermerke sich vorfinden, sind von jeder Behörde, welcher sie zugehen, einzubehalten. Die Behörde hat die Ersetzung derselben durch neue Karten, in welche der zulässige Inhalt der ersteren nach Maßgabe der Bestimmung des § 136 zu übernehmen ist, zu veranlassen.

Dem Arbeitgeber sowie Dritten ist untersagt, die Quittungskarte nach Einklebung der Marken wider den Willen des Inhabers zurückzubehalten. Auf die Zurückbehaltung der Karten seitens der zuständigen Behörden und Organe zu Zwecken des Umtausches, der Kontrole, Berichtigung, Aufrechnung, Uebertragung **oder der Durchführung des Einzugsverfahrens (§§ 148 ff.)** findet diese Bestimmung keine Anwendung.

Quittungskarten, welche im Widerspruche mit dieser Vorschrift zurückbehalten werden, sind durch die Ortspolizeibehörde dem Zuwiderhandelnden abzunehmen und dem Berechtigten auszuhändigen. Der erstere bleibt dem letzteren für alle Nachtheile, welche diesem aus der Zuwiderhandlung erwachsen, verantwortlich.

§ 140. Entrichtung der Beiträge **durch die Arbeitgeber.**

Die Beiträge des Arbeitgebers und des Versicherten sind von demjenigen Arbeitgeber zu entrichten, welcher den Versicherten während der Beitragswoche (§ 30) beschäftigt hat.

Findet die Beschäftigung nicht während der ganzen Beitragswoche bei demselben Arbeitgeber statt, so ist von demjenigen Arbeitgeber, welcher den Versicherten zuerst beschäftigt, der volle Wochenbeitrag zu entrichten. **Wurde dieser Verpflichtung nicht genügt, und hat der Versicherte den Beitrag nicht selbst entrichtet (§ 144), so hat derjenige Arbeitgeber, welcher den Versicherten weiterhin beschäftigt, den Wochenbeitrag zu entrichten, doch steht ihm gegen den zunächst Verpflichteten Anspruch auf Ersatz zu. Steht der Versicherte gleichzeitig in mehreren die Versicherungspflicht begründenden Arbeits- oder Dienstverhältnissen, so haften die Arbeitgeber als Gesammtschuldner für die vollen Wochenbeiträge.**

Sofern die thatsächlich verwendete Arbeitszeit nicht festgestellt werden kann, ist der Beitrag für diejenige Arbeitszeit zu entrichten, welche zur Herstellung der Arbeit annähernd für erforderlich zu erachten ist. Im Streitfall entscheidet auf Antrag eines Theiles die untere Verwaltungsbehörde endgültig. Die Versicherungsanstalt ist berechtigt, für die Berechnung derartiger Beiträge besondere Bestimmungen zu erlassen. Dieselben bedürfen der Genehmigung des Reichs-Versicherungsamts.

1. Ueber Beitragswoche vgl. § 27 Abs. 3.

2. Nach den bisherigen Bestimmungen konnten die Arbeitgeber, welche den Versicherten in derselben Woche hinter dem ersten Arbeitgeber beschäftigten, zur Beitragsleistung nicht herangezogen werden. Der Verweisung auf den „ersten" Arbeitgeber wird durch die Abänderung im Abs. 2 ein Riegel vorgeschoben.

Die weitere Abänderung im Abs. 2 entspricht der Bestimmung des § 52 Abs. 4 des Kranken-Versicherungsgesetzes in der Fassung der Novelle vom 10. April 1892. Die Fälle, wo Personen gleichzeitig bei mehreren Arbeitgebern in versicherungspflichtiger Beschäftigung stehen, kommen z. B. vor bei Nachtwächtern (Privatwächtern), Feld- oder Forsthütern. Diese mehreren Arbeitgeber sollen nunmehr solidarisch für die Beiträge haften, wobei es ihnen unbenommen bleibt, unter Zuziehung des Versicherten eine Vereinbarung über die Belastung unter sich, etwa nach dem Maße des Interesses des Einzelnen zu treffen (vgl. Motive 328).

§ 141.

Die Entrichtung der Beiträge erfolgt in der Weise, daß der Arbeitgeber (§ 140) bei der Lohnzahlung **für die Dauer der Beschäftigung** Marken derjenigen Art in die Quittungskarte **einklebt**, welche für die Lohnklasse, die für den Versicherten in Anwendung kommt (§ 34), von der für den Beschäftigungsort zuständigen Versicherungsanstalt ausgegeben ist. Der Arbeitgeber hat die Marken aus eigenen Mitteln zu erwerben.

Die Versicherungsanstalt kann bestimmen, daß und inwieweit Arbeitgeber befugt sein sollen, die Marken zu anderen als den aus den Lohnzahlungen sich ergebenden Terminen beizubringen. In allen Fällen müssen die auf die Dauer des Arbeits- oder Dienstverhältnisses entfallenden Marken spätestens in der letzten Woche des Kalenderjahrs oder, sofern das Arbeits- oder Dienstverhältniß früher beendigt wird, bei Beendigung desselben eingeklebt werden.

Marken für einen zwei Wochen übersteigenden Zeitraum müssen entwerthet werden. Der Bundesrath hat die näheren Vorschriften über die Art der Entwerthung zu erlassen und deren Nichtbefolgung mit Strafe zu bedrohen.

Der Bundesrath ist befugt, über die Entwerthung **von anderen** Marken Vorschriften zu erlassen und deren Nichtbefolgung mit Strafe zu bedrohen.

1. Auf Grund der neuen Bestimmung im Abs. 2 ist die Versicherungsanstalt berechtigt, für die Beibringung der Marken andere Termine als die Lohnzahlungs-Termine festzusetzen. So könnte angeordnet werden, daß die Marken am 1. jedes Monats oder jedes Quartals oder am Jahresschlusse, beigebracht werden. In allen Fällen müssen aber die Marken, falls das Arbeitsverhältniß früher beendet ist, bei Beendigung desselben beigebracht werden. Wird andererseits bestimmt, daß die Marken allgemein erst bei Beendigung des Arbeitsverhältnisses beizubringen sind, so muß gleichwohl die Beibringung spätestens in der letzten Woche des Kalenderjahres erfolgen, mag auch das Arbeitsverhältniß länger andauern.

Die von der Versicherungsanstalt zu erlassenden Bestimmungen können sich allgemein auf sämmtliche Arbeitgeber, oder auf bestimmte Klassen von Arbeitgebern, (Arbeitgeber eines bestimmten Gewerbes, Arbeitgeber, welche eine bestimmte größere Anzahl von Versicherten beschäftigen) oder auf bestimmte einzelne Arbeitgeber erstrecken. Bei Erlaß dieser Bestimmungen wird jedenfalls mit großer Vorsicht zu verfahren sein, damit die Interessen der Versicherten und der Versicherungsanstalt gleichmäßg gewahrt bleiben.

2. Gemäß § 130 Abs. 1 bestimmt das Reichs-Versicherungsamt die Größe der Marken-Appoints. Werden auf Grund dieser Be-

stimmung Marken für einen längeren Zeitraum als 2 Wochen ausgegeben, so müssen solche Marken bei ihrer Verwendung entwerthet werden.

§ 142.

Die Versicherten sind verpflichtet, bei den Lohnzahlungen die Hälfte der Beiträge, **in den Fällen des § 34 Abs. 4 aber, sofern nicht die Versicherung in einer höheren Lohnklasse auf einer Vereinbarung zwischen dem Arbeitgeber und dem Versicherten beruht, den auf sie entfallenden höheren Betrag sich einbehalten zu lassen. Die Arbeitgeber dürfen nur auf diesem Wege den auf die Versicherten entfallenden Betrag wieder einziehen.**

Die Abzüge **für Beiträge sind** auf die Lohnzahlungsperioden, **auf welche sie entfallen, gleichmäßig zu vertheilen. Die Theilbeträge dürfen, ohne daß dadurch Mehrbelastungen der Versicherten herbeigeführt werden, auf volle zehn Pfennig abgerundet werden.**

Sind Abzüge bei einer Lohnzahlungsperiode unterblieben, so dürfen **sie für die betreffende** Lohnzahlungsperiode **nur noch bei der nächstfolgenden Lohnzahlung nachgeholt werden. Diese Bestimmung findet keine Anwendung, wenn wegen verspäteter Feststellung einer bisher streitigen Versicherungspflicht oder aus anderen Gründen Beiträge nachträglich zu verwenden sind, ohne daß den Arbeitgeber hierbei ein Verschulden trifft.**

Arbeitgeber, deren Zahlungsunfähigkeit im Zwangsbeitreibungsverfahren festgestellt worden ist, dürfen, soweit die Entrichtung der Beiträge in der im § 141 Abs. 1 angegebenen Weise erfolgt, Lohnabzüge nur für diejenige Zeitdauer machen, für welche sie die geschuldeten Beiträge nachweislich bereits entrichtet haben; soweit dagegen die Einziehung der Beiträge gemäß §§ 148 ff. stattfindet, sind sie verpflichtet, die im Abs. 1 zugelassenen Lohnabzüge zu machen und deren Betrag sofort, nachdem der Abzug gemacht ist, an die zuständige Einzugsstelle abzuliefern. Eine gegen den Arbeitgeber auf Grund des § 52 a des Krankenversicherungsgesetzes getroffene Anordnung erstreckt sich auch auf die von der betheiligten Krankenkasse einzuziehenden Beiträge für die Invalidenversicherung.

1. Die abgeänderte Bestimmung im Abs. 1 soll zum klaren Ausdruck bringen, daß die Versicherten zur antheiligen Erstattung der Beiträge *verpflichtet* sind.

2. Die Abänderung im Abs. 2 war nothwendig mit Rücksicht auf die Bestimmung im § 141 Abs. 2.

3. Gemäß Abs. 3 erleidet der Grundsatz, daß der Abzug von Beiträgen, falls er für eine Lohnzahlungsperiode unterblieben, nur bei der nächstfolgenden Lohnzahlung nachgeholt werden kann, unter bestimmten Voraussetzungen eine Ausnahme. Es ist vielfach vorgekommen, daß ganze Personengruppen durch Interpretation der gesetzlichen Bestimmungen für versicherungspflichtig erklärt worden sind, die man vorher nicht für versicherungspflichtig gehalten hatte. In solchen Fällen soll bei der nachträglichen Beibringuug der Marken der erwähnte Grundsatz keine Geltung haben. Ebenso, wenn der Versicherte die Vorlegung der Karte verweigert hat oder wenn die Ausstellung der Quittungskarte sich ohne Schuld des Arbeitgebers verzögert.

§ 143.

Die Erhebung der Beiträge für diejenigen Personen, auf welche die Versicherungspflicht nach § 2 erstreckt worden ist, wird durch Beschluß des Bundesraths geregelt.

§ 144. Entrichtung der Beiträge durch die Versicherten.

Versicherungspflichtige Personen sind befugt, die Beiträge an Stelle der Arbeitgeber zu entrichten.

Dem Versicherten, welcher auf Grund dieser Bestimmung die vollen Wochenbeiträge entrichtet hat, steht gegen den nach § 140 zur Entrichtung der Beiträge verpflichteten Arbeitgeber der Anspruch auf Erstattung der Hälfte des Betrags, **und in Fällen des § 34 Abs. 4, sofern nicht die Versicherung in einer höheren Lohnklasse auf einer Vereinbarung zwischen dem Arbeitgeber und dem Versicherten beruht, auf Erstattung der Hälfte desjenigen geringeren Betrags zu, welchen der Arbeitgeber nach der für den Versicherten maßgebenden Lohnklasse zu tragen hat. Der Anspruch besteht jedoch nur, sofern die Marke vorschriftsmäßig entwerthet ist. Der Anspruch ist für die betreffende Lohnzahlungsperiode bei der Lohnzahlung geltend zu machen. Ist dies bei einer Lohnzahlung unterblieben, so darf der Anspruch für die betreffende Lohnzahlungsperiode nur noch bei der nächstfolgenden Lohnzahlung erhoben werden, sofern nicht der Versicherte ohne sein Verschulden erst nachträglich an Stelle des Arbeitgebers Beiträge verwendet hat.**

1. Im § 144 wird der Grundsatz festgelegt, daß jede versicherungspflichtige Person ohne Weiteres befugt ist die Beiträge selbst an Stelle des Arbeitgebers zu entrichten. Bei der Geltendmachung des Anspruchs auf antheilige Erstattung der Beiträge gegen den Arbeitgeber ist jedoch die vorherige *Entwerthung der verwendeten Marken* unerläßliche Voraussetzung. Diese Bestimmung ist getroffen, um den Arbeitgeber vor Uebervortheilung zu schützen.

2. Der Schlußsatz des § 144 entspricht den Bestimmungen des

§ 142 Abs. 3. Die Motive (S. 331) heben hervor, daß durch diese Bestimmung auch die in der Praxis nicht seltenen Fälle berücksichtigt werden, in denen ohne Verschulden des Versicherten der Mangel einer der nachgewiesenen Arbeitszeit entsprechenden Zahl von Beiträgen erst im Rentenfeststellungsverfahren entdeckt und gerügt wird. Wenn der Versicherte hier die rückständigen Beiträge selbst entrichtet, um die durch Inanspruchnahme des säumigen Arbeitgebers entstehenden Verzögerungen der Rentenfeststellung zu vermeiden, so ist sein Erstattungsanspruch auf zwei Lohnzahlungsperioden nicht beschränkt.

§ 145.

Bei freiwilliger Versicherung (§ 14) haben die sie eingehenden Personen Marken derjenigen Versicherungsanstalt zu verwenden, in deren Bezirke sie beschäftigt sind oder, sofern eine Beschäftigung nicht stattfindet, sich aufhalten. Dabei steht ihnen die Wahl der Lohnklasse frei. Begeben sich Versicherte in das Ausland, so sind sie berechtigt, die Versicherung dort fortzusetzen; sie haben dabei Marken derjenigen Versicherungsanstalt zu verwenden, in deren Bezirke sie zuletzt beschäftigt waren oder sich aufgehalten haben.

Personen, welche für die Dauer einer gegen Lohn oder Gehalt unternommenen Beschäftigung, während deren sie nach § 3 Abs. 2, § 4 Abs. 1 der Versicherungspflicht nicht unterliegen, freiwillig sich versichern (§ 14 Abs. 1), steht gegen denjenigen Arbeitgeber, welcher, wenn die Versicherungspflicht bestände, nach § 140 zur Entrichtung der Beiträge verpflichtet sein würde, der Anspruch auf Erstattung der Hälfte der für die Dauer der Arbeitszeit entrichteten Beträge nach Maßgabe des § 144 Abs. 2 zu. Die Anrechnung höherer Beträge, als sich bei Anwendung des § 34 Abs. 1 bis 3 ergeben würden, kann der Arbeitgeber ablehnen.

1. Die Zusatzmarken bei der freiwilligen Versicherung sind in Wegfall gekommen.

Desgleichen ist die Beschränkung der freiwilligen Versicherung auf Lohnklasse II in Wegfall gekommen und den Versicherten die Wahl der Lohnklasse freigestellt. Endlich ist auch die obligatorische Entwerthung der für die freiwillige Versicherung verwendeten Marken nicht mehr vorgeschrieben.

2. Durch den Abs. 1 wird die freiwillige Fortsetzung der Versicherung im Auslande für zulässig erklärt.

3. Durch die Bestimmung des Abs. 2 wird die Durchführung der Versicherung, insbesondere für diejenigen Personen, welche der Versicherungspflicht nicht unterliegen, weil sie nur gegen freien Unterhalt beschäftigt werden, ermöglicht.

§ 146. Unwirksame Beiträge.

Die nachträgliche Entrichtung von Beiträgen für eine versicherungspflichtige Beschäftigung ist nach Ablauf von zwei Jahren, sofern aber die Beitragsleistung wegen verspäteter Feststellung einer bisher streitigen Versicherungspflicht oder aus anderen Gründen ohne Verschulden der Betheiligten unterblieben ist, nach Ablauf von vier Jahren seit der Fälligkeit unzulässig. Freiwillige Beiträge und Beiträge einer höheren als der maßgebenden Lohnklasse (§ 34 Abs. 4) dürfen für eine länger als ein Jahr zurückliegende Zeit sowie nach eingetretener Erwerbsunfähigkeit (§§ 15, 16) nachträglich oder für die fernere Dauer der Erwerbsunfähigkeit nicht entrichtet werden.

1. Nach der Rechtsprechung des Reichs-Versicherungsamts ist bisher die an sich zulässige nachträgliche Verwendung von Pflichtbeiträgen an keine Zeit gebunden und können daher Beiträge für Zeiten versicherungspflichtiger Beschäftigung, die vor vier und noch mehr Jahren fällig geworden sind, ohne Weiteres nachträglich rechtswirksam entrichtet werden. Diese Befugniß wird mit der Bestimmung des § 168 deshalb für vereinbar erachtet, weil § 168 lediglich die Beitragsverjährung gegenüber der Versicherungsanstalt regele und eine Zwangseinziehung solcher verjährter Beiträge seitens der Anstalten ausschließe. Die nachträgliche Entrichtung der Beiträge ist nach den bisherigen Erfahrungen häufig erst dann vorgenommen worden, wenn der Versicherungsfall schon eingetreten war oder nahe bevorstand, und dabei ist dann noch in zahlreichen Fällen auf Grund des Einverständnisses zwischen Arbeitgeber und Versicherten der Beitrag nach einem höheren, als dem maßgebenden Jahresarbeitsverdienste bemessen worden. Der hierdurch geschaffene Rechtszustand ist geeignet, die ordnungsmäßige Durchführung der Beitragsentrichtung zu gefährden und empfindliche Vermögensnachtheile für die Versicherungsanstalt herbeizuführen. Seine Beseitigung war deshalb dringend geboten. Die nachträgliche Entrichtung der Pflichtbeiträge ist deshalb künftig nur innerhalb einer Frist von zwei Jahren gestattet. Diese Beschränkung ist um so unbedenklicher, als der Entwurf im § 144 das Recht der Versicherten, an Stelle der Arbeitgeber die Beiträge selbst zu entrichten, ausdrücklich anerkennt und dem Versicherten in diesen Fällen einen Erstattungsanspruch gegen den Arbeitgeber einräumt; dadurch wird es dem Versicherten ermöglicht, die Säumniß des Arbeitgebers durch eigene Beitragsentrichtung unschädlich zu machen. Durch die nach Ablauf der zweijährigen Frist nachgebrachten Pflichtbeiträge kann hiernach weder die Wartezeit erfüllt, noch die Rente erhöht werden (vgl. Motive S. 336).

2. Die Zulässigkeit der Verwendung von Beiträgen einer höheren, als der nach § 34 maßgebenden Lohnklasse ist, zumal diese Höherversicherung nach der abgeänderten Bestimmung des § 34 Abs. 4 nicht mehr von einer Vereinbarung zwischen dem Arbeitgeber und dem Versicherten abhängig ist, sondern von dem Versicherten in allen Fällen gegen Uebernahme der Mehrkosten beansprucht und im Falle des § 144

ohne Weiteres vorgenommen werden kann, auf eine kürzere Frist eingeschränkt worden. Dieselbe Beschränkung findet für die nachträgliche Verwendung freiwilliger Beiträge statt. Nach eingetretener Erwerbsunfähigkeit dürfen solche Beiträge nachträglich überhaupt nicht mehr verwendet werden.

§ 147.

Die in einer ordnungsmäßig ausgestellten Quittungskarte ordnungsmäßig verwendeten Marken begründen die Vermuthung, daß während derjenigen Zahl von Beitragswochen, für welche Marken beigebracht sind, ein den Vorschriften des Gesetzes entsprechendes Versicherungsverhältniß auf Grund der Versicherungspflicht oder freiwilliger Versicherung bestanden hat. Diese Vermuthung findet jedoch insoweit nicht statt, als sich ergiebt, daß die Marken erst nach Ablauf eines Monats seit der Fälligkeit der Beiträge eingeklebt oder während eines Kalenderjahrs mehr Marken beigebracht sind, als in dasselbe Beitragswochen entfallen.

Das Markensystem des Gesetzes hat den Zweck, auf thunlichst einfache Weise die fortlaufende Entrichtung der Versicherungsbeiträge sowie die Thatsache, daß während der betreffenden Zeit ein Versicherungs- beziehungsweise ein Beschäftigungsverhältniß in der That bestanden hat, nachzuweisen. Hiermit würde es unvereinbar sein, wenn bei Anträgen auf Bewilligung einer Rente die Versicherungsanstalt einen besonderen Nachweis darüber verlangen wollte, daß in der That ein die Versicherungspflicht begründendes Arbeits- oder Dienstverhältniß während derjenigen Zeit bestanden hat, für welche Marken beigebracht sind. Dieser besondere Nachweis kann in der Regel nur durch besondere Arbeitsbescheinigungen des Arbeitgebers oder der Gemeindebehörde erbracht werden; durch das Verlangen solcher weiteren Urkunden aber wird die Durchführung des Gesetzes erschwert und den Klagen über entbehrliche Belästigungen der Arbeitgeber Nahrung gegeben. Es mag Fälle geben, in denen Marken zu Unrecht beigebracht sind und deshalb einen Anspruch auf Rente nicht begründen; diese Fälle werden aber immerhin selten sein und die Regel nicht berühren, wonach aus der Entrichtung der Beiträge auf eine ordnungsmäßige Versicherung geschlossen werden muß. Aus diesen Gründen schreibt der § 147 zu Gunsten des Versicherten eine gesetzliche Vermuthung dafür vor, daß während einer durch Marken ordnungsmäßig belegten Zeit ein dem Gesetz entsprechendes Versicherungsverhältniß, mag dasselbe ein Pflichtverhältniß oder ein freiwilliges gewesen sein, in der That bestanden hat. Der Versicherungsanstalt bleibt dabei unbenommen, diese Frage, soweit dies im Einzelfalle nothwendig erscheinen sollte, näher zu prüfen; nur wird sie sich dabei nicht darauf beschränken dürfen, von den Versicherten den Nachweis des Bestehens eines Versicherungsverhältnisses zu fordern. Eine Ausnahme ist nur für diejenigen Fälle zugelassen, in denen offenbar Marken nachträglich beigebracht sind. (Motive 338.)

§ 148. Einziehung der Beiträge.

Durch die Landes-Zentralbehörde oder mit Genehmigung derselben durch das Statut einer Versicherungsanstalt oder mit Genehmigung der höheren Verwaltungsbehörde durch statutarische Bestimmung eines weiteren Kommunalverbandes oder einer Gemeinde kann abweichend von den Vorschriften des § 141 Abs. 1 angeordnet werden, daß die Beiträge für **alle versicherungspflichtigen Personen oder für bestimmte Klassen derselben**

1. **durch reichs- oder landesgesetzliche Krankenkassen oder durch Knappschaftskassen,**
2. durch Gemeindebehörden oder andere von der Landes-Zentralbehörde bezeichnete Stellen oder durch örtliche von der Versicherungsanstalt **einzurichtende** Hebestellen

für **Rechnung der Versicherungsanstalt** eingezogen werden. **Auf demselben Wege** können in diesen Fällen Bestimmungen über die Verpflichtung zur Anmeldung und Abmeldung der Versicherten getroffen werden.

Sofern hiernach die Einziehung der Beiträge **durch örtliche Hebestellen der Versicherungsanstalten angeordnet wird, sind die letzteren verpflichtet, solche Hebestellen auf ihre Kosten an den von der höheren Verwaltungsbehörde bezeichneten Stellen zu errichten.**

Die Versicherungsanstalten sind verpflichtet, den mit der Einziehung der Beiträge beauftragten Krankenkassen, **Gemeindebehörden und sonstigen von der Landes-Zentralbehörde bezeichneten** Stellen eine von der Landes-Zentralbehörde zu bestimmende Vergütung zu gewähren.

Den örtlichen Hebestellen der Versicherungsanstalten (Abs. 1 Ziffer 2) kann durch Bestimmung der Landes-Zentralbehörde oder der höheren Verwaltungsbehörde mit Zustimmung der Krankenkasse die Einziehung der Krankenversicherungsbeiträge übertragen werden. In diesen Fällen sind die betheiligten Krankenkassen verpflichtet, zu den Kosten der Hebestellen beizutragen. Die näheren Bestimmungen hierüber sind nach Anhörung der betheiligten Versicherungsanstalten und Krankenkassen von der höheren Verwaltungsbehörde zu treffen.

Die Landes-Zentralbehörde kann die Befugnisse regeln, welche der Versicherungsanstalt gegenüber den Einzugsstellen, soweit sie nicht von der Versicherungsanstalt selbst eingerichtet sind, zur Sicherung einer ordnungsmäßigen Erfüllung ihrer Aufgabe zustehen.

Für die freiwillige Versicherung (§ 14) kann die Einziehung der Beiträge nicht vorgeschrieben werden.

1. Gemäß den abgeänderten Bestimmungen des § 148 können Hebestellen auch für diejenigen Versicherten eingerichtet werden, welche einer Krankenkasse angehören. Die Einziehung der Beiträge durch die Krankenkassen für alle versicherungspflichtigen Personen war auch schon nach den bisherigen Bestimmungen möglich.

Zur Einrichtung der Hebestellen sind die Versicherungsanstalten, sofern eine Anordnung gemäß Abs. 1 getroffen ist, verpflichtet.

2. Mit der Einziehung der Beiträge können auch die Rentenstellen beauftragt werden.

3. Durch die Bestimmung im Abs. 4 kann den Hebestellen die Einziehung der Krankenkassenbeiträge übertragen werden; hierdurch wird eine engere Verbindung von Invaliditäts- und Krankenversicherungs-Organisation vorbereitet.

4. Die Bestimmung des Abs. 6 schließt nicht aus, daß die Einzugsstellen auch für die freiwillige Versicherung die Beiträge einziehen können; es darf ihnen nur keine Verpflichtung auferlegt werden (Motive 340).

§ 149.

Die Landes-Zentralbehörden oder die von ihnen als zuständig bezeichneten Stellen können nähere Bestimmungen über das Verfahren der Einzugsstellen (§ 148) bei Einziehung, Verwendung und Verrechnung der Beiträge erlassen.

Soweit diese Bestimmungen nichts Anderes anordnen, werden die Beiträge durch die Einzugsstellen zugleich mit den Beiträgen zur Krankenversicherung an deren Fälligkeitsterminen, bei solchen Versicherten aber, für welche Krankenversicherungsbeiträge nicht einzuziehen sind, zu den von der Einzugsstelle bestimmten Zeitpunkten von den Arbeitgebern eingezogen und die den eingezogenen Beträgen entsprechenden Marken in die Quittungskarten der Versicherten eingeklebt. Dabei findet die Bestimmung des § 131 Abs. 2 entsprechende Anwendung.

Die Vorschrift, daß die Beiträge zur Invalidenversicherung an den Fälligkeitsterminen der Krankenversicherungsbeiträge eingezogen werden sollen, ist nicht dahin zu verstehen, daß die ersteren nur insoweit zugleich mit den letzteren einzuziehen sind, als sie nach den anderweiten Bestimmungen zu den betreffenden Terminen schon fällig sind. In diesem Falle würde die durch § 149 angestrebte Vereinfachung des Verfahrens nicht erreicht werden. Vielmehr soll durch jene Bestimmung zum Ausdrucke gebracht werden, daß bei gleichzeitiger Einziehung der Beiträge zur Kranken- und zur Invalidenversicherung auch die letzteren an den nach § 52 des Krankenversicherungsgesetzes in der Fassung der Novelle vom 10. April 1892 bestimmten Terminen fällig werden. Hierin kann auch gegen Arbeitgeber, die etwa den Lohn in längeren Zeitabschnitten zahlen, eine

Unbilligkeit nicht gefunden werden, da ihnen ja die Mühe des Markenklebens abgenommen wird. Sollte diese Bestimmung ausnahmsweise als unbillig oder unbequem empfunden werden, so würde auf dem im § 150 Abs. 1 vorgesehenen Wege Abhülfe möglich sein (Mot. 341).

§ 150.

Wird die Einziehung der Beiträge angeordnet, so kann von der Landes-Zentralbehörde oder von dem Vorstande der Versicherungsanstalt einzelnen Arbeitgebern gestattet werden, die Beiträge der von ihnen beschäftigten Personen durch Verwendung von Marken nach den Vorschriften der §§ 140, 141 selbst zu entrichten. Von solchen Verfügungen ist der Einzugsstelle Kenntniß zu geben.

Reichs-, Staats- und Kommunalbehörden können für die von ihnen beschäftigten versicherungspflichtigen Personen die Entrichtung der Beiträge nach den Bestimmungen des § 140 übernehmen. Sofern dies geschieht, ist der Versicherungsanstalt und der Einzugsstelle Mittheilung zu machen.

§ 151.

Wird die Einziehung der Beiträge angeordnet, so kann auf demselben Wege **weiter bestimmt** werden, daß

1. die Ausstellung und der Umtausch der Quittungskarten (§§ 134, 136) durch die nach § 148 Abs. 1 mit der Einziehung der Beiträge beauftragten Stellen stattzufinden hat;
2. für diejenigen Versicherten, deren Beschäftigung **durch die Natur ihres Gegenstandes** oder im voraus durch den Arbeitsvertrag auf einen Zeitraum von weniger als einer Woche beschränkt ist, die auf die Versicherten entfallende Hälfte der Beiträge unmittelbar von den Versicherten, die auf die Arbeitgeber entfallende Hälfte aber von dem weiteren Kommunalverband **oder** der Gemeinde entrichtet und durch sie von den Arbeitgebern wieder eingezogen wird.

Für diese Fälle hat die Versicherungsanstalt den mit der Einziehung der Beiträge beauftragten Krankenkassen, Gemeindebehörden und sonstigen von der Landes-Zentralbehörde bezeichneten Stellen besondere Vergütungen zu gewähren, deren Höhe von der Landes-Zentralbehörde zu bestimmen ist.

§ 152.

Die im § 148 Abs. 1, § 151 Abs. 1 **Ziffer 1** vorgesehenen Maßregeln können für die Mitglieder einer Krankenkasse (§ 166) auch durch das Kassenstatut und für diejenigen Versicherten, welche einer für Reichs- oder Staatsbetriebe errichteten Krankenkasse angehören, auch durch die den Verwaltungen dieser Betriebe vorgesetzte Dienstbehörde getroffen werden.

Die bisherige Allegirung der Ziffer 2 des § 151 Abs. 1 beruhte auf einem Redaktionsversehen.

§ 153.

Der Versicherte ist berechtigt, die Quittungskarte bei der die Beiträge einziehenden Stelle, solange er in dem Bezirke dieser Stelle versichert ist, zu hinterlegen. **Die Landes-Zentralbehörde kann im Einvernehmen mit der Versicherungsanstalt die Verpflichtung zur Hinterlegung vorschreiben. In diesem Falle findet die Bestimmung des § 131 Abs. 2 Satz 2 Anwendung**

§ 154. Abrundung.

Ergeben sich bei den zwischen Arbeitgebern und Versicherten stattfindenden Abrechnungen Bruchpfennige, so ist der auf den Arbeitgeber entfallende **Theil** nach oben, der auf den Versicherten entfallende **Theil** nach unten auf volle Pfennig abzurunden.

Der Gebrauch des Wortes „Theil" statt „Hälfte" beruht auf der veränderten Fassung des § 34 Abs. 4.

§ 155. Streitigkeiten.

Streitigkeiten zwischen den Organen der Versicherungsanstalten einerseits und Arbeitgebern oder Arbeitnehmern oder den im § 14 bezeichneten Personen andererseits, oder zwischen Arbeitgebern und Arbeitnehmern über die Frage, ob oder zu welcher Versicherungsanstalt oder in welcher Lohnklasse Beiträge zu entrichten sind, werden, **sofern sie nicht im Rentenfeststellungsverfahren (§§ 112 ff.) hervortreten**, von der für den Beschäftigungsort (§ 65) zuständigen unteren Verwaltungsbehörde **und da, wo Rentenstellen bestehen, von dem Vorsitzenden derselben** entschieden. **Vor der Entscheidung ist in der Regel der Versicherungsanstalt Gelegenheit zur Aeußerung zu geben.** Gegen die Entscheidung steht den Betheiligten **und der Versicherungsanstalt, welche sich in dem Verfahren geäußert hat, innerhalb eines Monats** nach der Zustellung die Beschwerde an die höhere Verwaltungsbehörde zu, welche endgültig entscheidet. **Die zuständigen Behörden sind bei den Entscheidungen an die vom Reichs-Versicherungsamt aufgestellten Grundsätze gebunden. Streitigkeiten über Fragen von grundsätzlicher Bedeutung sind dem Reichs-Versicherungsamte zur**

Entscheidung zu überweisen, wenn dies innerhalb der Beschwerdefrist von der Versicherungsanstalt beantragt wird.

Besteht Meinungsverschiedenheit über die Frage, welche Behörde zur Entscheidung zuständig sei, so wird die Zuständigkeit von der höheren Verwaltungsbehörde oder der Landes-Zentralbehörde, sofern aber mehrere Bundesstaaten in Betracht kommen und eine Einigung ihrer Zentralbehörden nicht stattfindet, vom Reichskanzler bestimmt.

1. Streitigkeiten über Beitragspflicht, sofern sie im Rentenfeststellungsverfahren hervortreten, unterliegen nicht der Entscheidung der unteren Verwaltungsbehörde, sondern derjenigen Stelle, welche über den Rentenanspruch entscheidet.

2. Sind Rentenstellen errichtet, so tritt an Stelle der unteren Verwaltungsbehörde der Vorsitzende der Rentenstelle.

3. Gegenüber Zweifeln in der Praxis ist hervorzuheben daß die Bestimmung des § 155 vorbehaltlich der Fälle des § 157 auf alle aus Anlaß der Beitragsentrichtung möglichen Streitigkeiten anzuwenden und nicht etwa auf solche rein versicherungsrechtlicher Natur zu beschränken ist. Hiernach haben die Verwaltungsbehörden auch über die Beitragsentrichtung berührenden Streitigkeiten thatsächlicher Natur zu entscheiden, insbesondere darüber, ob der Arbeitgeber, welchem eine nachträgliche Beitragsleistung oder Beitragserstattung (§§ 144, 145) angesonnen wird, seiner Beitragspflicht schon vorher genügt hat, wer im Einzelfall als der zur Beitragsleistung verpflichtete Arbeitgeber anzusehen, in welchem Umfang und zu welchem Zeitpunkte Beiträge zu entrichten sind. Diese Fragen hängen ihrer Natur nach eng mit denjenigen zusammen, welche den besonderen Instanzen des Invalidenversicherungsgesetzes zugewiesen sind und es erscheint nicht angängig, zu ihrer Entscheidung etwa die Mitwirkung der bürgerlichen Gerichte in Anspruch zu nehmen (Motive 32).

4. Um die Einheitlichkeit der Rechtsprechung zu wahren, sind die neuen Bestimmungen getroffen, daß Fragen von grundsätzlicher Bedeutung auf Antrag der Versicherungsanstalt dem Reichs-Versicherungsamt zu überweisen sind und daß die zuständigen Behörden bei Entscheidungen von Streitigkeiten aus § 155 an die vom Reichs-Versicherungsamt aufgestellten Grundsätze gebunden sind.

§ 156.

Streitigkeiten zwischen den Organen verschiedener Versicherungsanstalten über die Frage, zu welcher derselben für bestimmte Personen Beiträge zu entrichten sind, **werden auf Antrag des Vorstandes einer betheiligten Versicherungsanstalt vom Reichs-Versicherungsamt entschieden.**

§ 157.

Im Uebrigen werden Streitigkeiten zwischen Arbeitgebern und **Arbeitnehmern** über die Berechnung und Anrechnung der für diese zu entrichtenden oder im Falle **des § 140 Abs. 2 und der §§ 144, 145** denselben zu erstattenden Beiträge so-

wie Streitigkeiten über Ersatzansprüche in den Fällen des § 140 Abs. 2 von der unteren Verwaltungsbehörde **und da, wo Rentenstellen bestehen, von dem Vorsitzenden derselben** (§ 155) endgültig entschieden.

§ 158.

Nach endgültiger Erledigung dieser Streitigkeiten hat die untere Verwaltungsbehörde **und da, wo Rentenstellen bestehen, der Vorsitzende derselben** von Amtswegen dafür zu sorgen, daß zu wenig erhobene Beträge durch nachträgliche Verwendung von Marken beigebracht werden. Zu viel erhobene Beträge sind auf Antrag von der Versicherungsanstalt wieder einzuziehen und nach Vernichtung der in die Quittungskarten eingeklebten betreffenden Marken und Berichtigung der Aufrechnungen an diejenigen Arbeitgeber und Versicherten zurückzuzahlen, **welche die Aufwendung für die Beitragsentrichtung gemacht haben.**

Handelt es sich um die Verwendung von Marken einer nicht zuständigen Versicherungsanstalt, so ist nach Vernichtung derjenigen Marken, welche irrthümlich beigebracht sind, ein der Zahl der Beitragswochen entsprechender Betrag von Marken der zuständigen Versicherungsanstalt beizubringen. Der Betrag der vernichteten Marken ist von der Versicherungsanstalt, welche sie ausgestellt hatte, wieder einzuziehen und zwischen den betheiligten Arbeitgebern und Versicherten entsprechend zu theilen.

An die Stelle der Vernichtung von Marken kann in den nach Ansicht der unteren Verwaltungsbehörde dazu geeigneten Fällen die Einziehung der Quittungskarten und nach Uebertragung der gültigen Eintragungen derselben die Ausstellung neuer Quittungskarten treten.

§ 159.

Die Kosten des Verfahrens bei Streitigkeiten der in den §§ 155 bis 158 bezeichneten Art trägt, soweit sie bei dem Reichs-Versicherungsamt entstehen, das Reich, soweit sie bei einer Rentenstelle entstehen, die Versicherungsanstalt, im Uebrigen der Bundesstaat.

Die Bestimmung des § 64 Abs. 5 findet entsprechende Anwendung.

Die Kosten des Verfahrens z. B. durch Vernehmung von Zeugen oder Sachverständigen.

§ 160.

Auch ohne daß ein Streitfall gemäß §§ 155, 156 vorausgegangen ist, sind den Betheiligten auf ihren Antrag die entrichteten Beiträge zurückzuzahlen, sofern die Ver-

sicherungspflicht oder das Recht zur freiwilligen Versicherung (§ 14) für die betreffenden Beitragswochen endgültig verneint worden ist.

Es wäre unbillig, denjenigen Personen, für welche wegen irrthümlicher Annahme einer Versicherungspflicht Beiträge entrichtet worden sind, die Erstattung des Werthes der Beiträge zu versagen, sobald die Unrichtigkeit dieser Annahme, auch ohne daß eine Streitigkeit vorausgegangen ist, während der Dauer der Versicherung oder im Rentenfeststellungsverfahren endgültig festgestellt worden ist. Da einzelne Versicherungsanstalten in solchen Fällen die Beitragserstattung mit der Begründung abgelehnt haben, daß das Gesetz eine entsprechende Bestimmung nicht enthalte, so ist auch durch das Gesetz der Anspruch auf Beitragserstattung ausdrücklich anerkannt (Mot. 345).

§ 161. Kontrole.

Die Versicherungsanstalten sind verpflichtet, die rechtzeitige und vollständige Entrichtung der Beiträge regelmäßig zu überwachen.

Die Arbeitgeber sind verpflichtet, über die Zahl der von ihnen beschäftigten Personen, **über die gezahlten Löhne und Gehälter** und über die Dauer der Beschäftigung den Organen der Versicherungsanstalt **und ihren Beauftragten** sowie den die Kontrole **ausübenden anderen** Behörden oder Beamten auf Verlangen Auskunft zu ertheilen und denselben diejenigen Geschäftsbücher oder Listen, aus welchen jene Thatsachen hervorgehen, zur Einsicht während der Betriebszeit an Ort und Stelle vorzulegen. Ebenso sind die Versicherten zur Ertheilung von Auskunft über Ort und Dauer ihrer Beschäftigung verpflichtet. Die Arbeitgeber und die Versicherten sind ferner verbunden, den bezeichneten Organen, Behörden und Beamten auf Erfordern die Quittungskarten behufs Ausübung der Kontrole und Herbeiführung der etwa erforderlichen Berichtigungen gegen Bescheinigung auszuhändigen. Sie können hierzu von der **Ortspolizeibehörde** durch Geldstrafen bis zum Betrage von je **einhundertundfünfzig** Mark angehalten werden.

Die Versicherungsanstalten sind befugt, mit Genehmigung des Reich-Versicherungsamts zum Zwecke der Kontrole Vorschriften zu erlassen. Das Reichs-Versicherungsamt kann den Erlaß **solcher** Vorschriften anordnen und dieselben, sofern die Anordnung nicht befolgt wird, selbst erlassen. **Der Vorstand der Versicherungsanstalt oder der Vorsitzende der Rentenstelle, sofern dieser die Beitragskontrole obliegt**, ist befugt, Arbeitgeber **und Versicherte** zur rechtzeitigen Erfüllung dieser Vorschriften durch Geldstrafen bis zum Betrage von je **einhundertundfünfzig** Mark anzuhalten.

1. An Stelle der bisherigen Befugniß der Versicherungsanstalten zur Ausübung der Kontrole ist die Verpflichtung hierzu getreten.

2. Gemäß § 80 kann den Rentenstellen die Kontrole über die Entrichtung der Beiträge übertragen werden.

3. Die Bestrafung gemäß Abs. 2 ist an Stelle der unteren Verwaltungsbehörden den Ortspolizeibehörden übertragen; das Strafmaß ist von 300 auf 150 Mark herabgesetzt, hingegen das Strafmaß im Abs. 3 von 100 auf 150 Mark erhöht.

§ 162.

Die durch die Kontrole den Versicherungsanstalten erwachsenden Kosten gehören zu den Verwaltungskosten. Soweit dieselben in baaren Auslagen bestehen, können sie durch den Vorstand der Versicherungsanstalt **oder den Vorsitzenden der Rentenstelle, sofern dieser die Beitragskontrole obliegt,** dem Arbeitgeber auferlegt werden, wenn derselbe durch Nichterfüllung der ihm obliegenden Verpflichtungen zu ihrer Aufwendung Anlaß gegeben hat. Gegen die Auferlegung der Kosten findet binnen zwei Wochen nach Zustellung des Beschlusses die Beschwerde an die **höhere** Verwaltungsbehörde statt; diese entscheidet endgültig. Die Beitreibung der auferlegten Kosten erfolgt in derselben Weise wie die der Gemeindeabgaben.

An die Stelle der unteren ist die höhere Verwaltungsbehörde als Beschwerdeinstanz getreten.

§ 163.

Berichtigungen der Quittungskarten erfolgen, sofern die Betheiligten über dieselben einverstanden sind, auf dem im § 158 angegebenen Wege durch die die Kontrole ausübenden Organe, Behörden oder Beamten oder durch die die Beiträge einziehenden Organe, anderenfalls nach Erledigung des Streitverfahrens gemäß §§ 155 bis 157.

§ 164. Vermögensverwaltung.

Die Bestände der Versicherungsanstalten müssen in der durch §§ 1807, 1808 des Bürgerlichen Gesetzbuches bezeichneten Weise angelegt werden. Hat die Versicherungsanstalt ihren Sitz in einem Bundesstaate, für dessen Gebiet Werthpapiere durch landesgesetzliche Vorschrift zur Anlegung von Mündelgeldern für geeignet erklärt sind (Artikel 212 des Einführungsgesetzes zum Bürgerlichen Gesetzbuche), so können ihre Bestände auch in Werthpapieren dieser Art angelegt werden. Die Landes-Zentralbehörde desjenigen Bundesstaats, in dessen Gebiete die Versicherungsanstalt ihren Sitz hat, kann genehmigen, daß die Bestände der Versicherungsanstalt auch in Darlehen an Gemeinden und

weitere Kommunalverbände angelegt werden. Es kann ferner in gleicher Weise angeordnet werden, daß bei der Anlegung des Anstaltsvermögens einzelne nach den vorstehenden Bestimmungen zugelassene Gattungen zinstragender Papiere nur bis zu einem näher zu bestimmenden Betrag erhoben werden dürfen, und Bestimmung über die Aufbewahrung von Werthpapieren getroffen werden. Bei gemeinsamen Versicherungsanstalten bedarf es hierzu des Einverständnisses der betheiligten Landesregierungen.

In gleicher Weise kann ferner widerruflich gestattet werden, daß zeitweilig verfügbare baare Bestände auch in anderer als der durch §§ 1807 und 1808 des Bürgerlichen Gesetzbuchs bezeichneten Weise vorübergehend angelegt werden.

Die Versicherungsanstalten können mit Genehmigung der Aufsichtsbehörde einen Theil ihres Vermögens in anderer als der nach Abs. 1 zulässigen Weise, insbesondere in Grundstücken anlegen. Wollen die Versicherungsanstalten mehr als den vierten Theil ihres Vermögens in dieser Weise anlegen, so bedürfen sie dazu außerdem der Genehmigung des Kommunalverbandes beziehungsweise der Zentralbehörde des Bundesstaats, für welchen sie errichtet sind, und sofern mehrere Landes-Zentralbehörden betheiligt sind, eine Verständigung unter denselben aber nicht erzielt wird, der Genehmigung des Bundesraths. Eine solche Anlage ist jedoch nur in Werthpapieren oder für die Zwecke der Verwaltung, zur Vermeidung von Vermögensverlusten für die Versicherungsanstalt oder für solche Veranstaltungen zulässig, welche ausschließlich oder überwiegend der versicherungspflichtigen Bevölkerung zu gute kommen. Mehr als die Hälfte ihres Vermögens darf jedoch eine Versicherungsanstalt in der bezeichneten Weise nicht anlegen.

1. Die §§ 1807, 1808 des Bürgerlichen Gesetzbuchs lauten:

§ 1807. Die im § 1806 vorgeschriebene Anlegung von Mündelgeld soll nur erfolgen:

1. in Forderungen, für die eine sichere Hypothek an einem inländischen Grundstück besteht, oder in sicheren Grundschulden oder Rentenschulden an inländischen Grundstücken.
2. in verbrieften Forderungen gegen das Reich oder einen Bundesstaat sowie in Forderungen, die in das Reichsschuldbuch oder in das Staatsschuldbuch eines Bundesstaats eingetragen sind.
3. in verbrieften Forderungen, deren Verzinsung von dem Reiche, oder einem Bundesstaate gewährleistet ist.
4. in Werthpapieren, insbesondere Pfandbriefen, sowie in ver-

brieften Forderungen jeder Art gegen eine inländische kommunale Körperschaft oder die Kreditanstalt einer solchen Körperschaft, sofern die Werthpapiere oder die Forderungen von dem Bundesrathe zur Anlegung von Mündelgeldern für geeignet erklärt sind.

5. bei einer inländischen öffentlichen Sparkasse, wenn sie von der zuständigen Behörde des Bundesstaats, in welchem sie ihren Sitz hat, zur Anlegung von Mündelgeld für geeignet erklärt ist.

Die Landesgesetze können für die innerhalb ihres Geltungsbereichs belegenen Grundstücke die Grundsätze bestimmen, nach denen die Sicherheit einer Hypothek, einer Grundschuld oder einer Rentenschuld festzustellen ist.

§ 1808. Kann die Anlegung den Umständen nach nicht in der im § 1807 bezeichneten Weise erfolgen, so ist das Geld bei der Reichsbank, bei einer Staatsbank oder bei einer anderen durch Landesgesetz dazu für geeignet erklärten inländischen Bank oder bei einer Hinterlegungsstelle anzulegen.

2. In Gemäßheit des § 1807 Abs. 2 sind durch die Preußischen Ausführungsgesetze Art. 73 Bestimmungen getroffen worden. Ebendaselbst Art. 74 sind in Gemäßheit des Art. 212 des Einführungsgesetzes zum Bürgerlichen Gesetzbuch bestimmte Werthpapiere zur Anlegung von Mündelgeldern für geeignet erklärt worden. Vgl. ferner daselbst Art. 75 und 76, betreffend die Anlegung von Mündelgeldern bei öffentlichen Sparkassen und Banken.

3. Mit Genehmigung der Landes-Zentralbehörde können die Bestände auch in Darlehen an Gemeinden und weitere Kommunalverbände gegen einfache Schuldurkunde angelegt werden.

4. Durch den Abs. 2 soll den Versicherungsanstalten die im Interesse des Geschäftsverkehrs wünschenswerthe freie Bewegung bei einstweiliger Unterbringung der jederzeit verfügbar zu haltenden und deshalb zu dauernder Anlegung nicht geeigneten baaren Bestände, insbesondere durch Eingehung eines Kontokurrentverkehrs mit zuverlässigen Geschäftsleuten, gewährt werden (Motive 348).

5. Während bisher nur 1/4 des Vermögens mit Genehmigung des Garantieverbandes in nicht mündelsicherer Weise angelegt werden konnte, kann nach der neuen Bestimmung des Abs. 3 eine solche Anlage bis zur Hälfte des Vermögens erfolgen und zwar ein Viertel mit Genehmigung der Aufsichtsbehörde; das zweite Viertel nur, wenn außerdem der weitere Kommunalverband bezw. die Landes-Zentralbehörde zustimmt.

§ 165.

Die Versicherungsanstalten sind verpflichtet, dem Reichs-Versicherungsamte nach näherer Anweisung desselben und in den von ihm vorzuschreibenden Fristen Uebersichten über ihre Geschäfts- und Rechnungsergebnisse einzureichen.

Die Art und Form der Rechnungsführung bei den Versicherungsanstalten wird durch das Reichs-Versicherungsamt geregelt.

Das Rechnungsjahr ist das Kalenderjahr.

IV. Schluß-, Straf- und Uebergangsbestimmungen.

§ 166. Krankenkassen.

Als Krankenkassen im Sinne dieses Gesetzes gelten **vorbehaltlich der Bestimmung in den §§ 20, 62 Abs. 1, § 82 Abs. 2** die Orts-, Betriebs- (Fabrik-), Bau- und Innungs-Krankenkassen, die Knappschaftskassen sowie die Gemeinde-Krankenversicherung und landesrechtliche Einrichtungen ähnlicher Art.

Im Sinne der §§ 20, 62 Abs. 1, 82 Abs. 2 gelten auch die freien Hilfskassen als Krankenkasse.

§ 167. Besondere Bestimmungen für Seeleute.

Seeleute (§ 1 Abs. 1 Ziffer 1 des Gesetzes vom 13. Juli 1887, Reichs-Gesetzbl. S. 329) sind bei derjenigen Versicherungsanstalt zu versichern, in deren Bezirke sich der Heimathshafen des Schiffes befindet.

Die für Seeleute zu entrichtenden Beiträge **dürfen nach näherer Bestimmung der Versicherungsanstalten nach dem für die Unfallversicherung der Seeleute abgeschätzten Bedarf an Besatzungsmannschaften der einzelnen Schiffe von den Rhedern entrichtet werden. Ueber das Verfahren bei Entrichtung der Beiträge** können durch den Bundesrath von den Vorschriften dieses Gesetzes abweichende Bestimmungen getroffen werden.

Für Seeleute, welche sich außerhalb Europas aufhalten, beträgt die Frist zur Einlegung von Rechtsmitteln drei Monate. Die Frist kann von derjenigen Behörde, gegen deren Bescheid das Rechtsmittel stattfindet, weiter erstreckt werden.

Die Obliegenheiten der unteren Verwaltungsbehörde **können, soweit es sich um Seeleute handelt, durch den Bundesrath den Seemannsämtern übertragen werden.**

1. Durch die Abänderung im Abs. 2 soll einem vielfach ausgesprochenen Wunsche der Rheder entsprochen werden, wonach die von ihnen zu entrichtenden Beiträge im Anschluß an die Vorschriften des See-Unfallversicherungsgesetzes nicht für jeden einzelnen auf dem Schiffe zeitweise beschäftigten Seemann, sondern nach dem, einen Durchschnitt darstellenden, abgeschätzten Bedarf an Mannschaft, abgeführt werden (vgl. Motive 349).

2. Während früher das Seemannsamt allgemein an Stelle der unteren Verwaltungsbehörde trat, ist jetzt diese Substituirung dem Bundesrath überlassen.

§ 168. Beitreibung.

Rückstände sowie die in die Kasse der Versicherungsanstalt fließenden Strafen werden in derselben Weise beigetrieben wie Gemeindeabgaben. Rückstände haben das Vorzugsrecht des

§ 61 Ziffer 1 der Konkursordnung **in der Fassung der Bekanntmachung vom 20. Mai 1898** (Reichs-Gesetzbl. S. 369) und verjähren binnen **zwei** Jahren **nach** der Fälligkeit.

Die Herabsetzung der Verjährungsfrist von vier auf zwei Jahre hängt zusammen mit der im § 146 für die nachträgliche Entrichtung von Beiträgen festgesetzten Frist von zwei Jahren.

§ 169. Zuständige Landesbehörden.

Die Zentralbehörden der Bundesstaaten bestimmen, welche Verbände als weitere Kommunalverbände anzusehen, und von welchen Staats- oder Gemeindebehörden beziehungsweise Vertretungen die in diesem Gesetze den Staats- und Gemeindeorganen sowie den Vertretungen der weiteren Kommunalverbände zugewiesenen Verrichtungen wahrzunehmen sind.

Die von den Zentralbehörden der Bundesstaaten in Gemäßheit vorstehender Vorschrift erlassenen Bestimmungen sind durch den Reichsanzeiger bekannt zu machen.

§ 170. Zustellungen.

Zustellungen, welche den Lauf von Fristen bedingen, können durch die Post mittelst eingeschriebenen Briefes erfolgen. **Posteinlieferungsscheine begründen nach Ablauf von zwei Jahren seit ihrer Ausstellung die Vermuthung für die in der ordnungsmäßigen Frist nach der Einlieferung erfolgte Zustellung.**

Personen, welche nicht im Inlande wohnen, können von den zustellenden Behörden aufgefordert werden, einen Zustellungsbevollmächtigten zu bestellen. Wird ein solcher innerhalb der gesetzten Frist nicht bestellt, so kann die Zustellung durch öffentlichen Aushang während einer Woche in den Geschäftsräumen der zustellenden Behörde oder der Organe der Versicherungsanstalten ersetzt werden. **Das Gleiche gilt, wenn der Aufenthalt des Empfängers unbekannt ist.**

1. Seitens der Post werden die Ablieferungsscheine über Einschreibebriefe nach Ablauf von zwei Jahren vernichtet. In der Praxis sind neuerdings wiederholt Fälle vorgekommen, in welchen gegen Bescheide der Versicherungsanstalten Berufung beim Schiedsgericht erst nach mehr als zwei Jahren seit der Zeit eingelegt worden ist, wo ausweislich des allein bei den Akten der Anstalt befindlichen Posteinlieferungsscheines der den Bescheid enthaltende Einschreibebrief zur Post gegeben worden ist. Das Reichs-Versicherungsamt hat in dem Posteinlieferungsscheine nach der gegenwärtigen Gesetzeslage gegenüber der Behauptung des Klägers, den Bescheid seiner Zeit nicht erhalten zu haben, einen genügenden Nachweis für die erfolgte Zustellung nicht erblicken können und deshalb das Rechtsmittel nicht als verspätet behandelt. In der Revisionsentscheidung 648 (Amtliche Nachrichten des Reichs-Versicherungsamts 1898, S. 322) ist

in gleicher Weise bezüglich der Revisionsfrist entschieden worden. Da nun die vereinfachte Zustellung nach § 170 wesentlich im Interesse der Versicherungsanstalten liegt, anderseits in Folge dieser Praxis der Spruchbehörden sich der Mißbrauch häufen kann, daß, wenn eine Rechtsmittelfrist versäumt ist, zwei Jahre abgewartet werden, um dann von Neuem mit dem Anspruche hervorzutreten, so ist durch die neue Bestimmung im Abs. 1 hiergegen Vorkehrung getroffen (Motive 350).

2. Durch die Abänderung in Abs. 2 soll klar gestellt werden, daß die Zustellung durch öffentlichen Aushang immer zulässig ist, sobald der Aufenthalt dessen an den zugestellt werden soll, unbekannt ist (Motive 350).

3. Darüber, daß die allgemeinen Grundsätze der Wiedereinsetzung in den vorigen Stand Anwendung finden, wenn der Empfänger ohne sein Verschulden von der Zustellung keine oder verspätete Kenntniß erhalten hat, bestehen in der Praxis keine Zweifel mehr. Ebensowenig darüber, daß bei der Annahmeverweigerung eines auf die Rentenfestsetzung bezüglichen eingeschriebenen Briefes die Fristen von dem Tage an laufen, an welchem die Annahme der Zustellung verweigert worden ist (Mot. 350).

§ 171. Gebühren- und Stempelfreiheit.

Alle zur Begründung und Abwickelung der Rechtsverhältnisse zwischen den Versicherungsanstalten einerseits und den Arbeitgebern oder Versicherten andererseits erforderlichen schiedsgerichtlichen und außergerichtlichen Verhandlungen und Urkunden sind gebühren- und stempelfrei. Dasselbe gilt für privatschriftliche Vollmachten und amtliche Bescheinigungen, welche auf Grund dieses Gesetzes zur Legitimation oder zur Führung von Nachweisen erforderlich werden.

Zu den außergerichtlichen Verhandlungen im Sinne des § 171 gehören auch die Verhandlungen vor den Rentenstellen (Motive 351).

§ 172. Rechtshülfe.

Die öffentlichen Behörden sind verpflichtet, den im Vollzuge dieses Gesetzes an sie ergehenden Ersuchen des Reichs-Versicherungsamts, der Landes-Versicherungsämter, der Schiedsgerichte, der Organe der Versicherungsanstalten und anderer öffentlicher Behörden zu entsprechen und den **Organen der Versicherungsanstalten** auch unaufgefordert alle Mittheilungen zukommen zu lassen, welche für deren Geschäftsbetrieb von Wichtigkeit sind. Die gleiche Verpflichtung liegt den Organen der Versicherungsanstalten unter einander sowie den Organen der Berufsgenossenschaften und der Krankenkassen ob.

Die durch die Erfüllung dieser Verpflichtungen entstehenden Kosten sind von den Versicherungsanstalten als eigene Verwaltungskosten insoweit zu erstatten, als sie in Tagegeldern und

Reisekosten sowie in Gebühren für Zeugen und Sachverständige oder in sonstigen baaren Auslagen bestehen.

Zu den Organen der Versicherungsanstalten gehören insbesondere auch die Rentenstellen.

§ 173. Besondere Kasseneinrichtungen.

Die Bestimmungen der §§ **18 bis 23, 33, 47 bis 52, 54, 55, 99, 100 bis 102, 113, 115 bis 119, 123 bis 127, 128 Abs. 3, 6, §§ 156, 165 Abs. 1, §§ 171, 172** finden auch auf die nach §§ 8, 10, 11 zugelassenen Kasseneinrichtungen entsprechende Anwendung.

Die Haftung für die der Kasseneinrichtung obliegenden Leistungen (§§ 68, 127) liegt, sofern die Kasseneinrichtung für Betriebe des Reichs oder eines Kommunalverbandes errichtet ist, dem Reiche oder dem Kommunalverband, im Uebrigen demjenigen Bundesstaat ob, in dem der Betrieb, für welchen die Kasseneinrichtung errichtet ist, seinen Sitz hat. Ist die Kasseneinrichtung für mehrere, in verschiedenen Bundesstaaten belegene Betriebe errichtet, so haften diese Bundesstaaten nach der Zahl der bei der Kasseneinrichtung versicherten Personen, welche in den betheiligten Betrieben am Schlusse des letzten Rechnungsjahrs beschäftigt waren. Diese Bestimmung findet in den Fällen des § 101 entsprechende Anwendung.

1. Das Citat der §§ 18 bis 23 ist erforderlich, um denjenigen Kasseneinrichtungen, welche ein vorbeugendes Heilverfahren nach Maßgabe dieser Bestimmungen statutarisch einführen, die hierbei erforderliche Mitwirkung der Krankenkassen zu gewährleisten. Das Citat von § 33 ist eine Folge des auch für die Kasseneinrichtungen geltenden neuen Vertheilungsverfahrens. Die §§ 47, 48 waren zu allegiren, weil das Reich und die übrigen Versicherungsträger, die an den von den Kasseneinrichtungen in der reichsgesetzlichen Höhe bewilligten Renten betheiligt sind, ein Interesse daran haben, daß auch seitens der Kasseneinrichtungen die Invalidenrenten entzogen und die Rentenzahlungen in solchen Fällen eingestellt werden, in welchen dies von den Versicherungsanstalten gemäß §§ 47, 48 zu geschehen hat. Durch das Allegat des § 47 wird auch dann, wenn die Kasseneinrichtungen statutarisch ein dem § 47 Abs. 2 entsprechendes Heilverfahren zugelassen haben, die hierfür gebotene Betheiligung der Krankenkassen sichergestellt. Bei der begriffsmäßig höchst subsidiären Bedeutung der Armenpflege, welche ausgeschlossen sein soll, sobald und soweit anderweite Existenzmittel vorhanden sind, ohne Rücksicht darauf, welchen Charakter sie tragen, erscheint es gerechtfertigt, den Gemeinden und Armenverbänden und den diesen im § 51 gleichgestellten Betriebsunternehmern und Kassen den ihnen in §§ 49, 50 gegebenen Ersatzanspruch auch hinsichtlich der von besonderen Kasseneinrichtungen in der reichsgesetzlichen Höhe bewilligten Invaliden- oder Altersrenten einzuräumen. Durch § 52 ist

den Zuschußkassen die Ermächtigung ertheilt, unter gewissen Voraussetzungen die reichsgesetzlichen Leistungen auf die statutarisch zu gewährenden Leistungen in Anrechnung zu bringen, allerdings der Regel nach nur dann, wenn die statutarischen Beiträge entsprechend herabgesetzt worden sind. Dieselben Gesichtspunkte, welche diese Bestimmungen bei den Zuschußkassen räthlich erscheinen ließen, treffen auch für diejenigen Kasseneinrichtungen zu, die zur selbständigen Durchführung der Invaliditäts- und Altersversicherung zugelassen worden sind. Insbesondere gilt dies für die Knappschaftskassen. Nachdem nun in der Praxis Zweifel darüber entstanden sind, ob auf diese letzteren Kassen die Bestimmungen des § 52 gleichfalls anzuwenden sind, ist dies hier durch Anziehung des § 52 klargestellt. Die für § 54 maßgebende Erwägung, daß dem Berechtigten derjenige Betrag, den er auf Grund des Gesetzes in Gestalt von Invalidenrente erhält, nicht noch einmal von dem civilrechtlich zum Schadensersatze Verpflichteten, also nicht doppelt zu gewähren ist, trifft in gleicher Weise zu, wenn nicht eine Versicherunganstalt, sondern eine Kasseneinrichtung die Invalidenrente zu gewähren hat. Bei Berathung des Entwurfs von 1888 ist schon anerkannt worden, daß die Vorrechte aus § 55 auch auf die von den besonderen Kasseneinreichtungen innerhalb des reichsgesetzlichen Anspruchs zugebilligten Renten Anwendung zu finden haben; es ist deshalb diese Absicht ausdrücklich im Gesetz ausgesprochen. Daß die §§ 100 bis 102 auf das Ausscheiden und die Veränderungen der besonderen Kasseneinrichtungen Anwendung zu finden haben, ist schon im § 69 des bestehenden Gesetzes bestimmt; nachdem § 69 gestrichen, ist auf die §§ 100 bis 102 hier hingewiesen. In Bezug auf die Geltendmachung von Ansprüchen der Mitglieder der Kasseneinrichtungen auf Gewährung der Invaliditäts- und Altersfürsorge bleibt es bei dem bisherigen Verfahren. Der § 113 verfolgt den Zweck, den Versicherten, welcher erwerbsunfähig geworden ist, mit thunlichster Beschleunigung in den Besitz einer Rente zu setzen und andererseits die Versicherungsanstalt, welche die Invalidenrente angewiesen hat, in Höhe der auf Grund der Unfallversicherung eintretenden Leistungen der Berufsgenossenschaften zu entlasten. Auch in dieser Richtung ist eine verschiedene Behandlung bezüglich der bei Versicherungsanstalten und bei besonderen Kasseneinrichtungen versicherten Personen nicht gerechtfertigt. Die Entscheidung von Streitigkeiten zwischen Kasseneinrichtungen und Berufsgenossenschaften gemäß Abs. 2 des fortan auch für erstere geltenden § 113 wird ebenfalls dem Reichs- (beziehungsweise Landes-) Versicherungsamt übertragen (§ 113 Abs. 5). Wenn die Kasseneinrichtungen auch im Allgemeinen besonderen staatlichen Aufsichtsbehörden unterstellt sind, so hat sich gleichwohl eine solche Regelung um deswillen empfohlen, weil es sich bei diesen Streitigkeiten ausschließlich um Ansprüche handelt, die aus den Arbeiterversicherungsgesetzen herrühren. Sofern eine Kasseneinrichtung statutarisch die Erstattung von Beiträgen vorsieht, muß, wie in den Vorschriften der §§ 8, 9 über die Berechnung der Wartezeit und der Rente, auch bezüglich des Anspruchs auf Erstattung von Beiträgen die Betheiligung bei einer Kasseneinrichtung der Versicherung in einer Versicherungsanstalt gleichgeachtet werden und müssen auch die Versicherungsanstalten und Kasseneinrichtungen sich für die zurückerstatteten Beiträge gemäß § 128 Abs. 6 gegenseitig Ersatz leisten. Auch hat die Bestimmung im § 128 Abs. 3 alsdann entsprechend Anwendung zu finden. Ebenso wie zwischen den Organen verschiedener Versicherungsanstalten, können auch zwischen Versicherungsanstalten und besonderen Kasseneinrichtungen Streitigkeiten über die Frage entstehen, zu welcher derselben für bestimmte Personen Beiträge zu entrichten sind. In den bisherigen Bestimmungen fehlt es für diesen Fall an einer ausdrücklichen Vorschrift. Die Einfügung des § 156 in den § 173 soll diese Lücke ausfüllen. Die Geschäfts- und Rechnungsergebnisse der besonderen Kasseneinrichtungen wurden bisher durch die Aufsichtsbehörden dem Reichskanzler (Reichsamt des Innern) eingereicht und von diesem an das Reichs-Versicherungsamt abgegeben. Im Interesse der Vereinfachung des Geschäftsganges hat es sich empfohlen, durch Einfügung des § 165 Abs. 1 in den § 173 in dieser Richtung ein für alle Träger der Versicherung gleichmäßiges Verfahren herbeizuführen. Die Hervorhebung des § 171 ist durch die grundsätzliche Gleichstellung der zugelassenen Kasseneinrichtungen mit den Versicherungsanstalten gerechtfertigt. Die entsprechende Anwendung der Vorschriften des § 172 über die Rechtshülfe auf die besonderen Kasseneinrichtungen soweit es sich um die auf Grund ihrer Zulassung ihnen obliegenden Aufgaben handelt, war schon im bisherigen Abs. 3 des § 173 ausdrücklich vorgesehen; der Fortfall dieses Absatzes und das Citat des § 172 im neuen § 173 haben deshalb nur redaktionelle Bedeutung (Motive 352 ff.).

2. Die Frage, wer als Garant der besonderen Kasseneinrichtungen haftet und als solcher auch bei Auflösung einer Kasseneinrichtung deren Verpflichtungen in der reichsgesetzlichen Höhe zu übernehmen hat, war bisher in dem Gesetze nicht hinreichend klargestellt. Es ist deshalb im Abs. 2 hierüber besondere Bestimmung getroffen.

§ 174.

Für die Feststellung der von den Kasseneinrichtungen dem Gemeinvermögen nach dem Inkrafttreten des Gesetzes zufließenden Beitragseinnahmen sowie für die Vertheilung der Altersrenten sind die nach § 32 Abs. 5 zur Erhebung kommenden Beiträge maßgebend. Eine Vertheilung der von Kasseneinrichtungen festgestellten Renten erfolgt **nur dann und insoweit,** als ein Anspruch auf dieselben auch nach den Vorschriften dieses Gesetzes bestehen würde und soweit dieselben das Maß des reichsgesetzlichen Anspruchs nicht übersteigen.

Soweit diese Kasseneinrichtungen die von ihnen festgesetzten Renten ohne Vermittelung der Postanstalten selbst auszahlen, wird ihnen der Reichszuschuß am Schlusse eines jeden Rechnungsjahrs direkt überwiesen.

§ 175. Strafbestimmungen.

Arbeitgeber, welche in die von ihnen auf Grund gesetzlicher oder von der Versicherungsanstalt erlassener Bestimmung aufzustellenden Nachweisungen oder Anzeigen Eintragungen aufnehmen, deren Unrichtigkeit **sie kannten** oder **den Umständen**

nach annehmen mußten, können von der unteren Verwaltungsbehörde und da, wo Rentenstellen bestehen, von dem Vorsitzenden derselben mit Geldstrafe bis zu einhundertundfünfzig Mark, von dem Vorstande der Versicherungsanstalt mit Geldstrafe bis zu fünfhundert Mark belegt werden.

Neben den Anstaltsvorständen sind jetzt auch die unteren Verwaltungsbehörden bezw. Vorsitzenden der Rentenstellen zur Strafverfügung befugt.

§ 176.

Arbeitgeber, welche es unterlassen, für die von ihnen beschäftigten, dem Versicherungszwang unterliegenden Personen Marken in zureichender Höhe und in vorschriftsmäßiger Beschaffenheit rechtzeitig (§ 141) zu verwenden **oder die Versicherungsbeiträge rechtzeitig abzuführen (§§ 148, 149),** können von dem Vorstande der Versicherungsanstalt **und da, wo die Beitragskontrole Rentenstellen übertragen ist, von dem Vorsitzenden derselben** mit Geldstrafe belegt werden, **und zwar von dem Vorstande** bis zu dreihundert Mark, **von dem Vorsitzenden der Rentenstelle bis zu einhundertundfünfzig Mark.** Eine Bestrafung findet nicht statt, wenn die rechtzeitige Verwendung der Marken von einem anderen Arbeitgeber oder Betriebsleiter (§ 177) oder im Falle des § 144 von dem Versicherten bewirkt worden ist.

Die vorstehenden Bestimmungen finden auf Arbeitgeber, welche die ihnen gemäß § 4 Abs. 2 obliegenden Verpflichtungen nicht erfüllen, entsprechende Anwendung.

Bestreitet der Arbeitgeber seine Beitragspflicht, so ist diese auf dem im § 155 bezeichneten Wege festzustellen.

Der neue Abs. 3 soll klar stellen, daß, wenn der Streit über die Beitragspflicht einen Inzidenzpunkt in dem Strafbeschwerdeverfahren bildet, die Erledignng des Streits in Gemäßheit der Bestimmungen des § 155 stattzufinden hat.

§ 177.

Der Arbeitgeber ist befugt, die Aufstellung der nach gesetzlicher oder statutarischer Vorschrift erforderlichen Nachweisungen oder Anzeigen sowie die Verwendung von Marken auf bevollmächtigte Leiter seines Betriebs zu übertragen.

Name und Wohnort von solchen bevollmächtigten Betriebsleitern sind dem Vorstande der Versicherungsanstalt **und da, wo die Beitragskontrole Rentenstellen übertragen ist, dem Vorsitzenden derselben sowie beim Einzugsverfahren der Einzugsstelle** mitzutheilen. Begeht ein derartiger Bevollmächtigter eine in den §§ 175, 176, 179 mit Strafe bedrohte Handlung, so finden auf ihn die dort vorgesehenen Strafen Anwendung.

§ 178.

Gegen Straffestsetzungen, die auf Grund dieses Gesetzes **oder der zu dessen Ausführung ergangenen Anordnungen** oder auf Grund der Statuten von den Organen der Versicherungsanstalten oder den Schiedsgerichtsvorsitzenden **getroffen sind,** findet die Beschwerde statt. **Ueber dieselbe entscheidet, wenn die Straffestsetzung auf Grund des § 176 oder wenn sie in anderen Fällen von dem Vorsitzenden der Rentenstelle oder von dem Vorsitzenden des Schiedsgerichts getroffen war, die höhere Verwaltungsbehörde, in deren Bezirke sich der Sitz der Versicherungsanstalt, der Rentenstelle oder des Schiedsgerichts befindet, im Uebrigen das** Reichs-Versicherungsamt. Die Beschwerde ist binnen zwei Wochen nach der Zustellung **der Strafverfügung bei der zur Entscheidung zuständigen Stelle einzulegen; deren Entscheidung ist endgültig.**

Die von den vorbezeichneten **Stellen** sowie von der Verwaltungsbehörden auf Grund dieses Gesetzes festgesetzten Strafen fließen, soweit nicht in diesem Gesetz abweichende Bestimmungen getroffen sind, in die Kasse der Versicherungsanstalt.

Das Reichsversicherungsamt wird auf die Entscheidung von Beschwerden gegen die Straffestsetzungen der Anstaltsvorstände beschränkt. Im Uebrigen tritt an die Stelle des Reichsversicherungsamts die höhere Verwaltungsbehörde.

§ 179.

Wer der ihm nach § 148 obliegenden Verpflichtung zur An- und Abmeldung nicht nachkommt, wird mit Geldstrafe bis zu zwanzig Mark bestraft. Hatte die Meldung für eine Krankenkasse zu erfolgen, so fließen dieser die Geldstrafen zu.

Gegenüber Zweifeln, die in der Praxis entstanden sind, will die neue Fassung des § 179 klarstellen, daß es sich, wie in der verwandten Bestimmung des § 81 des Krankenversicherungsgesetzes, um eine strafrechtliche Bestimmung handelt, die Strafe also nicht von der Aufsichtsbehörde, sondern durch Vermittelung des Amtsanwalts von dem Schöffengerichte (§ 27 des Gerichtsverfassungsgesetzes) festzusetzen ist. Es kann jedoch auch zunächst ein schriftlicher Strafbefehl des Amtsrichters (§ 447 der Strafprozeßordnung) oder nach Landesrecht gemäß §§ 453 ff. der Strafprozeßordnung eine vorläufige Straffestsetzung durch die Polizeibehörde erfolgen, welche rechtskräftig werden, sobald sie nicht rechtzeitig angefochten werden. Die dem § 82 c des Krankenversicherungsgesetzes in der Fassung der Novelle vom 10. April 1892 nachgebildete Bestimmung, daß die verhängten Geldstrafen, sofern die Meldung für eine Krankenkasse zu erfolgen hatte, der Krankenkasse zufließen sollen, gilt auch für den Fall, daß die Strafe durch die Polizeibehörde festgestellt ist. Abweichende landesrechtliche Bestimmungen treten insoweit außer Kraft (Mot. 357).

§ 180.

Den Arbeitgebern und ihren Angestellten ist untersagt, durch Uebereinkunft oder mittelst Arbeitsordnungen die Anwendung der Bestimmungen dieses Gesetzes zum Nachtheile der Versicherten ganz oder theilweise auszuschließen oder dieselben in der Uebernahme oder Ausübung eines in Gemäßheit dieses Gesetzes ihnen übertragenen Ehrenamts zu beschränken. Vertragsbestimmungen, welche diesem Verbote zuwiderlaufen, haben keine rechtliche Wirkung.

Arbeitgeber oder deren Angestellte, welche **gegen die vorstehende Bestimmung verstoßen**, werden, sofern nicht nach anderen gesetzlichen Vorschriften eine härtere Strafe eintritt, mit Geldstrafe bis zu dreihundert Mark oder mit Haft bestraft.

Wenn auch gemäß § 144 die Versicherten befugt sind, die Beiträge selbst zu entrichten, so ist doch eine Vereinbarung, durch welche sich die Versicherten verpflichten, diese Befugniß auszuüben, unzulässig. (Vgl. Mot. 357.)

§ 181.

Die gleiche Strafe (§ 180) trifft, **sofern nicht nach anderen Gesetzen eine höhere Strafe verwirkt ist,**

1. Arbeitgeber, welche den von ihnen beschäftigten, dem Versicherungszwang unterliegenden Personen, **an Beiträgen in rechtswidriger Absicht** mehr bei der Lohnzahlung in Anrechnung bringen, **als nach § 34 Abs. 4, § 142 zulässig ist, oder welche es unterlassen, entgegen der Vorschrift des § 142 Abs. 4 die dort gebotenen Lohnabzüge zu machen, oder den bei Anwendung des § 52a des Krankenversicherungsgesetzes auf die Beiträge zur Invalidenversicherung sich ergebenden Verpflichtungen nachzukommen;**
2. Angestellte, welche einen solchen größeren Abzug **in rechtswidriger Absicht** bewirken;
3. **Versicherte, welche die Beiträge selbst entrichten, wenn sie dabei von dem Arbeitgeber in rechtswidriger Absicht mehr erstattet verlangen, als nach § 34 Abs. 4, §§ 144, 145 zulässig ist, oder wenn sie für die gleiche Beitragswoche die Erstattung des vollen Beitragsantheils von mehr als einem Arbeitgeber in Anspruch nehmen oder es unterlassen, den vom Arbeitgeber**

erhobenen Beitragsantheil zur Entrichtung des Beitrags zu verwenden;

4. Personen, welche dem Berechtigten eine Quittungskarte widerrechtlich vorenthalten.

§ 182.

Arbeitgeber, welche den von ihnen beschäftigten Personen auf Grund des § 142 Lohnbeträge in Abzug bringen, die abgezogenen Beträge aber nicht zu Zwecken der Versicherung verwenden, werden, falls nicht nach anderen Gesetzen eine höhere Strafe verwirkt ist, mit Geldstrafe bis zu dreihundert Mark oder mit Haft bestraft.

Wurde die Verwendung in der Absicht unterlassen, sich oder einem Dritten einen rechtswidrigen Vermögensvortheil zu verschaffen oder die Versicherungsanstalt oder die Versicherten zu schädigen, so tritt Gefängnißstrafe ein, neben welcher auf Geldstrafe bis zu dreitausend Mark sowie auf Verlust der bürgerlichen Ehrenrechte erkannt werden kann. Sind mildernde Umstände vorhanden, so darf ausschließlich auf Geldstrafe erkannt werden.

Die neue Bestimmung des § 182 ist der Bestimmung des § 82b des Krankenversicherungsgesetzes nachgebildet.

§ 183.

Die Strafbestimmungen der §§ 175, 176, 179 bis 182 finden auch auf die gesetzlichen Vertreter handlungsunfähiger Arbeitgeber, desgleichen auf die Mitglieder des Vorstandes einer Aktiengesellschaft, Innung oder eingetragenen Genossenschaft sowie auf die Liquidatoren einer Handelsgesellschaft, Innung oder eingetragenen Genossenschaft Anwendung.

§ 184.

Wer in Quittungskarten Eintragungen oder Vermerke macht, welche nach § 139 unzulässig sind, oder wer in Quittungskarten den Vordruck oder die zur Ausfüllung des Vordrucks eingetragenen Worte oder Zahlen verfälscht oder wissentlich von einer derart verfälschten Karte Gebrauch macht, kann von der unteren Verwaltungsbehörde und da, wo Rentenstellen die Beitragskontrole übertragen ist, von dem Vorsitzenden derselben mit Geldstrafe bis zu zwanzig Mark belegt werden.

Sind die Eintragungen, Vermerke oder Veränderungen in der Absicht gemacht worden, den Inhaber der Quittungskarte anderen Arbeitgebern gegenüber zu kennzeichnen, so tritt Geldstrafe bis zu zweitausend Mark oder Gefängniß

bis zu sechs Monaten ein. Sind mildernde Umstände vorhanden, so kann statt der Gefängnißstrafe auf Haft erkannt werden.

Eine Verfolgung wegen Urkundenfälschung (§§ 267, 268 des Reichs-Strafgesetzbuchs) tritt nur ein, wenn die Fälschung in der Absicht begangen wurde, sich oder einem Anderen einen Vermögensvortheil zu verschaffen oder einem Anderen Schaden zuzufügen.

Die Strafbestimmungen des § 184 haben für solche Fälle eine Milderung erfahren, in denen die unzulässigen Eintragungen in die Quittungskarte eine dem Versicherten irgendwie nachtheilige Absicht nicht erkennen lassen. Die jetzigen Bestimmungen führen zu vielfachen Härten und Ungerechtigkeiten gegen Personen, bei denen nicht die geringste Absicht besteht, die Quittungskarten in einer für den Arbeiter nachtheiligen Weise zu mißbrauchen. So ist dem Reichs-Versicherungsamte bekannt geworden, daß gegen den Buchhalter eines größeren kaufmännischen Unternehmens, der die Quittungskarten der dort beschäftigten Versicherten behufs leichterer Auffindbarkeit mit unauffälligen Ziffern versehen hatte, ferner gegen den Arzt eines Krankenhauses, der auf dringendes Verlangen des Versicherten dessen Krankheitszeit in die Quittungskarte eingetragen hatte, das Strafverfahren eingeleitet worden ist. Der Absicht des Gesetzes entspricht die Bestrafung in solchen Fällen nicht, vielmehr kann die Bestrafung dann nur dazu dienen, Unzufriedenheit hervorzurufen. Allen betheiligten Interessen wird ausreichend genügt, wenn wie das im Abs. 1 geschehen, nur die Zulässigkeit, nicht die Nothwendigkeit des Erlasses von Ordnungsstrafen wegen unzulässiger Eintragungen in Quittungskarten ausgesprochen und die Handhabung der Strafbefugniß hierbei nicht dem Strafrichter, sondern dem pflichtmäßigen Ermessen der Verwaltungsbehörde überlassen wird.

Aenderungen im Vordrucke der Quittungskarte oder in den zur Ausfüllung des Vordrucks eingetragenen Worten oder Zahlen sind der Eintragung besonderer Vermerke gleichgestellt worden. Es soll auch in dieser Beziehung ungerechtfertigten Härten entgegengetreten werden, welche sich aus der Eigenschaft der Quittungskarte als einer öffentlichen Urkunde ergeben möchten. Es geht zu weit, wenn solche unter Umständen geringfügige und zuweilen in gutem Glauben vorgenommene Aenderungen in allen Fällen als Urkundenfälschungen angesehen werden sollen. Auch der wissentliche Gebrauch einer derart gefälschten Quittungskarte soll der Verfolgung nach §§ 267, 268 des Strafgesetzbuchs entzogen werden.

Anders liegen die Dinge dann, wenn einer unzulässigen Eintragung in Quittungskarten „die Absicht“ zu Grunde liegt, „den Versicherten zu kennzeichnen.“ Eine solche, die Absicht des Gesetzes vereitelnde Handlung muß allerdings strafrechtlich geahndet werden, und es ist nur angemessen, für solche Fälle die hohe Strafandrohung des alten § 151 lediglich aufrecht zu erhalten. Wann jene Voraussetzung gegeben ist, bleibt im Einzelfalle zu prüfen, wobei naturgemäß auch Eintragungen, in denen die erwähnte Absicht nicht ausdrücklich, sondern nur indirekt und versteckt enthalten ist, dem Strafrichter nicht entzogen werden dürfen. Endlich ist für diejenigen Fälle, in welcher die Fälschung der Quittungskarte in der Absicht begangen wurde, sich oder einem Anderen einen Vermögensvortheil zu verschaffen oder einem Anderen Schaden zuzufügen, die Zulässigkeit einer Verfolgung wegen Urkundenfälschung (§§ 267, 268 des Strafgesetzbuchs) vorbehalten. Im Uebrigen ist die Anwendung der Bestimmungen des Strafgesetzbuchs über Urkundenfälschung durch die neue Fassung des § 184 ausgeschlossen worden (Mot. 359).

§ 185.

Die Mitglieder der Vorstände und sonstiger Organe der Versicherungsanstalten sowie die das Aufsichtsrecht über dieselben ausübenden Beamten werden, wenn sie unbefugt Betriebsgeheimnisse offenbaren, welche kraft ihres Amtes zu ihrer Kenntniß gelangt sind, mit Geldstrafe bis zu eintausendfünfhundert Mark oder mit Gefängniß bis zu drei Monaten bestraft.

Die Verfolgung tritt nur auf Antrag des Betriebsunternehmers ein.

§ 186.

Die im § 185 bezeichneten Personen werden mit Gefängniß, neben welchen auf Verlust der bürgerlichen Ehrenrechte erkannt werden kann, bestraft, wenn sie absichtlich zum Nachtheile der Betriebsunternehmer Betriebsgeheimnisse, welche kraft ihres Amtes zu ihrer Kenntniß gelangt waren, offenbaren, oder wenn sie geheim gehaltene Betriebseinrichtungen oder Betriebsweisen, welche kraft ihres Amtes zu ihrer Kenntniß gelangt sind, solange als diese Betriebsgeheimnisse sind, nachahmen.

Thun sie dies, um sich oder einem Anderen einen Vermögensvortheil zu verschaffen, so kann neben der Gefängnißstrafe auf Geldstrafe bis zu dreitausend Mark erkannt werden.

§ 187.

Mit Gefängniß nicht unter drei Monaten, neben welchem auf Verlust der bürgerlichen Ehrenrechte erkannt werden kann, wird bestraft, wer unechte Marken in der Absicht anfertigt, sie als echt zu verwenden, oder echte Marken in der Absicht verfälscht, sie zu einem höheren Werthe zu verwenden, oder wissentlich von falschen oder verfälschten Marken Gebrauch macht.

Dieselbe Strafe trifft denjenigen, welcher Marken verwendet, veräußert oder feilhält, **obwohl er weiß oder den Umständen nach annehmen muß, daß die Marken bereits einmal verwendet worden sind.** Sind mildernde Umstände vorhanden, so kann auf Geldstrafe bis zu dreihundert Mark oder Haft erkannt werden.

Zugleich ist auf Einziehung der Marken zu erkennen, ohne Unterschied, ob sie dem Verurtheilten gehören oder nicht. Auf diese Einziehung ist auch dann zu erkennen, wenn die Verfolgung oder Verurtheilung einer bestimmten Person nicht stattfindet.

Nach der bisherigen Fassung des § 187 Abs. 2 wird derjenige stets bestraft, der wissentlich schon einmal verwendete Marken abermals in Quittungskarten verwendet; derjenige aber, welcher solche Marken veräußert oder feil hält, unterliegt nur dann der Bestrafung, wenn er etwaige auf die Marken gesetzte Entwerthungszeichen ganz oder theilweise vorher entfernt, bleibt aber unbestraft, wenn er benutzte Marken ohne Entwerthungszeichen veräußert oder feilhält. Dieser Rechszustand ist, wie die Motive S. 360 hervorheben, nur einem Redaktionsversehen zuzuschreiben. Die neue Fassung beseitigt dieses Versehen und giebt schlechtweg die Möglichkeit, denjenigen strafrechtlich zu verfolgen, welcher Marken verwendet, veräußert oder feilhält, obwohl er weiß oder den Umständen nach annehmen muß, daß die Marken bereits einmal verwendet worden sind.

§ 188.

Mit Geldstrafe bis zu einhundertundfünfzig Mark oder mit Haft wird bestraft, wer ohne schriftlichen Auftrag einer Versicherungsanstalt oder einer Behörde

1. Stempel, Siegel, Stiche, Platten oder andere Formen, welche zur Anfertigung von Marken dienen können, anfertigt oder an einen Anderen als die Versicherungsanstalt beziehungsweise die Behörde verabfolgt,
2. den Abdruck der in Ziffer 1 genannten Stempel, Siegel, Stiche, Platten oder Formen unternimmt oder Abdrücke an einen Anderen als die Versicherungsanstalt beziehungsweise die Behörde verabfolgt.

Neben der Geldstrafe oder Haft kann auf Einziehung der Stempel, Siegel, Stiche, Platten oder Formen erkannt werden, ohne Unterschied, ob sie dem Verurtheilten gehören oder nicht.

§ 189. Uebergangsbestimmungen.

Bei Versichten, welche **innerhalb der ersten fünf Jahre, nachdem die Versicherungspflicht für ihren Berufszweig in Kraft getreten ist,** erwerbsunfähig werden, **wird auf die Wartezeit für die Invalidenrente (§ 29 Abs. 1 Ziffer 1) die Dauer einer früheren Beschäftigung angerechnet, für welche die Versicherungspflicht bestand oder inzwischen eingeführt worden ist. Die Anrechnung erfolgt aber nur, insoweit die frühere Beschäftigung in die letzten** fünf Jahre vor Eintritt der Erwerbsunfähigkeit **entfällt, und nur dann, wenn nach dem Zeitpunkte, mit welchem die Versicherungspflicht für den betreffenden Berufszweig in Kraft getreten**

ist, eine die Versicherungspflicht begründende Beschäftigung für die Dauer von mindestens vierzig Wochen bestanden hat.

1. Die Uebergangsbestimmungen für die Invalidenrente haben, nachdem inzwischen 8 Jahre seit Inkrafttreten des Gesetzes verstrichen sind, nur noch für diejenigen Personenkreise Bedeutung, auf welche die Versicherungspflicht gemäß § 2 nachträglich erstreckt worden ist oder erstreckt werden wird, oder welche in Folge der Abänderung des § 1 Ziffer 2 vom 1. Januar 1900 an versicherungspflichtig werden.

2. Voraussetzung für die Anwendung der Uebergangsbestimmungen bleibt, daß der Versicherte innerhalb der ersten fünf Jahre, nachdem die Versicherungspflicht für seinen Berufszweig in Kraft getreten ist, erwerbsunfähig wird. Alsdann wird auf die Wartezeit auch eine vorgesetzliche Beschäftigungszeit angerechnet. Hierbei werden durch die neue Fassung im Abs. 1 die Zweifel in der bisherigen Praxis über die Berechnung der vorgesetzlichen Wartezeit für Versicherte aus nachträglich an die Versicherung einbezogenen Berufsgruppen in Uebereinstimmung mit der Rechtsprechung des Reichs-Versicherungsamts (zu vergleichen Revisionsentscheidung 455, Amtliche Nachrichten des Reichs-Versicherungsamts, Invaliditäts- und Altersversicherung, 1895, S. 246) dahin entschieden, daß auf die vorgesetzliche Wartezeit derartiger Versicherter neben der nachträglich für versicherungspflichtig erklärten Beschäftigung auch die bisher schon nach §§ 1 und 2 der Versicherungspflicht unterliegende Thätigkeit anrechnungsfähig sein soll.

3. Die Dauer der für die Zeit nach dem Inkrafttreten des Ge-Gesetzes nachzuweisenden Beitragszeit ist entsprechend der Herabminderung der Wartezeit (§ 29) von 47 auf 40 Wochen ermäßigt worden. Dabei ist das Wort „Kalenderjahre“ im Abs. 1 durch „Jahre“ ersetzt worden. Ersteres war für das Invaliditäts- und Altersversicherungsgesetz zutreffend, da dieses gerade am 1. Januar 1891 in Kraft trat. Bei Ausdehnung der Versicherungspflicht auf neue Berufszweige fällt aber der Beginn dieser Ausdehnung nicht nothwendig mit dem des Kalenderjahrs zusammen (Mot. 361).

4. Aus der Fassung des Abs. 1: „Bei Versicherten, welche innerhalb der ersten fünf Jahre, nachdem die Versicherungspflicht ... in Kraft getreten ist“, folgt, daß die Vortheile der Uebergangsbestimmung auf Selbstversicherung sich nicht erstrecken (vgl. Motive 361).

5. Die Wartezeit für die Invalidenrente beträgt jetzt nur 200 Wochen (vgl. § 29).

§ 190.

Bei Versicherten, welche zu der Zeit, **als die Versicherungspflicht für ihren Berufszweig in Kraft trat,** das vierzigste Lebensjahr vollendet haben, werden auf die Wartezeit für die Altersrente (§ 29 Abs. 1 Ziffer 2) für jedes **volle** Jahr, um welches ihr Lebensalter **zu diesem Zeitpunkte** das vollendete vierzigste Jahr überstiegen hat, **vierzig Wochen und für den überschießenden Theil eines solchen Jahres die weiteren Wochen, jedoch nicht mehr als vierzig, angerechnet.**

Die Anrechnung erfolgt aber nur dann, wenn solche Personen während der dem Inkrafttreten unmittelbar vorangegangenen drei Jahre **berufsmäßig, wenn auch nicht ununterbrochen, eine Beschäftigung gehabt haben, für welche die Versicherungspflicht bestand oder inzwischen eingeführt worden ist. Dieser Nachweis wird erlassen, wenn innerhalb der ersten fünf Jahre, nachdem die Versicherungspflicht für den betreffenden Berufszweig in Kraft getreten ist, eine die Versicherungspflicht begründende Beschäftigung für die Dauer von mindestens zweihundert Wochen bestanden hat.**

1. Im Gegensatz zu § 189 haben die Uebergangsbestimmungen für die Altersrente auch für die bisher schon unter § 1 fallenden Personen noch für lange Jahre hindurch einen erheblichen Werth.

2. Statt der bisherigen 47 Wochen werden für jedes vollendete Lebensjahr 40 Wochen in Ansatz gebracht.

3. Für den Nachweis der vorgesetzlichen Wartezeit ist durch die abgeänderten Bestimmungen des Abs. 2 eine bedeutende Erleichterung geschaffen. Während bisher der Nachweis erfordert wurde, daß die betreffende Person während der vorgesetzlichen drei Jahre mindestens 141 Wochen in einem die Versicherungspflicht begründenden Arbeits- oder Dienstverhältniß gestanden hat, genügt es jetzt, daß die betreffende Person in den drei vorgesetzlichen Jahren berufsmäßig, wenn auch nicht ununterbrochen eine jetzt versicherungspflichtige Beschäftigung ausgeübt hat oder, wie es die Motive S. 362 umschreiben, daß die betreffende Person ihren Lebensunterhalt regelmäßig durch eine, wenn auch nicht ununterbrochen geleistete Lohnarbeit erworben hat. Dabei wird, wie die Motive b. c. hervorheben, eine verständige Praxis den individuellen Verhältnissen des Rentenbewerbers gebührend Rechnung tragen können. Die zulässigen Unterbrechungen der Berufsarbeit sind aber nicht etwa auf die im § 191 hervorgehobenen besonderen Fälle zu beschränken.

Aber auch dieser erleichterte Nachweis der vorgesetzlichen Beschäftigung wird ganz erlassen, wenn während der ersten fünf Jahre, nachdem die Versicherungspflicht für den betreffenden Berufszweig in Kraft getreten ist, eine versicherungspflichtige Beschäftigung von mindestens 200 Wochen stattgefunden hat.

4. Die Wartezeit für die Altersrente beträgt jetzt nur 1200 Wochen (vgl. § 29).

§ 191.

In den Fällen der §§ 189, 190 wird **für die in Anrechnung zu bringende Zeit vor der Begründung der Versicherungspflicht** eine unter § 30 Abs. 2 fallende Krankheit oder militärische Dienstleistung **sowie die Zeit des früheren Bezugs einer Invalidenrente (§ 47 Abs. 4)** einem Arbeits- oder Dienstverhältnisse gleich geachtet.

Dasselbe gilt für den Zeitraum von höchstens vier Monaten während eines Kalenderjahrs

1. **von Zeiten vorübergehender Unterbrechung eines ständigen Arbeits- oder Dienstverhältnisses zu einem bestimmten Arbeitgeber;**
2. **von Zeiten vorübergehender Unterbrechung einer berufsmäßigen Beschäftigung, soweit es sich um eine Beschäftigung handelt, die nach ihrer Natur alljährlich für einige Zeit vorübergehend unterbrochen zu werden pflegt (Saisonarbeit);**
3. **von einer zu Zwecken des Verdienstes unternommenen Beschäftigung mit Spinnen, Stricken oder ähnlichen leichten häuslichen Arbeiten, wie sie landesüblich von alternden oder schwächlichen Leuten geleistet zu werden pflegen.**

1. Einer besonderen Berücksichtigung der vorübergehenden Unterbrechung ständiger Arbeitsverhältnisse bedarf es für die Zeit nach dem Inkrafttreten der Versicherungspflicht nicht mehr, weil die Zusatzmarke, die während dieser Zeit nicht beigebracht zu werden brauchte (§ 119 in der früheren Fassung), fortab allgemein in Fortfall kommt. Dagegen müssen diese Unterbrechungszeiten, soweit sie in der Zeit vor dem Inkrafttreten der Versicherungspflicht schon nach den bisherigen Bestimmungen anrechnungsfähig waren, auch für die Folgezeit berücksichtigt werden, um einer Schlechterstellung der in Betracht kommenden Personen vorzubeugen. Dabei ist die im § 47 Abs. 4 vorgesehene Gleichstellung der Zeit eines früheren Invalidenrentenbezugs mit einer anrechnungsfähigen Krankheitszeit auch hier zugelassen. Es kann dies praktische Bedeutung für den Fall haben, daß ein Versicherter, welcher auf Grund der bisherigen Bestimmungen eine später entzogene Invalidenrente genossen hat, demnächst seinen Beruf wechselt und auf Grund der für den neuen Berufszweig nachträglich in Kraft getretenen Versicherungspflicht neuerdings Invaliden- oder Altersrente begehrt. Die Beschränkung des § 30 Abs. 5 findet auch in diesem Falle keine Anwendung, was durch das Allegat des § 47 Abs. 4 klargestellt worden ist (Motive 363).

2. Mehrfach ist es als eine unbegründete Härte empfunden worden, daß die Anrechnung einer nicht durch Arbeit ausgefüllten Zeit vorübergehender Unterbrechung eines Arbeitsverhältnisses auf die bei einem bestimmten Arbeitgeber ständig beschäftigten Personen beschränkt worden ist, während die unständigen Saisonarbeiter, namentlich die zahlreichen Bauhandwerker, die während der Wintermonate in ihrem Beruf in der Regel nicht thätig sein können, von jener Vergünstigung ausgeschlossen waren. Zur Abhülfe soll die neue Bestimmung der Ziffer 2 dienen (Motive 363).

3. Zahlreiche zur Klasse der Berufsarbeiter gehörende Personen suchen beim Mangel der gewohnten Beschäftigung, häufig in Folge des Nachlassens ihrer körperlichen Arbeitsfähigkeit, zeitweise durch landesübliche sonstige Arbeiten, etwa durch Spinnen oder dergleichen, also durch eine leichte Thähigkeit in selbständigem Betriebe, sei es auf Bestellung, sei es auf Vorrath zum Verkauf, ihren Lebensunterhalt zu er-

werden. Solche Personen finden sich insbesondere in Landstädten und Dörfern; oft sind es Personen, die berufsmäßig in der Land- oder Forstwirthschaft zu arbeiten pflegen, sobald sich dort für sie geeignete Arbeit findet. Sie leben in der Regel in dürftigen Verhältnissen und sind zu denjenigen zu rechnen, denen die Wohlthaten des Gesetzes zugedacht sind. Um diesen Personen die Erlangung einer Altersrente zu ermöglichen, ist in Ziffer 3 bestimmt, daß ihnen diese Beschäftigung, soweit sie in die vorgesetzliche Zeit entfällt, als Lohnarbeit angerechnet werden soll. Wäre das Gesetz auf diese Personen schon während der Dauer einer solchen selbständigen Beschäftigung anwendbar gewesen, so hätten sie während der letzteren freiwillig Beiträge entrichten und dadurch für die Fortdauer der Versicherung Sorge tragen können. Dies war ihnen aber unmöglich, da sie die Spinnarbeit u. s. w. zu einer Zeit unternahmen, in welcher das Gesetz noch nicht galt. Es wäre also unbillig, wenn man ihnen lediglich wegen der Art dieser Beschäftigung die Wohlthaten der Uebergangsbestimmungen vorenthalten wollte (Motive 363).

§ 192.

Sind bei den auf Grund des § 190 zu gewährenden Altersrenten weniger als vierhundert Beitragswochen nachgewiesen, so werden für die fehlenden Wochen Beiträge derjenigen Lohnklasse, welche dem durchschnittlichen Jahresarbeitsverdienste des Versicherten während der im § 190 Abs. 2 Satz 1 bezeichneten drei Jahre entspricht, mindestens aber Beiträge der ersten Lohnklasse in Ansatz gebracht. Sind mehr als vierhundert Beitragswochen nachgewiesen, so kommen die Bestimmungen des § 37 ohne Weiteres in Anwendung.

1. Die bisherigen Bestimmungen über die Berechnung der Altersrente in der Uebergangszeit mußten wegen der neuen Bestimmungen im § 37, betr. die Berechnung der Altersrente, in Wegfall kommen. Sind mindestens 400 Wochen nachgewiesen, so kommen die Bestimmungen des § 37 ohne Weiteres zur Anwendung; sind weniger als 400 Wochen nachgewiesen, so wird das Minus in Gemäßheit der Bestimmung des § 192 ergänzt und alsdann die Rente gemäß § 37 berechnet.

2. Die bisherigen Bestimmungen über die Berücksichtigung vorgesetzlicher Beschäftigung bei Vertheilung von Uebergangsrenten sind in Wegfall gekommen.

§ 193.

Ansprüche auf Renten oder Beitragserstattungen, über welche zur Zeit des Inkrafttretens dieses Gesetzes das Feststellungsverfahren noch schwebt, unterliegen den Bestimmungen dieses Gesetzes, sofern letzteres für die Berechtigten günstiger ist. Die Nichtanwendung dieser günstigeren Bestimmungen bildet einen Revisionsgrund im Sinne des § 116 Abs. 3.

Auf die zur Zeit des Inkrafttretens der Novelle laufenden

Invaliden- und Altersrenten, welche unter der Herrschaft des bisherigen Gesetzes rechtskräftig bewilligt worden sind, finden die neuen, für die Versicherten günstigeren Bestimmungen keine Anwendung (Motive 364).

Dagegen finden diese günstigeren Bestimmungen auf diejenigen Fälle Anwendung, in denen zur Zeit des Inkrafttreten des Gesetzes das Feststellungsverfahren noch schwebt. Das Feststellungsverfahren wird solange als schwebend angesehen werden müssen, als der Feststellungsbescheid nicht rechtskräftig geworden ist. Mit dieser Ansicht scheint auch der Wortlaut der oben citirten Motive übereinzustimmen.

§ 194. Gesetzeskraft.

Die vorstehenden Bestimmungen treten, soweit sie sich auf die Herstellung oder **Veränderung** der zur Durchführung der Invalidenversicherung erforderlichen Einrichtungen beziehen, mit dem Tage der Verkündung, im Uebrigen mit dem **1. Januar 1900** in Kraft.

Sofern bis zu letzterem Zeitpunkte die Statuten einer Versicherungsanstalt oder einer auf Grund der §§ 5, 7 des Gesetzes vom 22. Juni 1889 zugelassenen besonderen Kasseneinrichtung die nach dem gegenwärtigen Gesetz erforderlichen Aenderungen nicht rechtzeitig erfahren sollten, werden diese Abänderungen durch die Aufsichtsbehörde mit rechtsverbindlicher Wirkung von Aufsichtswegen vollzogen.

Soweit in Reichsgesetzen oder in Landesgesetzen auf Vorschriften des Gesetzes vom 22. Juni 1889 verwiesen ist, treten die entsprechenden Vorschriften dieses Textes an ihre Stelle.

Das Reichsversicherungsamt hat aus Anlaß einer Beschwerde eines Staatskommissars entschieden, daß die Einrichtung des Staatskommissars noch bis zum 1. Januar 1900 besteht. Vom 1. Januar 1900 an fällt die Einrichtung des Staatskommissars fort, sodaß der Staatskommissar nicht mehr in der Lage ist, Berufungen oder Revisionen, welche er vor dem 1. Januar 1900 eingelegt hat und die bis zu diesem Termin noch nicht erledigt sind, weiter zu betreiben.

Anlage I.

Bekanntmachung, betreffend die Erstreckung der Versicherungspflicht nach dem Invaliditäts- und Altersversicherungsgesetze auf die Hausgewerbetreibenden der Tabackfabrikation. Vom 16. Dezember 1891.

Auf Grund der §§ 2, 109 und 110 des Gesetzes, betreffend die Invaliditäts- und Altersversicherung, vom 22. Juni 1889 [Reichsgesetzbl. S. 97] hat der Bundesrath beschlossen, was folgt:

1. Die Versicherungspflicht nach § 1 des Gesetzes, betreffend die Invaliditäts- und Altersversicherung, vom 22. Juni 1889 [Reichsgesetzbl. S. 97] wird auf solche selbständige Gewerbetreibende [Hausgewerbetreibende] erstreckt, welche in eigenen Betriebsstätten im Auftrage und für Rechnung anderer Gewerbetreibenden [Fabrikanten, Fabrikkaufleute, Handelsleute] mit der Herstellung oder Bearbeitung von Cigarren oder anderen Tabackfabrikaten beschäftigt werden, und zwar auch dann, wenn diese Hausgewerbetreibenden die Roh- oder Hülfsstoffe selbst beschaffen, und auch für die Zeit, während welcher sie vorübergehend für eigene Rechnung arbeiten.

Vorstehende Bestimmung findet keine Anwendung auf solche Hausgewerbetreibende, welche das Geschäft regelmäßig für eigene Rechnung betreiben und nur gelegentlich von anderen Gewerbetreibenden für deren Rechnung beschäftigt werden.

2. Die Versicherung erfolgt bei derjenigen Versicherungsanstalt, in deren Bezirk sich der Betriebssitz des Hausgewerbetreibenden befindet. Die Lohnklasse, in welcher die Versicherung erfolgt, bestimmt sich nach den Vorschriften des § 22 des Gesetzes. Dies gilt auch für diejenige Zeit, während welcher die Hausgewerbetreibenden für eigene Rechnung arbeiten.

3. Die Hausgewerbetreibenden haben die Beiträge für ihre eigene Versicherung selbst dadurch zu entrichten, daß sie die den schuldigen Beiträgen entsprechenden Marken in ihre Quittungskarten einkleben.

Für jede volle oder angefangene Kalenderwoche sind die Beiträge spätestens an demjenigen Tage zu entrichten, an welchem die Abrechnung mit dem Fabrikanten oder, wenn die Beschäftigung für mehrere Fabrikanten stattfindet, mit einem derselben erfolgt.

Die Hausgewerbetreibenden, welche es unterlassen, die Beiträge für ihre Versicherung gemäß vorstehender Vorschrift zu entrichten, unterliegen der Strafbestimmung des § 143 des Gesetzes.

Die versicherungspflichtigen Hausgewerbetreibenden haben auch für diejenige Zeit, während welcher sie das Geschäft auf eigene Rechnung betreiben, für ihre eigene Versicherung Zusatzmarken nicht beizubringen.

Bezüglich der Beiträge der Hausgewerbetreibenden für ihr Hülfspersonal [Gesellen, Gehülfen, Lehrlinge] hat es bei den bestehenden allgemeinen Vorschriften sein Bewenden.

4. Die von den Hausgewerbetreibenden für sich und ihr Hülfspersonal verwendeten Marken sind sofort nach erfolgter Einklebung nach den hierfür geltenden allgemeinen Bestimmungen zu entwerthen.

5. Auf dem im § 112 des Gesetzes vorgesehenen Wege kann angeordnet werden, daß die Beiträge für die Hausgewerbetreibenden von

diesen zum Einzug gebracht werden. In diesem Falle finden die Bestimmungen der Ziffer 3 Absatz 1 bis 3 keine Anwendung.

6. Die Hausgewerbetreibenden sind verpflichtet, über die von ihnen im Gewerbebetriebe beschäftigten versicherungspflichtigen Hülfspersonen Verzeichnisse zu führen, aus welchen sich insbesondere die Dauer der Beschäftigung der letzteren ergiebt. Sie haben diese Verzeichnisse den sie beschäftigenden Fabrikanten ꝛc. auf Verlangen zur Prüfung vorzulegen. Die für den Betriebssitz des Hausgewerbetreibenden zuständige untere Verwaltungsbehörde ist befugt, Vorschriften über die Führung dieser Verzeichnisse zu erlassen und die ordnungsmäßige Führung sowie die Vorlegung der Verzeichnisse durch Geldstrafen bis zu fünfzig Mark zu erzwingen.

7. Die Fabrikanten ꝛc. sind verpflichtet, den für ihre Rechnung arbeitenden Hausgewerbetreibenden bei der Abrechnung die Hälfte derjenigen Beiträge zu erstatten, welche die letzteren für sich und für die von ihnen beschäftigten versicherungspflichtigen Hülfspersonen entrichtet haben.

Sind die Beiträge ohne Zustimmung des Fabrikanten in einer höheren als der gesetzlich vorgeschriebenen Lohnklasse entrichtet, so bemißt sich der Erstattungsanspruch nur nach letzterer Lohnklasse. Der Anspruch erstreckt sich höchstens auf die für die beiden letzten Abrechnungsperioden entrichteten beziehungsweise fällig gewordenen Beiträge.

Für die Dauer vorübergehender Beschäftigung für eigene Rechnung hat der Hausgewerbetreibende den vollen Beitrag für seine Person, beziehungsweise den halben Beitrag für seine Hülfspersonen selbst zu tragen.

Die Vorschriften der §§ 147 und 148 des Gesetzes finden auf die Fabrikanten ꝛc. in ihrem Verhältniß zu den Hausgewerbetreibenden entsprechende Anwendung.

8. Waren die Hausgewerbetreibenden während der Beitragsperiode für mehrere Fabrikanten ꝛc. oder für eigene Rechnung und einen oder mehrere Fabrikanten beschäftigt, so ist die dem Arbeitgeber zur Last fallende Hälfte der Beiträge vorbehaltlich anderweiter Vereinbarung auf die sämmtlichen betheiligten Fabrikanten oder zutreffendenfalls auf diese und den Hausgewerbetreibenden nach Verhältniß der für die Herstellung oder Bearbeitung der Fabrikate erforderlich gewesenen oder für erforderlich zu erachtenden Zeit zu vertheilen.

9. Die Fabrikanten ꝛc. sind berechtigt, die Verpflichtungen des Arbeitgebers für ihre Hausgewerbetreibenden und deren Hülfspersonen ganz oder zum Theil selbst zu übernehmen.

Von der erfolgten Uebernahme hat der Fabrikant der unteren Verwaltungsbehörde Kenntniß zu geben, welche dem zuständigen Organe der Versicherungsanstalt und in den Fällen des § 112 des Gesetzes den mit der Einziehung der Beiträge und der Entgegennahme der Meldungen betrauten Stellen Nachricht giebt.

Soweit es sich um die Entrichtung der Beiträge für die Hausgewerbetreibenden selbst handelt, können den Fabrikanten die Verpflichtungen der Arbeitgeber von der für ihren Betriebssitz zuständigen unteren Verwaltungsbehörde auferlegt werden. Sofern letzteres geschieht, findet binnen zwei Wochen nach der Zustellung der die Verpflichtung aussprechenden Verfügung die Beschwerde an die höhere Verwaltungsbehörde statt; dieselbe entscheidet endgültig.

10. Streitigkeiten, welche aus Anlaß vorstehender Bestimmungen zwischen den Organen der Versicherungsanstalten einerseits und den Fabrikanten, Hausgewerbetreibenden oder deren Hülfspersonen andererseits oder zwischen den Fabrikanten und den Hausgewerbetreibenden darüber, ob und welche Beiträge zu entrichten sind, entstehen, werden nach § 122, Streitigkeiten über Berechnung und Anrechnung der für Hausgewerbetreibende oder deren Hülfspersonen zu entrichtenden Beiträge nach § 124 des Gesetzes entschieden.

11. Soweit im Vorstehenden keine besonderen Bestimmungen getroffen sind, erfolgt die Erhebung der Beiträge für die Hausgewerbetreibenden nach den für die Durchführung der Invaliditäts- und Altersversicherung erlassenen allgemeinen Vorschriften.

12. Die vorstehenden Bestimmungen treten am 4. Januar 1892 in Kraft.

Berlin, den 16. Dezember 1891.

Der Reichskanzler. J. Vertr. von Boetticher.

Anlage II.

Bekanntmachung, betreffend die Invaliditäts- und Altersversicherung von Hausgewerbetreibenden der Textilindustrie. Vom 1. März 1894.

Auf Grund der §§ 2, 109, 110 des Gesetzes, betreffend die Invaliditäts- und Altersversicherung, vom 22. Juni 1889 [Reichs-Gesetzbl. S. 97] hat der Bundesrath nachstehende Vorschriften über die Invaliditäts- und Altersversicherung von Hausgewerbetreiben der Textilindustrie beschlossen:

1. Die Versicherungspflicht nach § 1 des Gesetzes, betreffend die Invaliditäts- und Altersversicherung, vom 22. Juni 1889 [Reichs-Gesetzblatt S. 97] wird auf solche selbständige Gewerbetreibende [Hausgewerbetreibende] erstreckt, welche in eigenen Betriebsstätten im Auftrage und für Rechnung anderer Gewerbetreibenden [Fabrikanten, Fabrikkaufleute, Handelsleute] mit Weberei und Wirkerei beschäftigt werden, und zwar auch dann, wenn diese Hausgewerbetreibenden die Roh- oder Hülfsstoffe selbst beschaffen, und auch für die Zeit, während welcher sie vorübergehend für eigene Rechnung arbeiten. Zur Wirkerei gehört auch die Maschinenstrickerei.

Die Versicherungspflicht erstreckt sich auch

a]*) auf die zur Herstellung der Gewebe und Wirkwaaren erforderlichen Nebenarbeiten — Spulerei [Treiberei], Scheererei, Schlichterei u. s. w. —, sowie

b] auf die weitere Bearbeitung oder Verarbeitung — Appretirung, Konfektion u. s. w. — der Gewebe und Wirkwaren, soweit diese Arbeiten in den Betriebsstätten der Hausweber oder Hauswirker nebenher ausgeführt werden.

Vorstehende Bestimmungen finden keine Anwendung

a] auf Personen, welche das Geschäft regelmäßig für eigene Rechnung betreiben und nur gelegentlich von anderen Gewerbetreibenden für deren Rechnung beschäftigt werden;

b] auf Personen, welche in dem Betriebe des Hausgewerbes nur gelegentlich, oder zwar in regelmäßiger Wiederkehr, aber nur

---

*) Abgeändert durch die in der folgenden Anlage III abgedruckte Bekanntmachung vom 9. November 1895.

nebenher und in so geringem Umfange thätig sind, daß der hieraus erzielte Verdienst zum Lebensunterhalt nicht ausreicht und zu den Versicherungsbeiträgen nicht in entsprechendem Verhältniß steht;

c] auf Personen, welche in einem anderen, die Versicherungspflicht begründenden regelmäßigen Arbeits- oder Dienstverhältniß zu bestimmten Arbeitgebern stehen und, ohne dieses Verhältniß zu unterbrechen, das Hausgewerbe nur nebenher, sei es regelmäßig, sei es nur gelegentlich, betreiben.

2. Die Versicherung erfolgt bei derjenigen Versicherungsanstalt, in deren Bezirk sich der Betriebssitz des Hausgewerbetreibenden befindet. Die Lohnklasse, in welcher die Versicherung erfolgt, bestimmt sich nach den Vorschriften des § 22 des Gesetzes. Dies gilt auch für diejenige Zeit, während welcher der Hausgewerbetreibende für eigene Rechnung arbeitet.

3. Die Hausgewerbetreibenden haben die Beiträge für ihre eigene Versicherung selbst dadurch zu entrichten, daß sie die den schuldigen Beiträgen entsprechenden Marken in ihre Quittungskarten einkleben.

Für jede volle oder angefangene Kalenderwoche in welcher der Hausgewerbetreibende für eigene oder fremde Rechnung beschäftigt war, sind die Beiträge spätestens an demjenigen Tage zu entrichten, an welchem die nächste Abrechnung mit dem Fabrikanten oder, wenn die Beschäftigung für mehrere Fabrikanten stattfindet, mit einem derselben erfolgt.

Die Hausgewerbetreibenden, welche es unterlassen, die Beiträge für ihre Versicherung gemäß vorstehender Vorschrift zu entrichten, unterliegen der Strafbestimmung des § 143 des Gesetzes.

Die versicherungspflichtigen Hausgewerbetreibenden haben auch für diejenige Zeit, während welcher sie das Geschäft auf eigene Rechnung betreiben, für ihre eigene Versicherung Zusatzmarken nicht beizubringen.

Bezüglich der Beiträge der Hausgewerbetreibenden für ihr Hülfspersonal [Gesellen, Gehülfen, Lehrlinge] hat es bei den bestehenden allgemeinen Vorschriften sein Bewenden.

4. Die von den Hausgewerbetreibenden für sich und ihr Hilfspersonal verwendeten Marken sind sofort nach erfolgter Einklebung dadurch zu entwerthen, daß auf denselben handschriftlich oder mittelst eines Stempels der Entwerthungstag in Zahlen angegeben wird [vgl. Ziffer II Nr. 3a der Bekanntmachung vom 24. Dezember 1891, Reichs-Gesetzbl. S. 401].

5. Auf dem im § 112 des Gesetzes vorgesehenen Wege kann angeordnet werden, daß die Beiträge für die Hausgewerbetreibenden von diesen zum Einzug gebracht werden. In diesem Falle finden die Bestimmungen der Ziffer 3 Absatz 1 bis 3 und der Ziffer 4 keine Anwendung, und sind die den eingezogenen Beiträgen entsprechenden Marken alsbald nach deren Einklebung nach Maßgabe der von der Landes-Zentralbehörde getroffenen Anordnungen zu entwerthen.

6. Die Fabrikanten u. s. w. sind verpflichtet, den für ihre Rechnung arbeitenden Hausgewerbetreibenden bei der Abrechnung die Hälfte desjenigen Betrages für Beitragsmarken zu erstatten, welcher auf die zur Herstellung der Arbeit durch einen Arbeiter im Durchschnitt annähernd erforderliche Zeitdauer entfällt.

Bei der Berechnung des zu erstattenden Betrages wird die Woche zu sechs Arbeitstagen, und der Arbeitstag, sofern nicht durch die für den Betriebssitz des Hausgewerbetreibenden zuständige untere Verwaltungsbehörde eine andere Zeit als Arbeitsdauer allgemein festgesetzt wird, zu elf Arbeitsstunden gerechnet. Bruchtheile von Pfennigen werden zu Lasten des Fabrikanten auf volle Pfennige nach oben abgerundet.

Die Erstattung erfolgt auch dann nach dem Werth der für den Hausgewerbetreibenden selbst zu verwendenden Marken [§ 22 des Gesetzes], wenn bei der Arbeit versicherungspflichtige Hülfspersonen verwendet worden sind. Eine höhere als die gesetzlich vorgeschriebene Lohnklasse [§ 22 des Gesetzes] ist bei der Erstattung nur dann zu Grunde zu legen, wenn der Fabrikant der Verwendung von Marken der höheren Lohnklasse ausdrücklich zugestimmt hat.

7. Bei Streitigkeiten über die bei der Erstattung [Ziffer 6] in Ansatz zu bringende Arbeitsdauer entscheidet auf Antrag eines Theiles die für den Betriebssitz des Hausgewerbetreibenden zuständige untere Verwaltungsbehörde endgültig.

Dieselbe ist befugt, einen Sachverständigen zu ernennen, welcher auf Antrag eines Theiles, auch ohne daß ein Streitfall vorliegt, den Zeitbedarf abzuschätzen hat. Die Fabrikanten u. s. w. haben bei der Abrechnung denjenigen Betrag zu erstatten, welcher auf die abgeschätzte Arbeitszeit entfällt. Wird demnächst im Streitfall eine andere durchschnittliche Arbeitsdauer festgestellt, so ist die Differenz nachträglich auszugleichen.

Die Versicherungsanstalt ist befugt, für die Berechnung des vom Fabrikanten u. s. w. zu erstattenden Betrages weitere Bestimmungen zu erlassen. Dieselben bedürfen der Genehmigung des Reichs-[Landes-] Versicherungsamts.

8. Die Hausgewerbetreibenden können mit den Fabrikanten u. s. w. vereinbaren, daß letztere bei der Abrechnung die Hälfte desjenigen Betrages zu erstatten haben, welchen die Hausgewerbetreibenden für sich und die von ihnen beschäftigten versicherungspflichtigen Hülfspersonen für Beitragsmarken thatsächlich entrichtet haben. Ist der Hausgewerbetreibende von mehreren Fabrikanten u. s. w. beschäftigt, so hat sich eine solche Vereinbarung auch darauf zu erstrecken, wie der von ihnen zu erstattende Gesammtbetrag auf die einzelnen Fabrikanten u. s. w. zu vertheilen ist.

9. Die Fabrikanten u. s. w. sind berechtigt, die Verpflichtungen des Arbeitgebers für ihre Hausgewerbetreibenden und die von denselben beschäftigten versicherungspflichtigen Hülfspersonen ganz oder zum Theil selbst zu übernehmen. Von der erfolgten Uebernahme hat der Fabrikant der unteren Verwaltungsbehörde Kenntniß zu geben, welche dem zuständigen Organe der Versicherungsanstalt und in den Fällen des § 112 des Gesetzes den mit der Einziehung der Beiträge und der Entgegennahme der Meldungen betrauten Stellen Nachricht giebt.

Soweit es sich um die Entrichtung der Beiträge für die Hausgewerbetreibenden selbst handelt, können den Fabrikanten u. s. w. die Verpflichtungen der Arbeitgeber von der für ihren Betriebssitz zuständigen unteren Verwaltungsbehörde auferlegt werden. Gegen eine Anordnung dieser Art findet binnen zwei Wochen nach der Zustellung die Beschwerde an die höhere Verwaltungsbehörde statt; dieselbe entscheidet endgültig.

In den Fällen der Absätze 1 und 2 finden die Vorschriften der Ziffern 6 und 7 keine Anwendung. Vielmehr sind alsdann die allgemeinen Vorschriften des Gesetzes hinsichtlich der Beitragsentrichtung durch die Arbeitgeber entsprechend auf die Fabrikanten u. s. w. anzuwenden, und es ist die Hälfte der entrichteten Beiträge von den Versicherten zu erstatten.

10. Die Hausgewerbetreibenden sind in den Fällen der Ziffern 8 und 9 verpflichtet, über die Dauer ihrer Beschäftigung für eigene Rechnung und über die von ihnen im Gewerbebetriebe beschäftigten versicherungspflichtigen Hülfspersonen Verzeichnisse zu führen, aus welchen sich insbesondere die Dauer der Beschäftigung der letzteren ergiebt. Sie haben diese Verzeichnisse den sie beschäftigenden Fabrikanten u. s. w. auf Verlangen zur Prüfung vorzulegen. Die für den Betriebssitz des Hausgewerbetreibenden zuständige untere Verwaltungsbehörde ist befugt, Vorschriften über die Führung dieser Verzeichnisse zu erlassen und die ordnungsmäßige Führung sowie die Vorlegung der Verzeichnisse durch Geldstrafen bis zu fünfzig Mark zu erzwingen.

11. Für die Dauer vorübergehender Beschäftigung für eigene Rechnung haben die Hausgewerbetreibenden den vollen Beitrag für ihre Person, beziehungsweise den halben Beitrag für ihre Hülfspersonen selbst zu tragen.

Die Vorschriften der §§ 147 und 148 des Gesetzes finden auf die Fabrikanten u. s. w. in ihrem Verhältniß zu den Hausgewerbetreibenden entsprechende Anwendung.

Die Einrechnung des von dem Arbeitgeber den Hausgewerbetreibenden zu erstatteten Betrages in den Arbeitsverdienst ist unzulässig und ohne rechtliche Wirkung.

12. Streitigkeiten, welche aus Anlaß vorstehender Bestimmungen zwischen den Organen der Versicherungsanstalten einerseits und den Fabrikanten, Hausgewerbetreibenden oder deren Hülfspersonen andererseits oder zwischen den Fabrikanten und den Hausgewerbetreibenden darüber, ob und welche Beiträge zu entrichten sind, entstehen, werden nach § 122, Streitigkeiten über Berechnung und Anrechnung der für Hausgewerbetreibende oder deren Hülfspersonen zu entrichtenden Beiträge, unbeschadet der Bestimmung in Ziffer 7 nach § 124 des Gesetzes entschieden.

13. Soweit im Vorstehenden keine besonderen Bestimmungen getroffen sind, erfolgt die Erhebung der Beiträge für die Hausgewerbetreibenden nach den für die Durchführung der Invaliditäts- und Altersversicherung erlassenen allgemeinen Vorschriften.

14. Die vorstehenden Bestimmungen treten am 2. Juli 1894 in Kraft.

Für Versicherte, welche auf Grund der vorstehenden Bestimmungen der Invaliditäts- und Altersversicherung unterstehen, tritt, wo nach §§ 156, 157, 159 und 160 der Zeitpunkt des Inkrafttretens des Gesetzes entscheidend ist, an dessen Stelle der Zeitpunkt des Inkrafttretens dieser Bestimmungen.

Berlin, den 1. März 1894.

Der Reichskanzler. In V. von Boetticher.

Anlage III.

Bekanntmachung, betreffend die Invaliditäts- und Altersversicherung von Hausgewerbetreibenden der Textilindustrie. Vom 9. November 1895.

Auf Grund der §§ 2, 109, 110 des Gesetzes, betreffend die Invaliditäts- und Altersversicherung, vom 22. Juni 1889 [Reichs-Gesetzbl. S. 97] hat der Bundesrath beschlossen:

1. Die lit. a in Ziffer 1 Absatz 2 der Bekanntmachung vom 1. März 1894, betreffend die Invaliditäts- und Altersversicherung von Hausgewerbetreibenden der Textilindustrie [Reichs-Gesetzbl. S. 324], erhält folgende Fassung:
   a] „auf die Nebenarbeiten — Spulerei [Treiberei], Scheererei, Schlichterei u. s. w. —, welche zur Herstellung von Geweben, Gewirken und sonstigen Erzeugnissen der Textilindustrie erforderlich sind, sowie"
2. Diese Bestimmung tritt am 1. Januar 1896 in Kraft.
3. Für Versicherte, welche auf Grund dieser Bestimmung der Invaliditäts- und Altersversicherung neu unterstellt werden, tritt, wonach §§ 156, 157, 159 und 160 der Zeitpunkt des Inkrafttretens des Gesetzes entscheidend ist, an dessen Stelle der 1. Januar 1896.

Berlin, den 9. November 1895.

Der Reichskanzler. In V. von Boetticher.

Anlage IV.

Bekanntmachung, betreffend die Durchführung der Invaliditäts- und Altersversicherung. Vom 24. Dezember 1891.

Nachdem der Bundesrath in der Sitzung vom 22. Dezember d. J. einige Abänderungen der Vorschriften über die Entwerthung von Marken bei der Invaliditäts- und Altersversicherung [Bekanntmachung vom 27. November 1890, Zentralbl. für das Deutsche Reich S. 369] beschlossen hat, werden die Anordnungen des Bundesraths über:

1. die Befreiung vorübergehender Beschäftigungen von der Versicherungspflicht,
2. die Entwerthung und Vernichtung von Marken

in der veränderten Fassung, welche sie durch die Beschlüsse vom 22. d. M. erhalten haben, nachstehend zur öffentlichen Kenntniß gebracht.

Berlin, den 24. Dezember 1891.

Der Reichskanzler. In V. von Boetticher.

Zur Ausführung des Gesetzes, betreffend die Invaliditäts- und Altersversicherung, vom 22. Juni 1889 [Reichs-Gesetzbl. S. 97] hat der Bundesrath auf Grund der §§ 3 Absatz 3, 109, 112, 114, 117, 120, 125 a. a. O. beschlossen, was folgt:

I. Befreiung vorübergehender Beschäftigungen von der Versicherungspflicht.

[§ 3 Absatz 3.]

A. Vorübergehende Dienstleistungen sind in folgenden Fällen als eine die Versicherungspflicht begründende Beschäftigung nicht anzusehen:

1. wenn sie von solchen Personen, welche berufsmäßig Lohnarbeit überhaupt nicht verrichten,
   a] nur gelegentlich, insbesondere zu gelegentlicher Aushülfe,
   b] zwar in regelmäßiger Wiederkehr, aber nur nebenher und

gegen ein geringfügiges Entgelt, welches zum Lebensunterhalt nicht ausreicht und zu den Versicherungsbeiträgen nicht in entsprechendem Verhältniß steht,

c]*) zur Hülfsleistung bei Unglücksfällen oder Verheerungen durch Naturereignisse

verrichtet werden;

2. wenn sie von solchen Berufsarbeitern, die in einem regelmäßigen, die Versicherungspflicht begründenden Arbeits- oder Dienstverhältniß zu einem bestimmten Arbeitgeber stehen, ohne Unterbrechung dieses Verhältnisses bei anderen Arbeitgebern nebenher, sei es nur gelegentlich zur Aushülfe, sei es regelmäßig verrichtetwerden;
3. wenn sie auf Seeschiffen im Auslande von solchen Personen verrichtet werden, die nicht zur Schiffsbesatzung gehören;
4. wenn sie von Aufwärtern oder Aufwärterinnen und ähnlichen zu niederen häuslichen Diensten von kurzer Dauer an wechselnden Arbeitsstellen thätigen Personen verrichtet werden;
5. wenn sie in Verpflegungsstationen oder in ähnlichen Einrichtungen gegen eine Geldentschädigung verrichtet werden, welche nicht als Entgelt für die gelieferte Arbeit, sondern als eine Unterstützung zum Zweck des besseren Fortkommens gewährt wird.

B. Die Regierungen der einzelnen Bundesstaaten sind ermächtigt, mit Zustimmung des Reichskanzlers widerruflich anzuordnen, daß und inwieweit vorübergehende Dienstleistungen solcher Ausländer, denen der Aufenthalt in Grenzbezirken des Inlandes auf fest bestimmte kurze Zeit behufs Ausführung vorübergehender Arbeiten behördlich gestattet ist, sowie vorübergehend im Inlande stattfindende Dienstleistungen solcher Ausländer, welche übungsgemäß in Flössereibetrieben beschäftigt werden, als eine die Versicherungspflicht begründende Beschäftigung nicht anzusehen sind.

II. Entwerthung und Vernichtung von Marken [§§ 109, 112, 114, 117, 120, 125].

1. Sofern auf Grund der §§ 112 oder 114 a. a. O. die Einziehung der Beiträge durch Organe von Krankenkassen, durch Gemeindebehörden oder durch andere von der Landes-Zentralbehörde bezeichnete oder von der Versicherungsanstalt eingerichtete Stellen [Hebestellen] erfolgt, kann die Landes-Zentralbehörde anordnen, daß von der die Beiträge einziehenden Stelle die den eingezogenen Beiträgen entsprechenden Marken alsbald nach deren Einklebung zu entwerthen sind [§ 109 a. a. O.]. Bei derartigen Anordnungen ist die Art der Entwerthung von der Landes-Zentralbehörde zu regeln; dabei darf die Angabe des Entwerthungstages vorgeschrieben werden.
2. [Fortgefallen].
3. Sofern auf Grund des § 111 a. a. O. für den Bezirk einer Versicherungsanstalt durch das Statut derselben für Versicherte, welche nicht in einem regelmäßigen Arbeitsverhältniß zu einem bestimmten Arbeitgeber stehen, oder für einzelne Klassen solcher Versicherten bestimmt worden ist, daß sie befugt sind, die Versicherungsbeiträge statt der Arbeitgeber im Voraus zu entrichten,

---

*) Abgeändert durch die in der Anlage V abgedruckte Bekanntmachung vom 24. Januar 1893.

kann die Landes-Zentralbehörde anordnen, daß die betreffenden Marken entwerthet werden, sobald die Einziehung der Hälfte des Werthes der betreffenden Marke von dem zur Entrichtung der Beiträge verpflichteten Arbeitgeber erfolgt. Bei derartigen Anordnungen ist die Art der Entwerthung von der Landes-Zentralbehörde zu regeln; dabei darf die Angabe des Entwerthungstages vorgeschrieben werden.

3a. Unbeschadet der nach Ziffern 1 und 3 etwa erlassenen weiteren Anordnungen sind Arbeitgeber und Versicherte, sowie die die Beiträge einziehenden Organe von Krankenkassen, Gemeindebehörden und besonderen Stellen [Hebestellen] befugt, die in die Quittungskarten eingeklebten Marken handschriftlich oder unter Anwendung eines Stempels zu entwerthen.

Diese Entwerthung darf aber nur in der Weise erfolgen, daß auf den einzelnen Marken der Entwerthungstag in Ziffern angegeben wird, zum Beispiel 15. 3. 1892. Andere Entwerthungszeichen sind unzulässig.

3b. Soweit auf Grund der vorstehenden Bestimmungen oder anderer vom Bundesrath erlassener Anordnungen eine Verpflichtung zur Entwerthung von Marken besteht, ist diese Verpflichtung nach Maßgabe der Vorschrift der Ziffer 3a Absatz 2 von demjenigen zu erfüllen, welcher die Marken einzukleben hat.

In den Fällen der Ziffern 1 und 3 kann durch die Landes-Zentralbehörde die Verpflichtung anderweit geregelt werden.

Ist die Entwerthung unterblieben, so ist sie bei der ferneren Einklebung von Beitragsmarken nachzuholen.

4. Ueber die Form der Entwerthung der Marken in den Fällen des § 117 Absatz 4 und des § 120 kann die Landes-Zentralbehörde besondere Anordnung treffen.

5. Marken, welche nicht bereits anderweit entwerthet worden sind, müssen entwerthet werden, nachdem die die Marken enthaltende Quittungskarte zum Umtausch eingereicht worden ist. Diese Entwerthung liegt den Vorständen der Versicherungsanstalten oder an deren von der Landes-Zentralbehörde bezeichneten Stellen ob; sie ist, sofern sie bisher etwa versäumt sein sollte, von jeder Behörde, an welche die Karte nach dem Umtausch gelangt, nachzuholen. Die Form der Entwerthung bleibt der entwerthenden Stelle freigestellt. Auf die Außenseite der Quittungskarte ist handschriftlich oder unter Verwendung eines Stempels der Vermerk „entwerthet" zu setzen und die entwerthende Stelle zu bezeichnen.

6. Bei der Entwerthung dürfen die Marken nicht unkenntlich gemacht werden. Insbesondere müssen der Geldwerth der Marke, die Lohnklasse und die Versicherungsanstalt, für welche die Marke ausgegeben ist, bei Doppelmarken auch die Kennzeichen der Zusatzmarke, erkennbar bleiben.

7. Wer den vorstehenden oder den von der Landes-Zentralbehörde auf Grund der Bestimmungen in Ziffer 1, 3 oder 4 getroffenen Anordnungen zuwiderhandelt, kann für jeden Fall, sofern nicht nach anderen Vorschriften eine höhere Strafe verwirkt ist, von der unteren Verwaltungsbehörde mit einer Ordnungsstrafe bis zu einhundert Mark belegt werden. Die Haftung für den durch

die Zuwiderhandlung verursachten Schaden bleibt hierdurch unberührt.

8. Die Vernichtung von Marken [§ 125 a. a. O.] erfolgt durch Abreißen oder völlige Unkenntlichmachung. Dabei ist auf die Quittungskarte handschriftlich oder unter Verwendung von Stempeln der Vermerk: „. . . .*) Marken vernichtet“, sowie die Bezeichnung der die Vernichtung vornehmenden Stelle zu setzen. Die Vernichtung von Marken kann auch dadurch erfolgen, daß dieselben durch einen darauf gesetzten amtlichen Vermerk als ungültig erklärt werden.

Anlage V.

Bekanntmachung, betreffend die Befreiung vorübergehender Dienstleistungen von der Invaliditäts- und Altersversicherung.

Vom 24. Januar 1893.

Auf Grund des § 3 Absatz 3 des Gesetzes, betreffend die Invaliditäts- und Altersversicherung, vom 22. Juni 1889 [Reichs-Gesetzbl. S. 97] hat der Bundesrath unter Aufhebung der Bestimmung in I A 1 c der Bekanntmachung vom $\frac{\text{27. November 1890}}{\text{24. Dezember 1891}}$ [Reichs-Gesetzbl. 1891 S. 399] beschlossen, daß folgende Dienstleistungen nicht als eine Beschäftigung im Sinne des Gesetzes vom 22. Juni 1889 anzusehen sind:

a] Dienstleistungen von Bediensteten ausländischer Eisenbahnverwaltungen in Eisenbahnbetrieben des Inlandes, soweit diese Bediensteten in letzteren vorübergehend beschäftigt werden.

b] Dienstleistungen im Inlande von Bediensteten ausländischer Betriebe, soweit diese mit einzelnen Betriebshandlungen vorübergehend in das Inland hinübergreifen.

c] Dienstleistungen des Personals ausländischer Schiffe, die im Binnenschiffahrtsverkehr deutsche Wasserstraßen befahren, soweit nicht diese Schiffe nach Entscheidung der Landes-Zentralbehörde oder, wenn mehrere Bundesstaaten betheiligt sind, des Reichskanzlers im Inlande einen regelmäßigen Verkehr von erheblichem Umfange unterhalten.

d] Dienstleistungen von Indiern, Japanern, Chinesen, Malayen, Zanzibariten, Negern und anderen farbigen Seeleuten auf deutschen Seeschiffen bei der Küstenschiffahrt in asiatischen, australischen, ost- oder westafrikanischen Gewässern, sowie in dem Verkehr zwischen asiatischen, australischen und ostafrikanischen**) Häfen oder zwischen diesen und europäischen Häfen, in letzteren Verkehr jedoch nur, wenn es sich um den Dienst in den Kohlen- und Kesselräumen der Dampfschiffe handelt und wenn bei der Anmusterung im Auslande zugleich die Rückfahrt ausbedungen ist.

e] Dienstleistungen zur schleunigen Hülfe bei Unglücksfällen oder Verheerungen durch Naturereignisse oder zur schleunigen Beseitigung von Verkehrs- oder Betriebsstörungen, sofern diese Dienstleistungen nach ihrer Art die Dauer von zwei Arbeitstagen voraussichtlich nicht übersteigen werden.

Berlin, den 24. Januar 1893.

Der Reichskanzler. In V. von Boetticher.

---

*) Hier ist die Zahl der vernichteten Marken einzurücken.

**) Vgl. die in der folgenden Anlage VI abgedruckte Bekanntmachung vom 31. Dezember 1894.

Anlage VI.

Bekanntmachung, betreffend die Befreiung vorübergehender Dienstleistungen von der Invaliditäts- und Altersversicherung. Vom 31. Dezember 1894.

Auf Grund des § 3 Absatz 3 des Gesetzes, betreffend die Invaliditäts- und Altersversicherung, vom 22. Juni 1889 [Reichs-Gesetzbl. S. 97] hat der Bundesrath beschlossen, daß in lit. d der durch die Bekanntmachung vom 24. Januar 1893 [Reichs-Gesetzbl. S. 5] veröffentlichten Bestimmungen über die Befreiung vorübergehender Dienstleistungen von der Invaliditäts- und Altersversicherung die Worte „und ostafrikanischen Häfen" ersetzt werden durch die Worte: „ost- und westafrikanischen Häfen".

Berlin, den 31. Dezember 1894.

Der Reichskanzler. In V. von Boetticher.

Sachregister.

(Die Zahlen verweisen auf die Seiten.)

Druck von A. Rietz & Sohn, Naumburg a. S.

FSC
www.fsc.org
MIX
Papier | Fördert gute Waldnutzung
FSC® C083411

Kolibri 360 GmbH
Ferdinand-Jühlke-Straße 7
99095 Erfurt, Deutschland
produktsicherheit@kolibri360.de